資格試験研究会 編

上・中級
公務員試験

一問一答

スピード攻略

社 会 科 学

実務教育出版

本書の特長と使い方

本書の特長

　本書は，出題範囲の広い教養試験の知識分野を「一問一答」と「要点チェック」で最速攻略することができます。

　また，本書は大卒程度の国家一般職・専門職，地方上級（全国型・東京都・特別区），市役所などで出題された過去問を分析し，出題頻度の高い問題を厳選して１冊にまとめています。まず「要点チェック」を読んで各科目の重要ポイントを頭に入れたあと，一問一答を解き，解説を読みながら知識を整理していきます。一問一答の過去問を○×形式で解いていきながら，同時に覚えていくことができるのでより効率的に教養試験の学習を進めることができます。

重要語句は赤字で記しています。付属の赤シートで隠し，穴埋め問題を解く感覚で覚えることができます。

① 頻出度
頻出度・重要度をA～Cの３段階で表示。Aが最重要。

② 学習のポイント
各テーマの出題傾向や学習する際に気をつけたいポイントやアドバイスなど。

先生 さくら　試験の重要ポイント，勉強方法などを優しくていねいにアドバイス。

ゴン　試験問題の傾向，ケアレスミスや問題の落とし穴などを洗い出す。

一問一答　正解（○×）を隠して，問題を解いていきます。解説の重要語句は赤字なので，付属の赤シートで隠せば穴埋め問題としても使えます。

③ チェックボックス
最低3回，解いた問題にチェックを入れる。

④ 項目ごとの重要度
重要度を★の数で表している。
★3つが最重要。

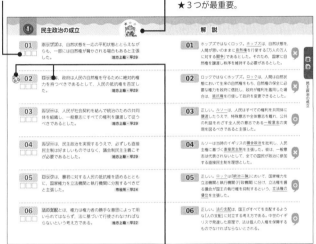

① 民主政治の成立

| | 解説 |

01　ホッブズは，自然状態を一応の平和状態ととらえながらも，一部には自然権が脅かされる場合もあると主張した。　地方上級・平29

01　ホッブズではなくロック。ホッブズは，自然状態を，人間が思いのままに自然権を行使する「万人の万人に対する闘争」であるとした。そのため，国家に自然権を譲渡し秩序を維持する必要があるとした。

02　ロックは，政府は人民の自然権を守るために絶対的権力を持つべきであるとして，人民の抵抗権を否定した。　地方上級・平29

02　ロックではなくホッブズ。ロックは，人間は自然状態において生来の自然権をもち，自然権の保全に必要な権力を政府に信託し，政府が権利を濫用した場合は，抵抗権を行使して政府を変更できるとした。

03　ルソーは，人民が社会契約を結んで統治のための共同体を組織し，一般意志にすべての権利を譲渡して従うべきであるとした。　地方上級・平29

03　正しい。ルソーは，人民はすべての権利を共同体に譲渡したうえで，特殊意志や全体意志を離れた，公共の利益をめざす全人民の意志である一般意志の実現を図るべきであると主張した。

04　ルソーは，民主政治を実現するうえで，必ずしも直接民主制が好ましいものではなく，議会制民主主義こそが必要であるとした。　地方上級・平29

04　ルソーは当時のイギリスの議会政治を批判し，人民主権に基づく直接民主制を主張した。彼は，一般意志は代表されないとして，全ての国民が政治に参加する直接民主制を理想とした。

05　ロックは，暴政に対する人民の抵抗権を認めるとともに，国家権力を立法機関と執行機関に分割するべきだと主張した。　裁判所・平24

05　正しい。ロックは『統治二論』において，国家権力を立法機関と執行機関（行政機関）に分離し，立法権を握る議会が国王の執行権を抑制するとの，立法権の優位を主張した。

06　法の支配とは，権力が権力者の勝手な態度によって用いられてはならず，法に基づいて行使されなければならないという考え方である。　地方上級・平22

06　正しい。法の支配は，国王がすべてを支配するような「人の支配」に対する考え方である。中世のイギリスで発達した原理で，法は個人の人権を保障するものでなければならないとされる。

⑤「よく出る」マーク＆問題文の重要語句
「よく出る」マークは押さえておきたい頻出問題。マーカーは問題文の重要語。

スピードチェック
政治　政治・テーマ別用語集

●日本国憲法

黙秘的自衛権	相手から武力攻撃を受けたときに，はじめて防衛力を行使し，その侵害を除去するための必要最小限度にとどめるという受動的な防衛戦略の意味。
個別的自衛権	自国に対する武力攻撃を排除するための，やむをえず一定の実力行使する権利。憲法9条下でも使用可能と解釈されている。
譲歩の自由 （憲法20条）	個人がみずからのある信仰に対し，絶対的に保障される。信仰の自由，宗教的行為の自由，宗教的結社の自由が含まれる。
検閲 （憲法21条2項）	公権力が外部に表現されるべき情報をその発表前に審査し，不適当と認めるものの発表を禁止すること。絶対的に禁止されている。裁判所などが発禁命令をしたときにならない。
プログラム規定説	憲法25条の規定は国の政治的・道徳的義務や方針を示したものであり，法的な権利を保障するものではないとする説。

●日本の政治制度と現代政治の特質

常会 （憲法52条）	通常国会ともいう。毎年1回，1月に召集。会期は150日間。主な議題は予算の審議など。
会期制の原則	国会の活動は会期中に限られ，各会期は独立して活動する。
両院協議会	衆議院と参議院で議決が異なるときに，意見調整をする会期。法律案に関しては任意で開催される。
不逮捕特権 （憲法50条）	国会の会期中議員は，その議院の同意がなければ逮捕されず，また，会期前に逮捕された議員は，その院の要求があれば釈放される。ただし，院外で現行犯逮捕された場合や，議院が許可した場合は，会期中でも逮捕される。
両審	いずれも，主に審査認定の不当を理由として，裁判所への救い出しを求める制度。権審人に両方に請求の権限がある。
条例 （憲法94条）	地方公共団体の議会によって制定される法規。基本的に憲法の範囲内で制定することができ，罰則を設けることもできる。

●国際関係

| 国連安全保障理事会 | 国際平和と安全の維持について，主要な責任を負う機関。国際紛争の解決の審議を討議する勧告，経済制裁や軍事的強制措置を決定する権限をもち，決定に法的拘束力がある。 |
| 国際司法裁判所 | 国連の主要な機関で，裁判の開始には，紛争当事国双方の同意が必要で，その判決には法的拘束力がある。 |

112

上・中級公務員試験
一問一答 スピード攻略

社会科学

CONTENTS ～もくじ～

本書に収録されている「過去問」について
①平成9年度以降の国家公務員試験の問題は，人事院等により公表された問題を使用している。地方公務員試験の一部（東京都，特別区，警視庁）についても自治体により公表された問題を掲載している。それ以外の問題は，受験生から得た情報をもとに実務教育出版が独自に編集し，復元している。
②問題の論点を保ちつつ問い方を変えた，年度の経過により変化した実状に適合させた，などの理由で問題を一部改題している場合がある（改と表記）。また，人事院等により公表された問題も用字用語の統一を行っている。

政治

上・中級公務員試験

**一問一答
スピード攻略**

社会科学

1 民主政治の成立

▶絶対王政から民主政治へ

□【王権神授説】…国王の権力は神から与えられたもので，神聖不可侵であるとする説。16世紀頃からヨーロッパで行われていた国王(君主)による支配(**絶対王政**)の根拠理論となった。

□【市民革命】…17世紀から18世紀にかけて起こった市民による革命。政治の仕組みを変え，現代につながる**民主政治**の原型が生まれた。

▶社会契約説…政府と国民の関係は契約に基づくとする考え方。

□【自然法思想】…人は生まれながらに個人としての権利(**自然権**)をもち，その権利を守るよう理性が働くとする思想。社会契約説の基礎となった。

□【ホッブズ】…人間の自然状態は「**万人の万人に対する闘争**」であり，各人は自然権を守るためにその全部を譲渡して社会契約を結び，国家をつくる。国家の支配権力は絶対であり，結果的に**絶対王政**を擁護。

□【ロック】…人間は自由・生命・財産の所有という自然権を有しているが，それを守るために社会契約により自然権の一部を代表者に**信託**して国家をつくる。政府が自然権を侵害した場合，人々は**抵抗権**をもつ。

□【ルソー】…人間が社会契約によって国家をつくってからも真に自由・平等であるために，社会の全体の利益を目指す全人民の**一般意志**による統治が必要である。代議制を批判し，人民主権による**直接民主制**を主張。

	ホッブズ	ロック	ルソー
主著	『**リヴァイアサン**』	『**統治二論**』	『**社会契約論**』
自然状態	万人の万人に対する闘争	一応平和な状態	完全に平和な状態
契約内容	自然権を守るため，**全面的**に譲渡	自然権の**一部**を信託	一般意志の創出による直接民主制
影響を与えた政治体制	結果的に**絶対王政**を擁護	間接民主制	**直接民主制**
関連・影響	**ピューリタン**革命	名誉革命 **アメリカ**独立宣言	**フランス**革命

学習の
ポイント
社会契約説と各国の政治制度が重要です。社会契約説は，18世紀以降の人権の拡大に大きな影響を与えた市民革命の理論的根拠なので，主要な人物とその思想を理解しておきましょう。

▶**権力分立**…国家権力を分割し，権力の濫用から人権を守るための仕組み。

□【**ロック**】…国家権力を**立法権**と**執行権**(行政権)に分けるべきだとし，立法権の優位性を主張した。

□【**モンテスキュー**】…主著『**法の精神**』において，国家権力を立法権・行政権・司法権に分離し，三権をそれぞれ異なる機関で運用させ，権力の抑制と均衡を図るべきだとする**三権分立論**を唱えた。

補足
します
三権分立の程度は国によって差があります。例えば大統領制をとるアメリカと議院内閣制をとるイギリスを比べると，三権分立をより徹底しているのはアメリカです。

▶直接民主制と間接民主制

直接民主制	主権者である**国民**が直接政治に参加する仕組み。
間接民主制	国民が選挙によって選んだ代表者を通じて政治を行う仕組み。**多数決原理**を採用。**議会制民主主義**，**代議制**ともよばれる。

▶法の支配の原則

□【**法の支配**】…政治権力を法で拘束することによって，国民の自由・権利を擁護することを目的とする原理。国王がすべてを支配する**人の支配**に対立する考え方で，**イギリス**で発達した。

□【**法治主義**】…行政はすべて適切な手続に従って制定された法律によらなければならないとされる原理。**ドイツ**で発達し，法律の内容よりもその**形式**が重視され，人権を侵害する法律も認められる。

▶国家観の変遷

19世紀	夜警国家	国家の活動は，国防と治安維持活動などの最小限のものに限るとする国家。
	立法国家	19世紀の制限選挙制の下，立法府(議会)が政治の中心であった国家。
20世紀以降	福祉国家	国民の福祉実現のために，社会的弱者の保護や経済政策を通じて国民生活に積極的に介入する国家。
	行政国家	立法府に代わり行政府の優位が確立された国家。国家機能の複雑化とともに，行政官僚が台頭。

▶アメリカ合衆国の政治制度

□【**大統領**】…国家元首で，行政府の最高責任者。任期は**4**年で**三選**は禁止されている。**法案**拒否権，**条約**締結権，高級官吏任命権などをもつ。

> 大統領は，議会が可決した法案への署名を拒否することができます。ただし，拒否権を発動しても，上下両院がそれぞれ出席議員の3分の2以上の多数で再可決した場合には，その法案は成立します。

□【**教書**】…大統領が議会に提出する，国政全般にわたる報告と必要な法案や予算の審議を勧告する文書。拘束力はない。

□【**大統領選挙**】…大統領は，有権者が政党別に選出した大統領選挙人の投票によって選ばれる**間接選挙**で決定される。

□【**弾劾裁判**】…大統領に重大な非行があった場合，下院が**弾劾訴追**を決定し，上院で3分の2以上の賛成があれば大統領は解任される。

□【**連邦議会**】…上院(**元老院**)と下院(**代議院**)からなる二院制。上院は任期**6**年で，州ごとに2名ずつ選出され，定員は100名。下院は任期**2**年で，各州の人口に比例して選出され，定数は435名。

□【**政党**】…**民主党**と**共和党**の二大政党制。

▶イギリスの政治制度

□【**国王**】…国家元首。「君臨すれども統治せず」の原理から，その権限は形式的・儀礼的なものであり，**象徴的**存在にすぎない。

□【**不文憲法**】…文字で記されていない憲法。イギリスは具体的な成文憲法典をもたず，**マグナ・カルタ**や権利章典などの歴史文書，判例，政治的慣習などを集大成したものを憲法としている。

□【**議院内閣制**】…下院の信任に基づいて内閣が存立する制度。伝統的に下院第一党の党首が首相に選ばれ，国王によって任命される。

□【**閣僚**】…内閣の構成員。全員が**国会議員**でなければならない。

> イギリスの野党が政権交代に備えて組織する政策立案機関を，影の内閣(シャドー・キャビネット)といいます。19世紀後半以降，慣例となりました。

□【**議会**】…非民選の議員からなる上院(**貴族院**)と，小選挙区制で選出される議員からなる下院(**庶民院**)からなる二院制。下院が優越する。

□【**政党**】…**労働党**と**保守党**の二大政党制。ただし，そのほかにも政党が存在する。

▶ドイツの政治制度

☐【連邦大統領】…国家元首で，**連邦会議**によって選出される。任期は５年で，三選は認められていない。条約締結権，連邦大臣の任命権など，形式的・儀礼的な権限が中心となっている。

☐【連邦政府】…大統領の提案に基づき**連邦議会**の選挙によって選ばれる連邦首相が政策遂行の中心。

☐【議会】…国民の直接選挙（**小選挙区比例代表併用制**）によって選ばれる任期４年の連邦議会（下院）と，各州政府によって任命される任期不定の連邦参議院（上院）の二院制。下院優位となっている。

▶フランスの政治制度

☐【半大統領制】…大統領制と議院内閣制の混合形態。

☐【大統領】…国民の**直接選挙**によって選出され，１回目の投票で過半数を獲得する者がいない場合は，上位２名による決選投票で選出される。任期は**５**年で三選は認められていない。首相の任免権，下院の解散権，条約の交渉・批准権，軍隊の統帥権など強大な権限が与えられている。

☐【内閣】…広範な命令制定権をもつ。**首相**は大統領によって任命される。

☐【議会】…下院（**国民議会**）と上院（**元老院**）からなる二院制。

▶ロシアの政治制度（2020年５月）

☐【大統領】…国家元首で，国民の**直接選挙**によって選出される。任期は**６**年で連続三選は認められていない。首相任命権，下院の解散権，非常大権をもち，軍最高司令官を兼ねるなど，強大な権限が与えられている。

☐【連邦政府】…代表として政府の基本方針を決定する**首相**は大統領によって任命され，下院が承認する。大統領が閣僚の任免権をもつ。

☐【議会】…国民の直接選挙（小選挙区比例代表並立制）によって選出される下院（**国家院**）と，各連邦構成主体（共和国など）から２名ずつ選出される上院（**連邦院**）からなる二院制。下院が優越する。

▶中国の政治制度

☐【民主集中制】…すべての国家権力が全国人民代表大会に集中。ほぼ**共産党**の一党独裁体制となっている。

☐【全国人民代表大会】…**一院制**の最高国家権力機関。法律の制定，憲法改正，予算の承認，国家主席の選出などの権限をもつ。

☐【国家主席】…国家元首。全国人民代表大会で選出される。2018年の憲法改正により，２期10年までであった任期の規制が**撤廃**された。

☐【国務院】…行政の最高機関。**国務院総理**（首相）は国家主席の指名に基づき全国人民代表大会が決定し，国家主席により任命される。

01
ホッブズは，自然状態を一応の平和状態ととらえながらも，一部には自然権が脅かされる場合もあると主張した。
地方上級・平29

02
ロックは，政府は人民の自然権を守るために絶対的権力を持つべきであるとして，人民の抵抗権を否定した。
地方上級・平29

03
ルソーは，人民が社会契約を結んで統治のための共同体を組織し，一般意志にすべての権利を譲渡して従うべきであるとした。
地方上級・平29

04
ルソーは，民主政治を実現するうえで，必ずしも直接民主制は好ましいものではなく，議会制民主主義こそが必要であるとした。
地方上級・平29

05
ロックは，暴君に対する人民の抵抗権を認めるとともに，国家権力を立法機関と執行機関に分割するべきだと主張した。
市役所・平24

06
法の支配とは，権力は権力者の勝手な意思によって用いられてはならず，法に基づいて行使されなければならないという考え方である。
地方上級・平22

解 説

01 ホッブズではなくロック。ホッブズは，自然状態を，人間が思いのままに自然権を行使する「万人の万人に対する闘争」であるとした。そのため，国家に自然権を譲渡し秩序を維持する必要があるとした。

02 ロックではなくホッブズ。ロックは，人間は自然状態において生来の自然権をもち，自然権の保全に必要な権力を政府に信託し，政府が権利を濫用した場合は，抵抗権を行使して政府を変更できるとした。

03 正しい。ルソーは，人民はすべての権利を共同体に譲渡したうえで，特殊意志や全体意志を離れ，公共の利益を目指す全人民の意志である一般意志の実現を図るべきであると主張した。

04 ルソーは当時のイギリスの議会政治を批判し，人民主権に基づく直接民主制を主張した。彼は，一般意志は代表されないとして，すべての国民が政治に参加する直接民主制を理想とした。

05 正しい。ロックは『統治二論』において，国家権力を立法機関と執行機関（行政機関）に分け，立法権を握る議会が国王の執行権を抑制するという，立法権の優位を主張した。

06 正しい。法の支配は，国王がすべてを支配するような「人の支配」に対立する考え方である。中世のイギリスで発達した原理で，法は個人の人権を保障するものでなければならないとされる。

01 建国当初のアメリカでは，司法権に対する不信感から政治制度が組み立てられ，三権を同格とする権力分立制が導入された。
市役所・平22

02 アメリカ合衆国の大統領選挙では，合衆国全体を1つの選挙区とする直接選挙によって，大統領を選出する。
市役所・平28

 03 アメリカ合衆国の大統領は選挙人による間接選挙によって選出され，任期は4年で，3選は認められていない。
国家Ⅱ種・平20

04 アメリカ合衆国の大統領は，法案提出権や法案拒否権はもっているが，議会解散権はもっていない。
国家Ⅱ種・平20改

05 アメリカ合衆国の大統領選挙では，共和党と民主党は，選挙の年に，州ごとに予備選挙や党員集会を開催して候補者を選出する。
市役所・平28

 06 イギリスでは，従来，歴史的に形成された法律，判例，慣習法（コモン・ロー）が憲法としての役割を果たしている。
国家専門職・平25

解　説

01 司法権ではなく**立法権**である。建国当初のアメリカでは，圧政を行ったイギリス議会に対する不信感が強く，そのため，立法権の優越を認めず，三権を同格とする厳格な権力分立制を導入した。

02 直接選挙ではなく**間接選挙**である。18歳以上の有権者が，州ごとに，一般投票で政党別に選ばれた大統領選挙人を選出し，選出された**大統領選挙人**が大統領を選ぶことになっている。

03 正しい。アメリカでは大統領の独裁化を防止するため，任期は4年で，**3選**は1951年に修正された憲法によって禁止されている。任期中，大統領が欠けた場合には，**副大統領**がその任期を引き継ぐ。

04 アメリカ合衆国の大統領は，**法案拒否権**はもっているが，議会に対する法案提出権や議会解散権はもっていない。新たに法律を制定する場合は，連邦議会に教書を提出して勧告する**教書送付権**をもつ。

05 正しい。アメリカ大統領選挙では，共和・民主の各党が州ごとに**予備選挙**（プライマリー）や**党員集会**（コーカス）を行い，党の候補者を決める。その後，本選挙で両党の候補者が各州の選挙人を争奪する。

06 正しい。イギリスは成文憲法典をもたない不文憲法の国。**マグナ・カルタ**（1215），**権利請願**（1628），**権利章典**（1689）などの歴史的文書や，判例，慣習法などが憲法としての役割を果たす。

07 ドイツの大統領は連邦会議によって選出され，国家統合の象徴であるという性格が強い。国家元首として，条約の締結，外交使節の信任・拝受，連邦大臣の任命などの権限をもっている。 **国家Ⅱ種・平20**

よく出る 08 フランスの大統領は国民の直接選挙により選出され，任期は5年である。また，大統領の権限が非常に強大であり，半大統領制ともいわれる。 **国家Ⅱ種・平20**

09 フランスでは，大統領選挙の第1回投票においていずれの候補者も有効投票の過半数を獲得できなかった場合，上位2人による決選投票が行われる。 **市役所・平29**

10 フランスにおいて1950年代に成立した第五共和制憲法とよばれる憲法は，1789年のフランス人権宣言及び判例法からなるもので，成文憲法ではないと解されている。 **国家専門職・平25**

11 ロシアでは，大統領は国民の直接選挙により選出され，任期は6年，3選は認められていない。また，議会の法案に対する拒否権をもっている。 **国家Ⅱ種・平20**

12 中国では，中華人民共和国憲法の規定により，中国共産党は，国家の諸機関の指導を受けて活動を行うこととされている。 **国家専門職・平25**

07 正しい。**ドイツ**の大統領に政治の実権はなく, **形式的・儀礼的**なものが中心である。大統領の提案に基づき連邦議会の選挙によって選ばれる**連邦首相**が政策遂行の中心で, 実質的に議院内閣制である。

08 正しい。**フランス**の政治制度は大統領制と**議院内閣制**の混合形態で, **半大統領制**ともよばれる。大統領の任期は5年で, 首相の任免権, 下院の解散権, 軍隊の統帥権など強大な権限が多く与えられている。

09 正しい。**フランス**の大統領選挙では, 投票を2度行う「2回投票制」が採用されている。1回目の投票で過半数の票を得た候補者がいなかった場合, 上位2名の候補者による**決選投票**が行われる。

10 1958年に制定された第五共和制憲法は成文憲法。第五共和制の時代に**ド・ゴール**の提唱で制定されたことから, このようによばれる。成文憲法をもたない不文憲法の国としてはイギリスが挙げられる。

11 正しい。**ロシア**は, 国民の**直接選挙**によって選ばれた大統領が国家元首になる大統領制の国で, 大統領が軍の最高司令官であり, 政治, 軍事, 外交などにおいて強大な権力をもつ(2020年5月)。

12 **中国共産党**は「指導を受ける」のではなく「指導を行う」立場。中国は共産党による事実上の**一党制**がとられており, 憲法には「中国は**中国共産党**の指導を仰ぐ」と, 共産党の指導的役割が定められている。

ロシアは強力な大統領制の国で, 首相の任命権や下院の解散権などは大統領にあるけど, 同時に議院内閣制も導入されているんだ。大統領と首相がいる大統領制の国は, 他にフランス, 韓国などがあるよ。

政治

日本国憲法

頻出度 **A**

3 日本国憲法総合

▶**大日本帝国憲法**…1889年に**プロイセン憲法**を模範として公布。

□【**欽定憲法**】…君主によって制定された憲法。

□【**天皇**】…元首。立法・行政・司法すべての権限を掌握する統治権の総攬者。陸海軍の統帥権，国務大臣の任免権など広範な**天皇大権**。

□【**帝国議会**】…天皇に対する協賛(協力・賛同する)機関。貴族院と衆議院からなる。

□【**内閣**】…国務各大臣は天皇に対する輔弼(助言・補佐する)機関。内閣総理大臣は「**同輩中の首席**」とされ，他の閣僚と同格の地位。

□【**裁判所**】…天皇の名において判決を下す機関。

□【**人権**】…主に自由権を中心に保障。天皇により恩恵的に与えられた「**臣民の権利**」であり，法律の範囲内でのみ認められていた(**法律の留保**)。思想・良心の自由，学問の自由，社会権は保障されていなかった。

▶大日本帝国憲法と日本国憲法の比較

大日本帝国憲法		日本国憲法
1889(明治22)年	公布	1946(昭和21)年
欽定憲法	憲法の性格	民定憲法
天皇	主権者	国民
元首, 統治権の総攬者, 天皇大権	天皇の地位・権限	日本国と日本国民統合の象徴, 政治上の実権なし
臣民の権利, 法律の留保あり	国民の権利	永久不可侵の基本的人権
天皇に対する協賛機関, 貴族院と衆議院	国会	国権の最高機関, 衆議院と参議院, 衆議院の優越
天皇の輔弼機関, 天皇に対して責任を負う	内閣	行政機関, 国会に対して連帯責任を負う
天皇の名で判決を下す機関, 特別裁判所の存在	裁判所	司法機関, 独立を保障, 違憲立法審査権あり
徴兵制(天皇に統帥権)	戦争と軍隊	平和主義
天皇の発議により議会が議決	改正	国会の発議により国民投票

▶日本国憲法の基本原理

□【**国民主権**】…国の政治の在り方を最終的に決定する力は国民にあるという考え方。民主政治の基本原理。

□【**基本的人権の尊重**】…人間が生まれながらにもっている基本的な権利は「侵すことのできない永久の権利」としてすべての国民に保障される。

□【**平和主義**】…前文で恒久平和主義を宣言し，9条であらゆる戦争の**放棄**と戦力の**不保持**，交戦権の否認を規定。

▶天皇の地位

□【**象徴天皇制**】…天皇は日本国および日本国民統合の**象徴**。

□【**国事行為**】…天皇が行う国事に関する形式的・儀礼的行為。**内閣**の助言と承認に基づき行われる。

第6条	内閣総理大臣の任命，最高裁判所長官の任命
第7条	法律・政令・条約の公布，国会の召集，衆議院の解散，国務大臣の任免の認証，恩赦の認証など

▶平和主義と安全保障

□【**自衛隊**】…1950年創設の**警察予備隊**，1952年改組の**保安隊**を経て1954年に発足。日本の防衛が主な任務。

□【**シビリアン・コントロール**】…**文民統制**。内閣総理大臣および国務大臣が軍人ではない文民であること。自衛隊の最高指揮監督権は内閣総理大臣がもち，自衛隊の出動は国会の承認を必要とする。

□【**日米安全保障条約**】…1951年締結。米軍が日本に駐留し，必要な基地（施設，役務）を日本が提供することを規定。

□【**新日米安全保障条約**】…1960年締結。米軍の日本防衛義務を明記。防衛義務の対象となるのは「**日本の施政下**にある領域」。

□【**日米地位協定**】…1960年締結。米軍に対する施設の提供，米軍人の出入国や刑事裁判権などについて規定。

□【**思いやり予算**】…日本が自主的に肩代わりしている，在日米軍の駐留経

費。1978年以降に定着し，その後，日本の負担は増大した。

□【専守防衛】…武力攻撃を受けたときに，はじめて防衛力を行使し，その行使は自衛のための必要最小限にとどめるという受動的な防衛戦略の姿勢。

□【個別的自衛権】…自国に対する武力攻撃を阻止するため，やむをえず一定の実力行使を行う権利。政府は憲法9条下でも行使可能の立場をとる。

□【集団的自衛権】…自国に対する武力攻撃ではなく，自国と密接な関係にある他国への武力攻撃を必要最小限度の実力で阻止する権利。国際法上，国家は有するとされる。2014年の閣議決定で限定的に行使可能に。

▶日本国憲法の改正

□【硬性憲法】…憲法改正の手続を法律より厳しく定めている憲法。日本国憲法はこれにあたる。これに対して，通常の法律と同様の手続で改正できる憲法を**軟性憲法**という。

□【改正手続】…衆参各議院の総議員の**3分の2以上**の賛成で**国会が発議**し，**国民投票**で**過半数**の賛成を必要とする。国民の承認を得たとき**天皇**は「国民の名」で直ちに公布する（憲法96条）。

▶憲法改正の手続

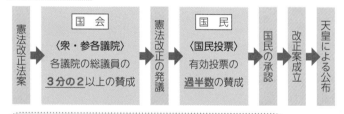

憲法の基本原理である，国民主権，基本的人権の尊重，平和主義を否定するような改正はできないとされています。憲法の基本精神を変えてしまうような改正は，日本国憲法そのものを否定することになるためです。

□【国民投票法】…憲法改正の具体的な手続を定めた法律で，2010年施行。投票権者は満**18歳**以上の国民で，**有効投票総数**（賛成票と反対票の合計）の過半数の賛成で憲法改正案は成立する。

□【憲法審査会】…憲法調査会に代わって設置。改正原案の内容や国民投票の実施方法など，憲法問題を議論。

4 基本的人権

▶人権の拡大

□**【自由権】**…**18**世紀に形成。国家の国民への介入を排除して，個人の自由な意思決定と活動を保障する権利。「**国家からの自由**」。

□**【参政権】**…**19**世紀中頃以降に発生・確立。国民が政治過程に参加することを保障した権利。「**国家への自由**」。

□**【社会権】**…**20**世紀に発展。社会的・経済的弱者が「人間たるに値する」生活を国家の介入により実現できるよう求める権利。「**国家による自由**」。1919年の**ワイマール憲法**ではじめて本格的に規定された。

▶日本国憲法が規定する基本的人権の分類

原則規定		
□基本的人権の永久不可侵性(11条)		
□自由及び権利を保持・利用する責任，濫用の禁止(12条)		
□個人の尊重(13条前段)		
□幸福追求権(13条後段)		

自由権		
精神的自由権	□思想・良心の自由(19条)	□信教の自由(20条)
	□表現の自由(21条)	□学問の自由(23条)
身体的自由権	□奴隷的拘束・苦役からの自由(18条)	
	□適正手続の保障(31条)	
	□刑事手続に関する保障(33 ～ 39条)	
経済的自由権	□居住・移転・職業選択・外国移住・国籍離脱の自由(22条)	
	□財産権の不可侵(29条)	

平等権		
□法の下の平等(14条)	□両性の本質的平等(24条)	
□選挙権の平等(44条)		

社会権		
□生存権(25条)	□教育を受ける権利(26条)	
□勤労の権利(27条)	□団結権，団体交渉権，団体行動権(28条)	

国務請求権(受益権)		
□請願権(16条)	□国家賠償請求権(17条)	
□裁判を受ける権利(32条)	□刑事補償請求権(40条)	

参政権		
□普通選挙・秘密投票(15条)	□選挙権・被選挙権(15条, 44条, 93条)	
□公務員の選定・罷免権(15条)	□最高裁判所裁判官の国民審査権(79条)	
□地方特別法の住民投票権(95条)	□憲法改正の国民投票権(96条)	

▶人権の享有主体

□【天皇】…日本国民であり，人権は保障される。ただし，選挙権・被選挙権は否定され，世襲制と職務の特殊性から，表現の自由や職業選択の自由，国籍離脱の自由，婚姻の自由，財産権などは制約される。

□【法人】…権利の性質上，可能な限り適用される。

□【外国人】…権利の性質上，日本国民のみを対象としているものを除き，保障される。ただし，**入国の自由**は国際慣習法上認められておらず，社会権，在留外国人（永住外国人を含む）の参政権は保障されない。

▶平等権…すべての国民が等しく取り扱われることを要求する権利

□【法の下の平等】…14条で「すべて国民は，法の下に平等であって，**人種**，信条，**性別**，社会的身分又は**門地**により，政治的，経済的又は社会的関係において，差別されない」と規定。ここに挙げられている5つの事項以外の不合理な差別も許されない。また，**法適用の平等**のみならず，**法の内容の平等**まで要請されている。

ここにいう「平等」は，相対的・実質的平等を意味し，累進課税制度や産前・産後の休暇の取得など，合理的な差別は許されます。

▶精神的自由権

□【思想・良心の自由】…内心の領域にとどまる限り，**絶対的に保障**される（19条）。思想についての**沈黙の自由**も認められる。

□【信教の自由】…個人の内心にとどまる限り，**絶対的に保障**される（20条）。**①信仰の自由**，**②宗教的行為の自由**，**③宗教的結社の自由**が含まれる。また，これら3つをしない自由も保障されている。

□【政教分離の原則】…政治と宗教を分離し，政府や地方公共団体による特定宗教の保護を禁じる原則。信教の自由を確保するための制度それ自体を客観的に保障したものであり（**制度的保障**），制度の核心・本質的部分については立法によっても侵害することはできない。

□【表現の自由】…思想や情報を発表し伝達する自由（21条）。民主主義の基盤の維持（**自己統治**）や国民の人格形成（**自己実現**）に不可欠な権利とされる。

□【報道の自由】…表現の自由を規定した21条により保障される。

□【取材の自由】…判例は21条によって直接には保障されないが，その精神に照らし十分尊重に値するとしている。

□【検閲】…**公権力**が外部に公表されるべき表現内容を事前に審査し，不適当な場合にはその発表を禁止すること。**絶対的に禁止**されている。**教科書検定**や税関検査は，これにあたらない。

□**【集会の自由】**…特定または不特定の多数人が共通の目的のために集まる自由。集団行動を行う際には**公共の福祉**(22条)による制約を受ける。

□**【結社の自由】**…団体を結成しそれに加入する自由，その団体が団体として活動する自由，団体を結成しない自由，**団体に加入しない自由，団体から脱退する自由**も含まれる。

 専門的技術を要し，公共的な性格を有する職業の団体については，専門性・公共性を維持するため，強制加入制をとることが許されています。このような職業の団体として，弁護士会などが挙げられます。

□**【学問の自由】**…学問の研究・発表やそれを教えることに国家の不介入を保障する権利。**学問研究の自由，研究成果の発表の自由，教授の自由**が含まれる(23条)。

□**【大学の自治】**…大学における教員等の人事権，施設管理権，学生管理権の3つがある。

▶経済的自由権

□**【職業選択の自由】**…自己の選択した職業に就くことの自由だけでなく，選択した職業を遂行する「**営業の自由**」も含まれる。**公共の福祉**(22条)による制約には，消極目的規制と積極目的規制がある。

消極目的規制	国民の生命・健康に対する危険の防止などのためになされる規制。裁判所の違憲審査がより厳格な基準で行われ，規制が**違憲**と判断されやすい。
積極目的規制	社会的・経済的弱者を保護するためなどになされる規制。立法府の政策的・専門技術的判断が必要である。

□**【居住・移転の自由】**…自己の住所を自由に決定し，移動する自由。身体の拘束を解く意義をもち，見聞を広げることを通した人格形成にもつながることから，**身体的自由**や**精神的自由**の要素をあわせもつ(22条)。

□**【外国移住の自由】**…日本国民が日本国内から海外にその住所を移すにあたり，公権力からの制限を原則として受けないこと。**短期の海外旅行**の自由も，これに含まれる(22条)。

□**【国籍離脱の自由】**…日本国民がその日本国籍を放棄して外国人となる権利。ただし，無国籍になる自由や重国籍の自由は認められない(22条)。

□**【財産権の不可侵】**…**所有権**や**著作権**など自己に帰属する財産を自由に利用し処分する権利。ただし，**公共の福祉**のためには制限される(29条)。

□**【損失補償】**…個人の私有財産を公権力が公共のために用いることができ，その場合には正当な補償を与えなければならない。

▶身体的自由

□【法定手続の保障】…法律に定める適正手続によらなければ，刑罰を科されないとするもの（31条）。

□【罪刑法定主義】…どのような行為を犯罪とし，これに対してどのような刑罰を科すのかについて，あらかじめ法律の定めを必要とすること。

□【令状主義】…**裁判官**が発行した**令状**がなければ，逮捕・住居侵入・捜索・押収などといった権利の侵害を受けることがないとする考え方。例外として，**現行犯逮捕**には令状は不要。

□【黙秘権】…刑事事件の被疑者や被告人が，取り調べや裁判において，自己に不利益な供述を拒むことができる権利。

□【遡及処罰の禁止】…実行のときに適法であった行為について，後から法律を制定して処罰することはできないという原則。

□【一事不再理の原則】…すでに判決の確定した事件については再び訴訟・審判をされないとする原則。

▶社会権…すべての人が人間らしい生活を営む権利（25条）。

□【生存権】…人間たるに値する，**健康で文化的な最低限度の生活**を営む権利。

自由権的側面	健康で文化的な最低限度の生活を営む権利が国によって圧迫・干渉されている場合，それを排除することができる。
社会権的側面	経済的弱者が健康で文化的な最低限度の生活ができるよう国や地方公共団体に対して何らかの措置を要求することができる。

□【プログラム規定説】…25条の規定は国の政治的・道義的義務や方針を示したものであり，法的義務を有しないとする説。直接個々の国民に対して**具体的権利**を保障したものではないとする。

□【教育を受ける権利】…すべての国民がその**能力**に応じて，等しく教育を受けられる権利。**義務教育**は無償とされている（26条）。

□【勤労の権利】…国に対して働く機会を要求できる権利（27条）。

□【労働基本権】…勤労の権利を守るために保障されている権利。**団結権**，**団体交渉権**，**団体行動権**（争議権）からなる（28条）。

団結権	労働者が使用者と対等に交渉できる団体を組織する権利。
団体交渉権	労働者の団体が使用者と労働条件などについて交渉する権利。
団体行動権 （争議権）	交渉がまとまらない場合に，**ストライキ**などの労働争議を行う権利。正当な争議行為には，民事上・刑事上の免責が認められる。

公務員は公共の福祉の観点から労働基本権が制約されており，団体行動権は全面的に禁止されています。特に警察・消防職員は三権すべてが否定されています。

▶**国務請求権（受益権）**…基本的人権を確保するために保障された権利

□【**請願権**】…国などに対し，国務に関する希望や苦情などを述べる権利。請願を受けた側は，その請願を受理する義務はあるが，請願の内容を審理・判定し，実現させることについて**法的義務**は負わない（16条）。

□【**国家賠償請求権**】…公務員の職務上の**不法行為**によって国民が損害を受けた場合，国や地方公共団体にその損害の賠償を請求することができる権利（17条）。**国家賠償法**によって具体化されている。

□【**裁判を受ける権利**】…人権が侵されたり，不利益を被ったりしたとき，裁判所に訴えて救済を求める権利（32条）。

□【**刑事補償請求権**】…刑事手続によって抑留・拘禁された後，**無罪**の判決を受けた場合，国にその補償を求めることができる権利（40条）。

▶**参政権**…国民が政治過程に参加することを保障する権利

□【**選挙権**】…議員などを選挙によって選出する権利。

□【**被選挙権**】…選挙において候補者となる権利。

▶**新しい人権**…社会の変化の中で主張されるようになってきた人権

□【**プライバシーの権利**】…個人の私的な生活を他の人にみだりに公開されない権利や，自己に関する情報をコントロールする権利。

□【**肖像権**】…本人の承諾なしに，顔や姿を写し撮られたり，公開されたりしない権利。

□【**自己決定権**】…個人が自分の生き方や生活の仕方について自由に決定する権利。髪型や服装などライフスタイルを決める自由，**尊厳死**を決める自由などがあてはまる。

□【**環境権**】…人間としての健康で快適な生活環境を享受する権利。13条の個人としての尊重と**幸福追求権**，25条の**生存権**を根拠として主張されるようになった。最高裁判所の判例では，憲法上の権利として認めていない。

□【**知る権利**】…国民が自由に情報を受け取り，また国家に対して政府情報などの公開を求める権利。自由権的側面，請求権的側面，参政権的側面という3つの側面をもつ。

□【**アクセス権**】…情報の受け手が，**マスメディア**に対して意見広告や反論記事など，自己の意見について発表する場を提供することを要求する権利。

□【**反論権**】…報道によって名誉や信用が傷つけられたと判断した場合，損なわれた利益の回復を要求する権利。

01 大日本帝国憲法は，社会権を確立したドイツのワイマール憲法をモデルとし，社会権の一つである生存権を保障していた。　　　　　　　　国家専門職・平29

02 大日本帝国憲法においては，憲法上の諸権利には法律の認める範囲内で保障されるにすぎないという法律の留保があった。　　　　　　　　国家専門職・平29

03 大日本帝国憲法の下では，内閣総理大臣は内閣における同輩中の首席にすぎず，他の国務大臣と対等の地位にあり，他の国務大臣を任命・罷免する権限を有していなかった。　　　　　　　　国家専門職・平29

04 日本国憲法において，天皇は日本国及び日本国民統合の象徴とされ，その地位は主権の存する日本国民の総意に基づくものとされている。　　　　国家専門職・令1

05 日米安保条約では，アメリカによる日本の本土防衛義務が定められているが，アメリカの歴代政権はこの規定が尖閣諸島についても適用されるか否かは明言していない。　　　　　　　　　　　市役所・平29

06 旧日米安保条約の発効以降，長年にわたって日本は在日米軍の駐留経費を負担してこなかったが，冷戦の終結後にアメリカからの批判を受け，これを一部負担することとなった。　　　　　　　　　　市役所・平29

解 説

01 ワイマール憲法ではなく**プロイセン憲法**。ワイマール憲法の成立は1919年で、1889年の大日本帝国憲法制定より後。大日本帝国憲法は、生存権などの**社会権**がまったく保障されていなかった。

02 正しい。大日本帝国憲法においても、基本的人権は主に自由権を中心に保障されていた。しかし、それは天皇が恩恵として与える臣民の権利にすぎず、**法律の認める範囲内**でしか保障されなかった。

03 正しい。大日本帝国憲法の下では、内閣総理大臣は「**同輩中の首席**」にすぎず、他の国務大臣と同格の地位とされた。国務大臣を任命・罷免する権限については天皇大権とされた。

04 正しい。日本国憲法の制定により天皇主権は否定され、国民主権が採用された。天皇は国政に関する権能をもたず、内閣の**助言と承認**に基づいて、形式的・儀礼的な**国事行為**のみを行うこととなった。

05 日米安全保障条約では「本土」だけでなく「日本国の施設下にある領域」も**防衛義務**の対象とする。また、オバマ前大統領以降、アメリカは、この条約が**尖閣諸島**についても適用されると表明している。

06 新安保条約と同時に締結された**日米地位協定**では、在日米軍経費は原則的にアメリカが負担することになっていたが、1978年から日本政府が費用の一部を「**思いやり予算**」として肩代わりしている。

07

存立危機事態とは，日本に対する武力攻撃が発生し，かつ日本と密接な関係にある他国に対する武力攻撃も発生した事態をいう。

市役所・平29

08

存立危機事態の発生に際して，日本は個別的自衛権および集団的自衛権に基づき武力を行使できる。

市役所・平29

09

日本国憲法の改正にあたっては，国民主権や基本的人権の保障など憲法の基本原理を変えることはできないとされている。このような憲法を硬性憲法といい，世界的にみて少数派である。

国家専門職・平26

10

日本国憲法96条1項は憲法の改正手続について，「各議院の総議員の3分の2以上の賛成で，国会が，これを発議し，国民に提案してその承認を経なければならない」と規定している。

国家専門職・平26

11

日本国憲法は，1947年5月3日に施行されてから，その条文が改正されたことは一度もない。

国家専門職・平26

12

憲法審査会は，憲法および憲法に密接に関連する基本法制について調査を行い，憲法改正の原案，発議または国民投票に関する法律案等を審査するため，2007年に衆・参両議院に設置された。

国家専門職・平26

13

2010年に施行された国民投票法は，憲法改正案に対する賛成の投票数が有権者の半数を超えた場合，国民の承認があったものとすると規定している。

国家専門職・平26

07 存立危機事態は，日本ではなく，日本と**密接な関係**にある他国に対する武力攻撃が発生し，これにより日本の存立が脅かされ，国民の生命，自由等が根底から覆される**明白な危険**がある事態をいう。

08 存立危機事態の発生に際して，日本は**集団的自衛権**に基づき武力を行使できる。集団的自衛権は，自国への武力攻撃ではなく，自国と密接な関係にある他国への武力攻撃を，共同して実力で阻止する権利。

09 日本国憲法は，通常の法律よりも厳格な改正の手続（96条）が定められている**硬性憲法**である。これに対して，通常の立法手続で改正できる憲法を**軟性憲法**という。世界的には硬性憲法が多数派である。

10 正しい。日本国憲法は，**最高法規性**を確保するため，厳格な改正手続が定められている。憲法の改正は，各議院の総議員の**3分の2**以上の賛成で国会が発議し，国民投票による過半数の賛成で承認される。

11 正しい。日本国憲法は，これまで条文が改正されたことは**一度もない**。憲法改正に厳格な手続が求められることと，**国民投票**を行う際の手続を定めた法律（2007年成立）がなかったためといわれる。

12 正しい。戦後の長い間，憲法を議論するための専門機関がなかったが，2000年に**憲法調査会**が設置され，2007年には**国民投票法**の成立を受けて，憲法審査会が衆・参両議院にそれぞれ設置された。

13 「有権者の半数」ではなく「**有効投票の過半数**」である。最低投票率の規定はない。2018年に国民投票の投票年齢が，20歳以上から**18**歳以上に引き下げられた。

④ 基本的人権

01 日本国憲法の人権享有主体について，**天皇**には外国移住の自由はなく，特定の政党に加入する自由は認められていない。 地方上級・平22

02 権利の性質上，日本国民のみを対象としているものを除き，**外国人**にも人権が保障されるが，外国人に入国の自由は保障されていない。 地方上級・令1

03 地方自治体における選挙について，定住外国人に法律で**選挙権**を付与することは憲法上禁止されている。 地方上級・令1

04 外国人には，**社会権**が認められていないが，その理由として国民主権の原理に反することが挙げられている。 地方上級・平22

05 憲法は，すべて国民は**法の下に平等**であって，人種，信条，年齢，社会的身分または門地により，政治的，経済的又は社会的関係において差別されないと定めている。 国家一般職・平29

06 法の下の平等によって差別が禁止されるのは，人種，信条，性別，社会的身分または門地という**憲法14条1項後段**に挙げられる5つの事由に限られ，この5つ以外の差別は憲法上許容される。 地方上級・平28

01 正しい。天皇は日本国籍を有する日本国民であるため，人権は保障される。しかし，<u>皇位の世襲</u>とその職務の特殊性から，表現の自由，職業選択の自由，婚姻の自由，財産権などは制約を加えられる。

02 正しい。外国人の<u>入国の自由</u>は，国際慣習法上認められていない。また，<u>参政権</u>などは国籍と密接にかかわる権利として，たとえ永住資格をもっていても外国人には<u>適用されない</u>としている。

03 定住外国人に<u>選挙権</u>を与えることについては，憲法で禁止されているわけではなく，選挙権を与える内容の法律をつくることは違憲ではないため，選挙権を付与することは<u>可能</u>だとされている。

04 <u>社会権</u>は国家を前提とした国民の権利で，本国つまり本人の所属する国が保障すべきものとされている。国民主権の原理に反するものとして外国人に保障されていないのは，<u>参政権</u>である。

05 年齢ではなく<u>性別</u>。基本的人権は，人間は生まれながらに自由で平等であるという考えに基づいている。平等権は，一定の事由により不合理に差別されない権利で，すべての基本的人権の基礎となる。

06 後段列挙の5つの事由による差別以外についても<u>不合理</u>なものは許されない。列挙された5つの事由は例示であって，この5つ以外のことであれば差別をしてよいというものではない。

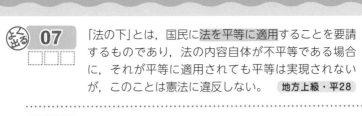

07 「法の下」とは，国民に法を平等に適用することを要請するものであり，法の内容自体が不平等である場合に，それが平等に適用されても平等は実現されないが，このことは憲法に違反しない。　地方上級・平28

---

08 最高裁判所は，女子の定年年齢を男子より低く定めた私企業の男女別定年制を，性別のみによる不合理な差別であるとして無効としている。

国家専門職・平24

---

09 日本国憲法は家庭生活における両性の本質的平等を定めており，最高裁判所は，夫婦別姓を認めない民法の規定を違憲であると判示した。　国家専門職・平30

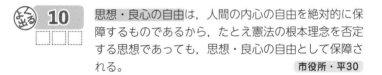

10 思想・良心の自由は，人間の内心の自由を絶対的に保障するものであるから，たとえ憲法の根本理念を否定する思想であっても，思想・良心の自由として保障される。　市役所・平30

---

11 最高裁判所は，三菱樹脂事件で，特定の思想をもつことを理由に企業が本採用を拒否することは違憲であると判示した。　国家専門職・平30

---

12 信教の自由は，外部に現れた宗教活動を絶対的に保障するものであるから，宗教家が宗教活動として信者の生命，身体を害した場合であっても，処罰することは許されない。　市役所・平30

---

13 法律で宗教法人の解散命令の制度を設け，そこに規定された要件に適合した場合に国が当該宗教法人に対して解散を命じても，そのことが直ちに信教の自由を侵害することになるわけではない。　地方上級・平21

07 法適用の平等だけでなく，法の内容そのものの平等すなわち**法内容の平等**も要請される。いかに法が平等に適用されていても，法の内容自体が不平等であれば，平等を実現したことにはならないためである。

・・

08 正しい。男女別定年制の適法性が争われた日産自動車事件において最高裁判所は，性別のみによる**不合理な差別**を定めたものとして，民法90条「公序良俗」の規定により無効であるとした。

・・

09 民法750条は，夫婦どちらの姓を称するかはその協議に委ねており，性別に基づく法的な差別的取扱いを定めているわけではないとして，最高裁判所は**夫婦別姓**を認めない民法の規定を**合憲**とした。

・・

10 正しい。**内心の自由**は絶対的に保障されている。国民が民主主義を否定するような思想や社会を混乱に陥れるような思想をもとうとも，それが内心にとどまっている限りは絶対的に自由である（19条）。

・・

11 最高裁判所は，企業側にも雇用の自由があるとし「本採用の拒否は思想の自由を侵害する」という原告側の主張を退けた。この事件は，憲法上の人権規定が**私人間**にも適用されるかという点で注目された。

・・

12 信教の自由は，外部に現れた宗教活動を絶対的に保障するものではない。そのため，**宗教活動**としてなされるものであっても，他人の生命，身体等に危害を及ぼす行為は許されない（20条）。

・・

13 正しい。判例は，宗教法人法の**解散命令**の制度は，宗教法人の世俗的側面を対象とし，宗教団体や信者の精神的・宗教的側面に容かいする（口出しする）意図によるものでなければ違憲にはならないとした。

14 政教分離は，国家の宗教的中立性を制度として保障したものであり，その制度の核心的部分を侵害することはできないと解されている。　　　地方上級・平27

15 政教分離の原則は国家と宗教を厳格に分離することを要求しているので，国は宗教団体への関与をなすことができず，例えば宗教団体が運営する私立学校に補助金を交付することも許されない。　　地方上級・平21

16 政教分離に関する規定は，個々の国民に具体的権利を付与したもので，この原則に違反するような国家の行為が行われた場合には，国民は訴えを提起してその中止や是正を求めることができる。　　　地方上級・平21

17 日本国憲法では，演説などの言論の自由のほかに出版の自由についても保障されているが，絵画や音楽などの芸術分野における表現の自由については保障されていない。　　　市役所・平28

18 表現の自由は，自己の思想・信条を自由に伝達することを保障するものであるから，単なる事実の報道や，報道の準備作業である取材活動は表現の自由では保障されない。　　　市役所・平30

19 日本国憲法は検閲を例外なく禁止しており，最高裁判所は家永訴訟で，教科書検定は検閲にあたるため違憲であると判示した。　　　国家専門職・平30

20 税関において海外から持ち込まれる表現物を検査し，「風俗を害すべき書籍，図画」にあたると認められるものの輸入を禁止することは，憲法の禁止する検閲に該当するので認められない。　　　地方上級・平21

14 正しい。**政教分離の原則**は，信教の自由を確実に保障するためのものである。このように，個人の権利を直接保障するのではなく，間接的に国民の権利を保障することを**制度的保障**という。

15 **政教分離の原則**は，国家と宗教との関わり合いをすべて排除する趣旨ではない。国家が宗教団体に対して，他の団体と同様に社会的給付（私立学校への補助金など）を行わなければならない場合もある。

16 政教分離に関する規定は，個々の国民に具体的権利を付与したものではなく**制度的保障**とされている。したがって，自己の権利または法律上の利益が損害される場合に限り，国民は訴えを提起できる。

17 表現の自由は，**芸術分野**の表現の自由も含む。その保障は「言論，出版」にあたる新聞，テレビ，書籍等だけでなく「その他一切の表現」として，絵画，音楽，映画，演劇等の芸術的表現にも及ぶ（21条）。

18 **報道の自由**は表現の自由の一つであり，憲法上の権利として保障される。しかし，**取材の自由**については「憲法21条に照らし，十分尊重に値する」としているが，保障されるとまではいえない。

19 検閲は，憲法21条2項で禁止されているが，**教科書検定**の合憲性が問われた家永訴訟で，最高裁判所は，検定で不合格となっても，一般図書としては自由に発表できるとして，検定制度を**合憲**とした。

20 税関検査の対象となる表現物はすでに国外で発表済みであり，その輸入を禁止したからといって，発表の機会が全面的に奪われるわけではないことなどから，税関検査は**検閲**には当たらない。

21

表現の自由の一形態として集会の自由が保障されているが，そのために公共施設を利用することまでは保障されておらず，施設利用の可否は施設管理者側が自由に判断できる。 　　　　　　　　市役所・平28

22

表現の自由の一環である集団行動（デモ行進など）は，表現の自由の一形態として重要な意義を要するから，警察は道路交通法などに基づいてデモ行進を事前に不許可とすることはできない。 　　　市役所・平30

23

結社の自由も一定の内在的制約に服するから，犯罪を行うことを目的とする結社を禁止することは，憲法に違反しない。 　　　　　　　　　　地方上級・平24

24

結社の自由の保障は，個人が団体を結成することについて公権力から干渉を受けない自由には及ぶが，個人が団体を結成しないことについて公権力から干渉を受けない自由には及ばない。 　　　地方上級・平24

25

結社の自由には団体に加入しない自由も含まれており，ある種の職業集団について強制加入を定めることは，憲法に違反する。 　　　　　地方上級・平24改

26

通信の秘密には，公権力が，通信の内容や通信の存在自体について調査の対象としないことと，通信業務従事者によって職務上知り得た通信に関する情報を漏洩しないことの2つがある。 　　市役所・平20

27

学問の自由として保障される大学の自治は，高等教育機関の研究・教育の自由であるから，教員人事の自治は大学の自治には含まれない。 　　　市役所・平30

21 集会の自由は，表現の自由の一形態であり，公共施設を利用して集会などを行うことは，憲法で保障された国民の権利・自由であると解すべきであるから，利用の可否は，管理者が自由に判断できない。

22 警察は事前に不許可とすることができる。判例は，公共の秩序を保持するため，特定の場所又は方法につき，合理的かつ明確な基準の下に，あらかじめ許可を受けさせることは違憲ではないとしている。

23 正しい。結社とは，多人数が政治，経済，宗教，芸術など共通の原理に従って結びついたもので，結社の自由は，一定の内在的制約に服する。例えば，犯罪を行うことを目的とする結社は許されない。

24 結社の自由は，団体を結成しそれに加入する自由，また，その団体が活動する自由だけでなく，団体を結成しない自由，団体に加入しない自由，団体から脱退する自由なども保障している。

25 弁護士会，税理士会等，専門的技術を要し，公共的な性格を有する職業の団体については，職業の専門性・公共性を維持するため，強制加入制をとることが許されている。

26 正しい。通信の秘密は，私生活やプライバシーの保護の一環としても重要である。保障の範囲は，特定の通信の内容だけでなく，信書であれば差出人・受取人の氏名，住所，差出個数，年月日等にも及ぶ。

27 大学の自治には，高等教育機関の研究・教育の自由だけでなく，教員人事の自治も含まれる。大学は，国からの干渉を受けずに自由な教育・研究を行うために，自治が保障されている（23条）。

28

経済の自由として，憲法は財産権の不可侵や居住・移転の自由，職業選択の自由，勤労の権利等を保障している。公共の福祉による制限は認められていない。

国家一般職・平29

29

経済的自由権に対する規制では，精神的自由権に対する規制と同程度の基準を用いて憲法適合性が審査されなければならない。

地方上級・平30

30

職業選択の自由は，社会政策的に少数者を保護することなどを目的とする積極目的規制による規制が許容される権利とされる。

市役所・平27

31

日本国憲法では，たとえ正当な補償があったとしても財産権に対する制限は許されない。

地方上級・平30

32

日本国憲法は，身体（人身）の自由を保障するため，法律の定める手続によらなければ刑罰を科せられないことを定めており，また，自己に不利益な供述の強要を禁止している。

国家専門職・平30

よく出る 33

被疑者は理由となる犯罪を明示した令状がなければ逮捕されない。また，一事不再理の原則により実行のときに適法であった行為について検察官から起訴されることはない。

国家Ⅱ種・平20改

34

犯罪の種類のみを定め，その犯罪を構成する具体的な内容を命令や規則に白紙委任することは許されない。

地方上級・平29

28 勤労の権利は，経済の自由ではなく社会権に属すると考えられている（27条）。また，経済の自由は「公共の福祉に反しない限り」など，公共の福祉に服することが明文化されている。

29 精神的自由権は経済的自由権より優越的である。精神的自由権が不当に制約されると民主制の過程そのものが脅かされるため，違憲審査にあたっては厳格に審査されなければならない（二重の基準論）。

30 正しい。職業選択の自由は公共の福祉による制約を受ける。この制約には，国民の生命や健康に対する危険防止などのための消極目的規制，社会的・経済的弱者を保護するための積極目的規制がある（22条）。

31 憲法29条3項は，個人の私有財産を公権力が公共のために用いることができること，そして，その場合は正当な補償（損失補償）のもとに用いなければならないことを定めている。

32 正しい。憲法31条において，適正手続の保障が定められている。また，38条において，取り調べや裁判において黙秘権が保障されており，被疑者・被告人は，自己に不利益な供述を拒むことができる。

33 「一事不再理の原則」ではなく「遡及処罰禁止の原則」についての説明である。一事不再理の原則とは，すでに判決が確定した事件について，再び訴訟・審判をされないとする原則である。

34 正しい。命令や規則への白紙委任は，罪刑法定主義に違反する。罪刑法定主義とは，犯罪とされる行為の内容と，それに科される刑罰を，あらかじめ法律で定めておかなければならないとする原則である。

35 日本国憲法25条には，国民は健康で文化的な最低限度の生活を営む権利を有するという生存権に関する規定が置かれており，この規定は環境権の根拠になりうる規定と解されている。　　　　　　　　　市役所・平28

36 教育を受ける権利を保障するため，憲法は，すべて国民はその能力や環境に応じて，ひとしく教育を受ける権利を有し，その保護する子女に普通教育を受けさせる義務を負うことを定めている。　　国家一般職・平29

37 労働基本権は，国に対して労働者の労働基本権を保障する措置を要求し，国はその施策を実施すべき義務を負うという社会権的側面のみを有するのであって，自由権的側面は有しない。　　　　　　　　　市役所・平24

38 団結権は労働組合を結成する権利であるが，この権利は団体交渉権や争議権とは異なり，民間企業に勤務する労働者だけでなく，警察や消防などを含むすべての公務員に保障されている。　　　　　　　　市役所・平29

39 プライバシーの権利は，憲法に明文の規定はないが，幸福追求権を根拠に保障されると考えられている。
　　　　　　　　　　　　　　　　　　　国家一般職・平29

40 最高裁判所は，サンケイ新聞意見広告事件において，マスメディアに対する一般市民の反論権を認め，新聞社に対して反論文を掲載するよう命じた。
　　　　　　　　　　　　　　　　　　　　地方上級・平22

41 最高裁判所は，患者が信仰上の理由から輸血を伴う医療行為を拒否する意思決定をする権利は人格権の一内容として尊重されなければならないという判決を下した。　　　　　　　　　　　　　　　地方上級・平22

35 正しい。**環境権**とは，健康で快適な生活を維持するための良好な環境を享受できる権利のこと。環境権を具体化するためには積極的な国の施策が必要であり，その面では生存権として性格づけられる。

36 「環境」という文言は含まれていない。憲法26条は，すべての国民に，その**能力**に応じて，ひとしく教育を受ける権利を保障し，**義務教育の無償**を定めている。

37 労働基本権は，**自由権的側面**も有する。自由権的側面とは，団体交渉や争議行為などに対して，公権力による不当な侵害があった場合に，その排除を請求できる自由権としての機能のことである。

38 警察職員と消防職員は，高度の規律保持が求められることから，団結権を含む**労働三権**のすべてが認められていない。また，すべての公務員は，職種に関係なく**団体行動権**（争議権）が認められていない。

39 正しい。プライバシーの権利は，私生活をみだりに公開されない権利として理解されてきたが，情報化社会の進展に伴い，**自己に関する情報**を**コントロール**できる権利と考えられるようになってきている。

40 最高裁判所は**反論権**を認めず，反論文の掲載請求を棄却した。反論権とは，マスメディアの報道等によって名誉，信用を傷つけられた者が，そのマスメディアに対し，反論する機会を求める権利。

41 正しい。信仰上の理由で輸血拒否の意思を伝えていたにもかかわらず，無断で輸血を行った医師，病院に対し，患者が損害賠償を求めた事件で，最高裁判所は**人格権の侵害**にあたるとして損害賠償を認めた。

5 国会

▶権力分立の原理

□【三権分立】…国家権力を立法権(国会), 司法権(裁判所), 行政権(内閣)に分割。権力が濫用されないよう, 3つの権力が互いに抑制し合い, 均衡を保つ仕組み。

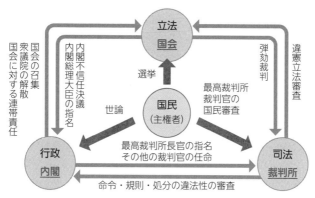

▶国会の組織

□【二院制】…国会は衆議院と参議院で構成される。慎重な審議を行って多数派による権力の濫用を防ぎ, 国民の多様な意思を国会に忠実に反映させることが目的。

	衆議院		参議院	
議員定数	465人		248人	
	289人	176人	148人	100人
選挙制度	小選挙区選出	比例代表選出	選挙区選出	比例代表選出
任期	<u>4</u>年(解散あり)		<u>6</u>年(3年ごとに半数改選)	
被選挙権	満<u>25</u>歳以上		満<u>30</u>歳以上	

参議院は「良識の府」として, 衆議院の行きすぎを抑制し, 継続して安定した審議を行うことが期待されています。

「政治」では最頻出分野です。特に国会が重要で、衆議院の優越や国
会の種類、国会議員の地位は確実に理解しておきましょう。内閣の
権能、裁判官の身分保障、違憲審査権も押さえておきましょう。

▶国会の種類と会期制

□【常会(通常国会)】…毎年**1**回、**1**月中に召集。会期は原則として**150**日間。
　主な議題は予算の審議など。

□【臨時会(臨時国会)】…内閣あるいは、いずれかの議院の総議員の**4分の
　1**以上の要求で召集。主な議題は予算・外交等、国政上緊急に必要な議
　事。

□【特別会(特別国会)】…衆議院解散後の総選挙の日から**30**日以内。主な議
　題は**内閣総理大臣の指名**。

□【参議院の緊急集会】…衆議院解散中、国に緊急の必要が生じたとき、**内
　閣**が要求。主な議題は、国政上緊急に必要な議事。決定された議事につ
　いては、次の国会開会後10日以内に**衆議院の同意**が必要である。

□【会期制】…会期中に議決されなかった案件は後会に継続しない(**会期不
　継続の原則**)。ただし、常任委員会は、各議院により特に付託された案件
　については、国会閉会中も引き続き審査することができる。閉会中に審
　査された議案は、後会に継続する。

▶会議の原則

□【定足数】…合議体が活動するために必要な最小限の出席者の数。両議院
　は、各々その総議員の**3分の1**以上の出席がなければ、議事を開き議決
　することができない。

□【決議要件】…原則として出席議員の**過半数**で議決され、可否同数のとき
　は議長が決する。

▼法律に特別の定めがある場合の表決数

出席議員の**3分の2**以上	□議員の資格争訟の裁判
	□秘密会の開催の議決
	□議員の除名
	□法律案の衆議院での再可決
総議員の**3分の2**以上	□憲法改正の発議

□【公開】…両議院の本会議は公開される。ただし、出席議員の3分の2以
　上の多数で議決したときは**秘密会**を開くことができる。

□【委員会中心主義】…各議院の最終的な意思決定は本会議で行われるが，議案に関する詳細な審議は少数の議員によって構成される委員会で行われる。

□【委員会】…常設機関である**常任委員会**と，会期ごとに各議院が必要なときに議院の議決で設けられる**特別委員会**があり，常任委員会は衆参両院に17ずつある。各委員会の委員は，各会派の所属議員数の比率に応じて選任される。国会議員は原則としていずれかの常任委員会に所属しなければならない。**非公開**が原則。

□【予算委員会】…予算に関連する諸事項として，国政に関するあらゆる重要事項を審議することができる。

▶**国会の権能**

□【法律の制定】…法律案は**内閣**と**国会議員**によって，いずれかの議院に提出される。衆議院で20人以上，参議院で10人以上の議員の賛成が必要。成立法案数でみると，内閣提出法案は議員提出法案よりも圧倒的に多い。

□【条約の承認】…条約は内閣によって締結され，国会による**事前**または**事後**の承認を必要とする。

□【弾劾裁判所】…適格性を欠くため罷免の訴追を受けた裁判官の弾劾・罷免を決定する。衆参両院各7名の議員で組織。

□【憲法改正の発議】…各議院の総議員の**3分の2**以上の賛成により，国会が発議。

□【内閣総理大臣の指名】…内閣総理大臣は**国会議員**の中から国会の議決で指名。

▶**議院の権能**

□【国政調査権】…衆参両議院がそれぞれ国政全般について調査できる権能で，**証人の出頭・証言，記録の提出**を求めることができる。ただし，裁判所の判決や訴訟指揮には及ばない。住居侵入，捜索，押収，逮捕のような刑事手続上の強制力は認められていない。

□【議員資格争訟の裁判】…両院は，各々その議員の資格に関する争訟を裁判する。議員の資格を失わせるには，出席議員の3分の2以上の議決が必要となる。

□【議員懲罰権】…両議院は，**院内の秩序**を乱した議員に懲罰を加えることができる。ただし，議員を**除名**するには，出席議員の3分の2以上の議決が必要となる。

▶衆議院の優越

□【**衆議院の優越**】…衆議院は参議院よりも任期が短く**解散**もあり，民意が反映されやすいことから，衆議院の優越的地位が認められている。

■予算の議決・条約の承認・内閣総理大臣の指名

| 衆議院と参議院で議決が一致しない | ➡ | 両院協議会を開いても意見が一致しない | ➡ | 衆議院の議決が国会の議決となる |

衆議院の可決後**30日以内**（内閣総理大臣の指名の場合は**10日以内**）に参議院が議決しない ➡ 衆議院の議決が国会の議決となる

■法律案の議決

| 衆議院と参議院で議決が一致しない | ➡ | 衆議院の**出席議員**の**3分の2以上**で再可決すれば成立 |

衆議院の可決後**60日以内**に参議院が議決しない ➡ 衆議院の**出席議員**の**3分の2以上**で再可決すれば成立

□【**両院協議会**】…衆議院と参議院で議決が異なるときに，**意見調整**をする機関。各議院から選出された10名ずつの委員で構成され，出席議員の3分の2以上の賛成で協議案が成案となる。予算の議決，条約の承認，内閣総理大臣の指名については必ず開かれるが，**法律案**の議決については**任意**。

	衆議院の先議権の有無	参議院が議決しない日数要件	両院協議会の開催	衆議院の再議決の有無
法律案の議決	×	60日	任意的開催	出席議員の3分の2以上
予算の議決	○	30日	必要的開催	×
条約の承認	×	30日	必要的開催	×
内閣総理大臣の指名	×	10日	必要的開催	×

▶国会議員の地位

□【**不逮捕特権**】…国会の会期中逮捕されず，会期前に逮捕された議員は，その議院の要求があれば会期中釈放される。ただし，院外での**現行犯逮捕**，議員の所属する議院の許諾がある場合には，会期中でも逮捕される。

□【**免責特権**】…院内で行った演説・討論・表決については，院外で責任を問われない。免責されるのは，**民事責任**，**刑事責任**，懲戒責任など院外の法的責任であり，除名等の責任の追及などの政治的責任は問われる。

 議員としての職務に付随した行為で，かつ議院内の行為であっても，暴力行為など犯罪にあたる行為や野次は免責特権の対象にはなりません。

□【**歳費受領権**】…国庫から相当額の歳費を受けることができる。

6 内閣

▶内閣の組織と地位

□【内閣】…内閣総理大臣およびその他の国務大臣で組織する合議体。内閣総理大臣および国務大臣は**文民**でなければならない。

□【内閣総理大臣】…内閣の首長で，行政の最高責任者。**国会議員**の中から**国会の議決**で指名され，天皇によって任命される。内閣を代表して議案を国会に提出し，一般国務や外交関係について国会に報告し，行政各部を指揮監督する。

□【国務大臣】…内閣総理大臣によって任命され，また任意に罷免もされる。その**過半数**は**国会議員**でなければならない。行政事務を分担管理しない無任所大臣も認められている。

内閣総理大臣および国務大臣は，両議院における議席の有無にかかわらず，議案について発言するために，本会議や委員会に出席することができます。

□【議院内閣制】…内閣が国会の信任に基づいて存立する仕組み。内閣は**行政権**の行使について，国会に対して**連帯**して責任を負う。

□【閣議】…内閣の意思決定を行うために，内閣総理大臣の主宰のもとに国務大臣全員が出席して開かれる会議。慣習により，議事は**全会一致**とされる。非公開とされている（2014年4月以降の閣議については議事録が作成され，公開されている）。

▶内閣の権能

□【法律の執行】…国会が制定した法律が憲法に違反すると判断した場合であっても，その法律を**誠実に執行**する義務を負う。

□【外交関係の処理】…全権委任状や大使・公使の信任状の発行，批准書その他の外交文書の発行など，外交関係について日本国を代表して処理する。

□【条約の締結】…事前または事後に**国会の承認**を経る必要がある。

□【予算の作成】…毎会計年度，予算を作成し**国会に提出**。内閣のもつ国の財政を処理する権限は，国会の議決に基づいて行使しなければならない。

□【政令の制定】…憲法および法律の規定を実施するための命令を制定する。特に**法律の委任**のある場合を除いて，義務を課し，または権利を制限する規定や罰則を設けることはできない。

□【恩赦】…大赦，特赦，減刑，刑の執行の免除，復権を決定する。

▶内閣の総辞職

□【総辞職】…内閣の構成員すべてが同時に辞職すること。内閣はいつでも総辞職できるが，次の３つの場合には，総辞職しなければならない。

①	衆議院で**内閣不信任**の決議案を可決し，または信任の決議案を否決したとき，内閣が10日以内に衆議院を解散しない場合(69条)
②	衆議院議員の総選挙後，初めて国会の召集があった場合(70条)
③	内閣総理大臣が**死亡**したときや国会議員の地位を失ったときなど，内閣総理大臣が欠けた場合(70条)

 総辞職がなされた場合，内閣は新たな内閣総理大臣が任命されるまで，引き続き職務を行うことになっています。

□【衆議院の解散】…衆議院議員の任期満了前に，議員としての身分を喪失させる行為。**解散権は内閣**がもつ。実務上，69条を根拠に行う場合と７条３号を根拠に行う場合がある。

□【69条解散】…衆議院の解散は，衆議院で内閣不信任決議案が可決，あるいは信任決議案が否決された場合，内閣が対抗手段として10日以内に衆議院を解散できることが，69条に明記されている。

□【７条３号解散】…実務上，69条に限定されるわけではなく，内閣は７条３号(内閣の天皇の国事行為への助言と承認)により衆議院を解散することができるとしている。戦後のほとんどの解散は，この解散である。

▶日本の行政機関

□【中央省庁再編】…1998年成立の**中央省庁等改革基本法**に基づき，2001年に中央省庁はそれまでの１府22省庁から**１府12省庁**へ再編された。これにより，縦割り行政の弊害是正，行政のスリム化が図られた。

□【独立行政法人】…効率性や透明性の向上を目的として，各省庁から一定の事務や事業を分離して設立された法人。国立公文書館や造幣局などが挙げられる。

□【行政委員会】…内閣から独立して行政的権能を行使できる合議制の行政機関。規則の制定などの**準立法的機能**，裁決・審判などの**準司法的機能**を有する。公正取引委員会や国家公安委員会，選挙管理委員会，教育委員会などがある。

□【審議会】…各省庁が学識経験者や利害関係人の意見を聞くために設置する合議制の諮問・調査機関。国民の意見を行政に反映させ，また有権者の専門知識を行政に導入するというねらいがある。

7 裁判所

▶裁判所の組織と権能

□【**最高裁判所**】…司法権の最高機関。行政事件訴訟を含むすべての終審裁判所。長官1名とその他の裁判官14名で構成される。

最高裁判所長官	**内閣の指名**で，**天皇が任命**する。
その他の最高裁判所裁判官	**内閣の任命**で，**天皇が認証**する。

□【**下級裁判所**】…高等裁判所，地方裁判所，家庭裁判所，簡易裁判所の4つ。裁判官は，**最高裁判所の指名した者の名簿**により，**内閣が任命**。

高等裁判所	下級裁判所のうち最上位にある裁判所。通常は第二審裁判所であるが，内乱罪等については第一審裁判所となる。また，簡易裁判所が扱う刑事事件の第二審を担当する。
地方裁判所	通常事件の第一審を扱う裁判所。簡易裁判所が扱う民事事件の第二審を担当する。
家庭裁判所	家庭に関する事件の審判・調停や少年事件の審判を行う。地方裁判所と同じ地位にある。
簡易裁判所	少額な事件（訴額が140万円以下の民事事件）や罰金刑以下の刑事事件などの軽微な事件を扱う第一審裁判所。

□【**特別裁判所**】…特別の人間または事件について裁判するために，通常裁判所の系列から独立して設けられる裁判所。大日本帝国憲法下の軍法会議，行政裁判所，皇室裁判所が代表例。憲法が明文で禁止。

□【**行政機関による裁判**】…行政機関は前審として審理できるが，終審として裁判することは禁止。

□【**裁判の公開**】…裁判の対審および判決は，公開法廷で行われる。**判決は絶対に公開**しなければならないが，**対審**は，裁判官の**全員一致**で公の秩序または善良の風俗を害するおそれがあると決した場合には，非公開で行うことができる。

 政治犯罪や出版に関する犯罪，憲法第3章で保障する国民の権利が問題となっている事件については，対審も絶対公開されることになっています。

□【**三審制**】…原則として1つの事件について3回まで裁判を求めることができる仕組み。第一審の判決に不服がある場合，上級の裁判所に**控訴**し，さらに不服がある場合，**上告**することができる。

□【**再審**】…確定判決に対して，重大な欠陥を主張し不服の申し立てをして，

裁判のやり直しを求める制度。冤罪が認められた例もある。

▶司法権の独立

□【職権の独立】…すべて裁判官は，その**良心**に従い**独立**して職権を行い，この**憲法及び法律**にのみ拘束される。個々の裁判官は，他の国家機関からの干渉だけでなく，司法権内部からの統制も受けない。

□【身分保障】…裁判官の懲戒処分は行政機関が行うことはできない。定期に相当額の報酬を保障され，在任中，報酬の減額は禁止される。

□【裁判官の罷免】…次の３つの場合に限定される。

①	心身の著しい故障のため，職務不能のとき，職務を解く裁判（**分限裁判**）で罷免される。
②	著しい職務違反や裁判官にふさわしくない非行があったとき，**弾劾裁判**で罷免される。
③	最高裁判所裁判官は，**国民審査**で罷免が可とされたとき，罷免される。 □国民審査は，任命後，最初の衆議院議員総選挙の際，およびその後10年を経過した後，初めて行われる衆議院議員総選挙ごとに行われる。 □これまで，国民審査によって罷免された裁判官はいない。

▶違憲審査権

□【違憲審査権】…法律，命令，規則，処分などが憲法に違反していないかどうかを審査する権限。**すべての裁判所**に与えられている。

□【付随的違憲審査制】…**具体的な事件**が発生し，訴えがあって初めて裁判所により行使される。具体的な訴訟事件とは無関係に法令などの合憲性を一般的・抽象的に審査することはできない。

□【違憲判決の効力】…裁判所により違憲と判断された法律などは，原則として当該事件に限って**無効**となる（個別的効力説）。

▶近年の司法制度

□【裁判員制度】…殺人など重大な**刑事事件**の裁判において，一般市民から抽選で選ばれた裁判員が，**有罪・無罪の事実認定**および**刑の量定**に関し，裁判官とともに審理および裁判を行う制度。

□【検察審査会制度】…検察庁が**不起訴**と判断した事件について，その判断の妥当性を一般市民からなる検察審査員が審査する制度。議決には**拘束力**があり，同じ事件において起訴が相当であると検察審査会が２回議決した場合，被疑者は強制的に起訴される。

□【法テラス】…**日本司法支援センター**の通称。総合法律支援法に基づき設立された法人。民事・刑事を問わず，法による紛争の解決に必要な情報やサービスの提供，犯罪被害者支援業務などを実施している。

01 国会は，弾劾裁判所を設置するほか，最高裁判所長官を指名することができる。このように，国会は司法権に対するコントロールを及ぼすことによって三権分立を実質化している。　　　市役所・平26

02 日本の国会は二院制を採用しており，参議院は特定の地域や団体を代表するものとされている。

市役所・平30

03 衆議院と参議院の議員の任期は，ともに4年である。また，衆議院には解散制度が設けられているが，参議院には設けられていないため，参議院では通常2年ごとにその半数の議員を改選する。　　　市役所・平26

04 衆議院は予算案の議決などにおいて参議院に優越するなど相対的に強い権限が与えられていることから，参議院より議員の定数が多く，任期も長い。また，被選挙権が与えられる年齢も高い。　　　国家Ⅱ種・平20

05 日本の国会は常会，臨時会などからなり，常会は国会議員の選挙がない年にあっては，1年間開かれる。

市役所・平30

06 一定数以上の国会議員が要求すれば，臨時会と呼ばれる国会を召集できる。臨時会の召集に必要な国会議員の数は，衆議院では総議員の4分の1以上，参議院では総議員の3分の1以上である。　　　国家Ⅱ種・平20

解　説

01 最高裁判所の**長官を指名**するのは内閣。**弾劾裁判所**は，裁判官が職務上の義務に違反した場合，罷免の訴追を受けた裁判官を辞めさせるかどうか判断する裁判所。衆参両院の議員各７人で構成される。

02 日本の国会は衆議院と参議院の二院制で，両議院とも「全国民を代表する選出された議員」で組織される。二院制によって，民意を問う機会が多くなり，より慎重に審議を行うことができるようになる。

03 **衆議院議員**は任期４年で解散があり，**参議院議員**は任期６年で解散がない。また，衆議院選挙は任期が満了したときや解散したときに行われ，参議院選挙は通常３年ごとに行われ，半数ずつ改選される。

04 任期は衆議院議員が４年，参議院議員が６年で，衆議院議員の方が短い。また，被選挙権の年齢は，衆議院議員が満25歳以上，参議院議員が満30歳以上で，衆議院議員の方が低い。

05 常会（通常国会）は毎年１月中に召集され，会期は原則として150日間。次年度の予算の審議が議題の中心。行政の負担が大きくなるため，国会議員の選挙がない年でも，議会が１年中開かれることはない。

06 臨時会（臨時国会）は内閣が必要と認めたとき，または，いずれかの院の総議員の４分の１以上の要求があったときに召集される。予算・外交問題，また，国政上緊急を要する問題などが主な議題となる。

07 衆議院を解散した場合，憲法54条によって解散後の総選挙の日から30日以内に，内閣の意向や当選した議員の要求の有無にかかわりなく，特別会と呼ばれる国会を召集しなければならない。　　　　　　　国家Ⅱ種・平20

08 常会の召集は毎年4月，会期は原則として90日間，主な議題は新年度予算とされている。また，臨時会の主な議題は内閣総理大臣の指名であり，特別会の主な議題は補正予算である。　　　　　　　　　　　市役所・平26

09 衆議院が解散されたときは，参議院は同時に閉会となる。ただし，内閣は国に緊急の必要があるときは，参議院の緊急集会を求めることができる。　　　　　　　　　　　　　　　　　　　　　　地方上級・平30

10 国会は会期制をとっており，会期中に成立しなかった法律案は，いずれかの議院で可決されれば，後会に継続することができるため，次の会期において，他方の議院で可決されれば成立する。　　国家Ⅱ種・平23

11 衆参両議院は，各々その総議員の4分の1以上の出席がなければ，議事を開き，議決をすることができない。　　　　　　　　　　　　　　　　　　　　　　市役所・平22

12 衆参両議院の会議は公開を原則とするが，出席議員の5分の3以上の多数で議決したときは，秘密会を開くことができる。　　　　　　　　　　　　　　市役所・平22

13 国会は委員会中心主義を採るが，実態は形骸化しており，実質的には本会議において決定される。　　　　　　　　　　　　　　　　　　　　　　市役所・平30

07 正しい。**特別会**(特別国会)は，衆議院解散による総選挙の日から30日以内に召集される。衆議院で議長・副議長を選出したのち，**内閣総理大臣**の指名が行われる。

08 **常会**の召集は毎年1月中，会期は原則として**150日**間である。また，臨時会の主な議題は予算・外交問題，国政上緊急を要する問題，特別会の主な議題は内閣総理大臣の指名である。

09 正しい。衆議院の解散と同時に参議院は閉会だが，緊急の必要があるときは，**内閣**は参議院の**緊急集会**を求めることができる。緊急集会でとられた措置は，次の国会開会後10日以内に衆議院の同意が必要。

10 会期中に成立しなかった案件は後会に継続しない(**会期不継続の原則**)。ただし，委員会において閉会中審査(継続審議)とした場合には，次の会期に継続して審議が行われる。

11 衆参両議院の本会議は，各々その総議員の4分の1以上ではなく，**3分の1以上**の出席で開かれる。なお，合議体が会議を開き，議決をするにあたって必要とされる最小限の出席者数のことを定足数という。

12 本会議は公開が原則であり，新聞，テレビなどの報道を認め，会議記録を公表している。ただし，出席議員の**3分の2**以上の多数で議決したときは，非公開の**秘密会**を開くことができる。

13 委員会中心主義は形骸化していない。わが国の国会運営は，大日本帝国憲法下での本会議中心主義から，**委員会**で実質的な審議・採決を行った後，本会議で**審議・採決**される委員会中心主義に変わった。

14 わが国の国会における委員会は，特別委員会を除き，両院で同一種類のものを設けるとされているため，両院の常任委員会数は常に一致する。　地方上級・平20

15 わが国の国会における委員会は，その審議を原則として公開するものと定められており，国民はこれを傍聴する権利をもつ。　地方上級・平20

16 わが国の国会における予算委員会では，予算に関連する諸事項として，国政に関するあらゆる重要事項を審議することができる。　地方上級・平20

17 内閣にも法案提出権が認められているが，国会議員が1人からでも法案を提出することができるのに対し，内閣は各省庁の合意がなければ法案を提出できないため，内閣提出法案の数は少ない。　市役所・平26

18 法律案を提出できるのは国会議員と内閣である。国会議員が法律案を発議するには，一定以上の議員の賛成が必要とされ，予算を伴う法律案を発議するには，さらに多数の賛成を必要とする。　国家Ⅱ種・平23

19 国会の機関として設けられる弾劾裁判所の弾劾裁判で，罷免の宣告がなされた裁判官は職を失う。弾劾裁判所および罷免の裁判を求める裁判官訴追委員会は，現職の裁判官で構成される。　国家一般職・平24

14 現在，衆議院には内閣，総務，法務など17の委員会があり，参議院にもほぼ同様の17の委員会があるが，両院同数と定めているわけではない。議員は少なくとも一つの常任委員となることになっている。

15 わが国の国会における委員会は，**非公開**を原則としている。また，委員会審議を傍聴できるのは，議員のほか，報道の任務にあたる者その他の者で，委員長の許可を得た者に限られている。

16 正しい。**予算委員会**では，国政に関するあらゆる重要事項を審議することができる。国のあらゆる政策には予算が伴うため，予算委員会が，本会議にかわり，さまざまな問題を議論・審査する場となる。

17 国会議員は1人で法案を提出することはできない。また，内閣が法案を提出するにあたり，各省庁の合意までは必要とされない。成立法案数でみると，**内閣提出法案**は議員提出法案よりも圧倒的に多い。

18 正しい。国会議員が法律案を発議するには，衆議院20人以上，参議院10人以上の議員の賛成を要する。また，予算を伴う法律案を発議するには，衆議院50人以上，参議院20人以上の議員の賛成を要する。

19 弾劾裁判所および罷免の裁判を求める裁判官訴追委員会は，現職の裁判官ではなく**国会議員**で構成される。なお，弾劾裁判所における3分の2以上の多数による罷免の宣告で，裁判官は資格を喪失する。

委員会（常任委員会・特別委員会）は，各会派の所属議員数の比率に応じて会派ごとに割り当てられるよ。常任委員長は本会議で選挙され，特別委員長はその委員会で互選されるんだ。

20 ☐☐☐ 国政調査権とは，国政に関して調査を行う国会の権能であり，証人の出頭，証言や記録の提出を求めることができる。証人には出頭義務があるが，虚偽の証言をした場合でも刑事罰は科されない。 **国家Ⅱ種・平23**

21 ☐☐☐ 各議院は，国政調査権の行使として，証人の出頭および証言を要求することができるだけでなく，住居侵入，捜索，押収，逮捕のような刑事手続上の強制力が認められている。 **地方上級・平26**

22 ☐☐☐ 国会は，法律案の作成，予算の作成，条約の締結，内閣総理大臣の指名などの権限をもっており，日本国憲法において，これらについて衆議院の優越が認められている。 **国家専門職・令1**

23 ☐☐☐ 衆議院が内閣に対して不信任決議案を可決したときは，内閣は衆議院を解散しなければならず，総選挙後に召集される臨時会において，内閣総理大臣指名が他のすべての案件に先立って行われる。 **国家専門職・令1**

24 ☐☐☐ 衆議院は参議院に対して優越し，例えば予算については，衆参両院で議決が異なったとき，衆議院において出席議員の3分の2以上の賛成で再可決したときは，衆議院の議決が国会の議決となる。 **市役所・平26**

25 ☐☐☐ 法律案が衆議院で可決され，参議院で否決された場合，衆議院で出席議員の3分の2以上の多数で再び可決されたときは，法律となる。 **市役所・平22**

26 ☐☐☐ 衆議院には優越が認められており，例えば憲法改正の発議は，参議院が否決した場合であっても，衆議院の総議員の3分の2以上が賛成すれば，発議することができる。 **市役所・平30**

20 国政調査権の行使によって国会に出頭した証人が**証人喚問**において虚偽の証言をした場合，議院証言法により，当該証人は偽証罪に問われ，3か月以上10年以下の刑事罰に処される。

21 住居侵入，捜索，押収，逮捕のような刑事手続を強制する手段として**国政調査権**を利用することは許されない。また，三権分立を守るため，司法府や行政府の独立性を侵害するような国政調査は行えない。

22 予算の作成，条約の締結は内閣の権限。国会の権限は**法律の制定，予算の議決，条約の承認，内閣総理大臣の指名**など。衆議院は内閣不信任決議権をもち，弾劾裁判所は国会に設けられる。

23 衆議院が内閣に対して不信任決議案を可決したときは，10日以内に衆議院が解散されない限り，内閣は**総辞職**しなければならない。総選挙の後に召集されるのは**特別会**である。

24 **予算の議決，内閣総理大臣の指名，条約の承認**などの議決が衆参両院で異なった場合，**両院協議会**が必ず開催され，それでも意見が一致しないときは，衆議院の議決がそのまま国会の議決となる。

25 正しい。衆議院で可決した法律案を参議院が否決した場合，または参議院が**60**日以内に議決しない場合，衆議院の出席議員の3分の2以上の多数で再可決すれば法律となる。両院協議会は任意に開かれる。

26 憲法改正の発議は**両院対等**である。衆議院の優越が認められているのは，**法律案の議決，予算の議決，条約の承認，内閣総理大臣の指名**。予算の先議権と内閣不信任決議権は衆議院だけに与えられている。

27 よく出る

国会は国会議員の中から内閣総理大臣を指名する。この指名について両議院の議決が異なる場合に，両院協議会を開いても意見が一致しないときは，改めて他の国会議員の中から指名する。

国家一般職・平24

28 よく出る

国会議員は，国会の会期中，院外における現行犯の場合を除いては，所属する議院の許諾がなければ逮捕されない。

市役所・平22

29 よく出る

国会議員は，議院で行った演説，討論または表決について，院外で責任を問われないので，名誉棄損などの法的責任のみならず，政治的責任も問われない。

地方上級・平28

30

国会議員は免責特権を有しているため，院内における発言，表決，野次，暴力行為などで除名等の責任を問われることはない。

地方上級・平25

31

国会議員は，任期の満了，被選挙権資格の喪失および当選無効の判決が出た場合を除き，議員の資格を失うことはない。

国家専門職・平28

27 改めて他の国会議員の中から指名することはない。内閣総理大臣の指名について両議院の議決が異なる場合，両院協議会を開いても意見が一致しないときは，衆議院の議決が国会の議決となる。

28 正しい。国会議員は不逮捕特権を有しているため，法律の定める場合を除いては逮捕されない。国会の会期中でも，院外における現行犯であれば，議院の許諾がなくても逮捕することができる。

29 国会議員は，議院で行った発言・表決について，院外で刑事上，民事上の責任を問われない。また，弁護士等を兼ねる場合，懲戒責任も院外では問われない。ただし，政治的責任までが免責の対象となるわけではない。

30 免責特権の対象には，野次，暴力行為は含まれない。また，免責特権は「院外」で責任を問われない制度であり，両議院は院内の秩序を乱した議員に対して除名等の懲罰をすることができる。

31 国会議員は，辞職したとき，他の議院の議員になったとき，兼職が禁止されている国または地方公共団体の公務員になったとき，資格争訟の裁判で資格なしと決定されたときなどに身分を失う。

各議院はその所属する議員について，院内の秩序を乱した場合には懲罰を与えることができるんだ。ただし，議員を除名するには，出席議員の3分の2以上の賛成が必要だよ。

よく出る 01

内閣総理大臣は国会の指名に基づいて天皇が任命し，国務大臣は国会が任命する。国務大臣を罷免するためには，内閣の承認が必要である。 　市役所・平20改

よく出る 02

内閣総理大臣その他の国務大臣は，国会議員でなければならず，また，国務大臣の過半数は，文民の中から選ばれなければならない。 　国家専門職・平29

03

日本国憲法は内閣を行政権の主体として位置づけ，なかでも内閣総理大臣は各国務大臣の「同輩中の首席」としての地位を与えられ，国務を総理するなどの強い権限が与えられている。 　国税専門官・平22

よく出る 04

議院内閣制のため，内閣総理大臣は国務大臣の過半数を衆議院議員の中から任命しなければならない。また，国務大臣を衆議院議員以外から選任した場合には，衆議院での承認を必要とする。 　国家Ⅱ種・平21

05

内閣総理大臣は内閣を代表して議案を国会に提出する権限を有するが，ここにいう議案には法律案は含まれない。 　地方上級・平28

よく出る 06

内閣は，内閣総理大臣およびその他の国務大臣で組織され，行政権の行使については個々の国務大臣が国会に対して個別に責任を負う。 　地方上級・平28

01 　<u>国務大臣</u>は，内閣総理大臣によって任命され，<u>天皇</u>が認証する。国務大臣の罷免についても，内閣の承認は不要であり，内閣総理大臣が任意に国務大臣を罷免することができる。

02 　内閣総理大臣とその他の国務大臣は全員が<u>文民</u>でなければならず，内閣総理大臣は国会議員の中から国会の議決によって指名され，天皇が任命する。国務大臣は，その<u>過半数</u>が国会議員であればよい。

03 　「同輩中の首席」とは大日本帝国憲法下の位置づけで，内閣総理大臣の地位は他の国務大臣と<u>同格</u>だった。日本国憲法では，内閣総理大臣は内閣という合議体の<u>首長</u>として強力な権限が与えられている。

04 　<u>内閣総理大臣</u>は，国務大臣の過半数を衆議院議員ではなく<u>国会議員</u>の中から任命する。また，国務大臣の任命については内閣総理大臣の専権であって，国会の承認などは必要とされない。

05 　内閣総理大臣が内閣を代表して国会に提出する議案には，<u>法律案</u>も含まれる。また，内閣総理大臣は，一般国務や外交関係について国会に報告したり，行政各部を指揮監督する権限ももつ。

06 　行政権の行使については，個々の国務大臣ではなく，内閣が一体となって<u>国会</u>（衆議院と参議院の両方）に対し連帯して責任を負う。内閣の国会に対する責任は，法的責任ではなく政治的責任と考えられている。

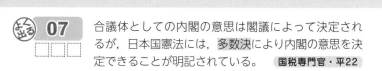

07 合議体としての内閣の意思は閣議によって決定されるが，日本国憲法には，多数決により内閣の意思を決定できることが明記されている。　**国税専門官・平22**

08 国務大臣が，閣議で決定した方針と異なる意見をもつ場合には，その意見を外部に向かって表明することは許されず，閣議の方針に従って職務を遂行できないときには辞職すべきである。　**地方上級・平22**

09 行政権は内閣に属し，その主な権限としては，一般行政事務のほか，法律の執行，外交関係の処理，予算の作成と国会への提出，政令の制定などがある。

国家一般職・平30

10 内閣は外交関係を処理し，条約を締結することができるが，条約締結については，事前に，時宜によっては事後に，国会の承認を必要とする。　**国家Ⅱ種・平21**

11 内閣を構成する内閣総理大臣またはその他の国務大臣は，それぞれが内閣を代表して所管する法律案を国会に提出することができる。　**国家専門職・平29**

12 内閣は予算を作成して国会に提出できるが，国の財政を処理する権限は国会の議決に基づいて行使しなければならない。　**国家Ⅱ種・平21**

07 閣議における意思決定は，全会一致で行われる。内閣総理大臣が主宰し，国務大臣全員が出席する会議で，非公開だが，2014年4月以降の閣議については議事録が作成され，公開されている。

08 正しい。内閣は行政権の行使について国会に対して連帯責任を負っているため，内閣を組織する国務大臣は一体となって行動しなければならないと解されている。

09 正しい。政令は，法律の規定を実施するために内閣が制定するもので，特に法律の委任のある場合を除いて，義務を課し，または権利を制限する規定や罰則を設けることはできない。

10 正しい。国会の承認は，条約が有効に成立するための条件。条約は通常，事前の承認を経るが，やむを得ない場合は事後に承認される。事後に承認されなかった条約の効力については解釈上の争いがある。

11 内閣を代表して内閣提出の法律案などの議案を国会に提出できるのは内閣総理大臣のみである。内閣総理大臣は，内閣を代表して議案を国会に提出したり，行政各部を指揮監督したりする権限を有する。

12 正しい。内閣のもつ国の財政を処理する権限は，国会の議決に基づいて行使しなければならず，内閣は国会および国民に，国の財政状況を少なくとも年に1回報告しなければならないとされている。

法律を執行するのは内閣だけど，法律の合憲性の第一次的判断権は国会にあるよ。だから国会が制定した法律については，内閣は独自の判断で執行を拒否することはできないんだ。

13 内閣は，法律の規定を実施するために政令を制定することができるが，政令は法律の委任がなければ，義務を課し，または権利を制限する規定や罰則を設けることはできない。

国税専門官・平22

14 内閣は政令を制定する権限を有するので，法律の委任に基づく命令だけでなく，法律の根拠に基づかずに法律から独立した命令を発することもできる。

地方上級・平28

15 内閣は，大赦，特赦，減刑，刑の執行の免除および復権を決定できる。これらの執行は，司法が決定した判断を行政が変更する結果となるため，国権の最高機関である国会の承認を必要とする。

国家Ⅱ種・平21

16 裁判官に罷免に相当する著しい職務義務違反や非行が認められた場合には，内閣は，すみやかに国会に対し弾劾裁判所の設置を求め，その裁判官を訴追しなければならない。

国家Ⅱ種・平21

17 内閣総理大臣が死亡し，または国会議員としての地位を失った場合には，内閣は総辞職しなければならない。

地方上級・平28

18 内閣は，衆議院または参議院で内閣に対する不信任決議案が可決されたときは，10日以内に衆議院が解散されない限り，総辞職しなければならない。

国税専門官・平22

19 内閣は，衆議院で内閣総理大臣またはその他の国務大臣に対する不信任決議案が可決されたときは，30日以内に衆議院が解散されない限り，総辞職をしなければならない。

国家専門職・平29

13 正しい。法律を執行するにあたり，その細目を定めたものが政令である。政令は，形式的には命令の中で最高位の効力をもつ。政令の制定は，法律の存在を前提とし，法律の委任が必要である。

14 内閣は，法律の根拠に基づかずに法律から独立した命令を発することはできない。命令には，法律を執行するために必要な細則を定める執行命令と，法律が政令に委任した事項を定める委任命令とがある。

15 恩赦の決定に国会の承認は不要である。恩赦とは，行政権によって，裁判所による刑の言渡しの効果の全部，もしくは一部を消滅させ，または特定の罪について公訴権を消滅させることをいう。

16 罷免の訴追を受けた裁判官を裁判する弾劾裁判所の設置は，内閣ではなく国会の権限である。内閣は最高裁判所の長官を指名し，その他の裁判官の任命などを行うことができる。

17 正しい。内閣総理大臣が国会議員であることは，任命と在職の要件とされる。そのため，内閣総理大臣が国会議員としての地位を失ったときは「内閣総理大臣が欠けたとき」にあたり，内閣は総辞職する。

18 参議院は内閣に対する不信任決議案を可決することはできない。なお，参議院には，内閣総理大臣や国務大臣の責任を問うために決議する問責決議があるが，法的拘束力はない。

19 内閣不信任決議は衆議院が内閣を信任しないという意思表示である。内閣不信任決議案が可決されたときは，10日以内に衆議院が解散されない限り，内閣は総辞職しなければならない。

20
☐☐☐ 内閣は，内閣不信任案が可決または信任案が否決された場合のみ，衆議院を解散することができる。内閣は衆議院を解散した場合，解散の日に総辞職しなければならない。

国家一般職・平24

21
☐☐☐ 内閣は，衆議院で内閣不信任決議案が可決されたときは，総辞職か衆議院の解散かを選択しなければならない。また，不信任決議案の可否を前提にしない，憲法7条による衆議院の解散もある。

国家専門職・平29

22
☐☐☐ 中央省庁等改革基本法の制定に伴い，中央省庁はそれまでの1府22省庁に再編された。これにより多様化する行政課題に対して，きめ細かい対応ができるようになった。

国家一般職・平30

23
☐☐☐ 中央省庁の再編が行われたことにより，内閣の補佐機構である内閣官房や内閣府の機能強化が実現したほか，内閣の権限強化を目指して行政委員会制度が廃止された。

地方上級・平24

24
☐☐☐ 行政の民主的運営や適正かつ効率的運営を目的として，準立法的機能や準司法的機能は与えられていないが，国の行政機関から独立した行政委員会が国家行政組織法に基づき設置されている。

国家一般職・平30

25
☐☐☐ 効率性や透明性の向上を目的として，各府省から一定の事務や事業を分離した独立行政法人が設立されており，その例として，国立公文書館や造幣局などが挙げられる。

国家一般職・平30改

20 内閣は，内閣不信任案が可決または信任案が否決された場合以外にも，衆議院を解散することができる。**総辞職**しなければならないのは，衆議院議員総選挙後に初めて国会の召集があったときである。

21 正しい。内閣が必ず総辞職しなければならないのは，日本国憲法**69**条と**70**条が規定している場合であるが，それら以外に内閣が自発的に総辞職する場合や7条3号による解散もある。

22 中央省庁はそれまでの1府22省庁から**1府12省庁**へ再編された。中央省庁等改革基本法は，内閣機能の強化や中央省庁の再編などについて定めた法律で，1998年に制定された。

23 内閣の機能強化が図られたのは事実であるが，行政委員会制度が廃止されたという事実はない。国家公安委員会や公正取引委員会などの**行政委員会**は，現在でも重要な役割を担っている。

24 **行政委員会**は，**準立法的機能**や**準司法的機能**を有している。国や地方公共団体から独立した形で，行政的権能を行使できる合議制の機関であり，選挙管理委員会や国家公安委員会，教育委員会などがある。

25 正しい。**独立行政法人**は，省庁から一定の独立性を保ち，効率的にその業務を執行していく機関である。中央省庁再編に伴い，国立の博物館や研究所などのほか，多くの**特殊法人**が独立行政法人化された。

01
☐☐☐ 最高裁判所の長たる裁判官は，内閣の指名に基づいて天皇が任命し，最高裁判所のその他の裁判官は，内閣が任命する。

国家一般職・平24

 02
☐☐☐ 下級裁判所の裁判官は最高裁判所によって任命されるが，その際，最高裁判所は内閣の指名した者の名簿によることを要し，最高裁判所はその名簿に従わなければならない。

地方上級・平21改

03
☐☐☐ 地方裁判所は，下級裁判所のうち最上位にある裁判所で，三審制において第二審裁判所である。他方，簡易裁判所は三審制において第一審を扱う裁判所である。

国税専門官・平22

04
☐☐☐ 日本国憲法は，特別裁判所の設置を禁じ，法の下の平等と司法権の独立を明確にしているが，皇室裁判所と行政裁判所については，その設置を例外として認めている。

国税専門官・平22

 05
☐☐☐ 裁判は原則として公開の法廷において行わなければならないが，刑事裁判の被害者または民事裁判の原告から請求があったときは非公開で行う。

市役所・平29

06
☐☐☐ 政治犯罪や出版に関する犯罪が問題となっている事件の対審は，裁判官の全員一致で公の秩序または善良の風俗を害するおそれがあると決した場合でも，常にこれを公開しなければならない。

市役所・平21

解 説

01 正しい。**最高裁判所**は，司法権の最高機関で，行政事件訴訟を含むすべての終審裁判所である。最高裁判所長官およびその他の最高裁判所裁判官に任期はなく，定年（70歳）があるのみである。

02 内閣ではなく**最高裁判所**の指名した者の名簿。任命権を内閣の権能としたのは権力分立原理に基づく。また，最高裁判所の指名した者の名簿によることとしたのは，司法権の独立に配慮したためである。

03 地方裁判所ではなく**高等裁判所**である。高等裁判所は，東京，大阪，名古屋，広島，福岡，仙台，札幌，高松の計8か所に設置されている。**地方裁判所**は，三審制において第一審を扱う裁判所。

04 **皇室裁判所**と**行政裁判所**の設置は禁止されている。大日本帝国憲法下では，司法権を行使する司法裁判所の系列外に，特別裁判所として皇室裁判所や行政裁判所のほか軍法会議などが置かれていた。

05 裁判は被害者や原告からの請求で非公開とすることはできない。裁判所が**裁判官の全員一致**で，公の秩序または善良の風俗を害するおそれがあると決した場合，**対審のみを非公開**とすることができる。

06 正しい。どのような場合も判決は絶対に公開しなければならないが，①政治犯罪，②出版に関する犯罪，③憲法第3章で保障する国民の権利が問題となっている事件については，対審も**絶対公開**される。

07 裁判では三審制がとられており，第一審の判決に不服があるときは控訴でき，控訴審に不服があるときは上告することができる。また，確定した判決に対して再審を求める制度も認められている。　市役所・平29

08 裁判は三審制を原則としており，国民の権利保障を慎重に行うため，第二審を飛び越して直接最高裁判所に上訴することは認められていない。　国家専門職・平27

09 特別上告とは，刑事訴訟において，高等裁判所が上告審として行った判決や仮処分などに対して，憲法違反などを理由に最高裁判所に不服を申し立てることである。　国税専門官・平22

10 再審は，確定判決の重大な欠陥を主張し不服の申し立てをして，もう一度裁判をやり直すための手続である。再審は，被告人の利益のための手続とされ，無罪の確定判決に対しては認められない。　国税専門官・平22

11 憲法は，すべて裁判官はその良心に従って独立してその職権を行う旨を規定しているが，ここにいう良心とは，裁判官個人の個人的な倫理観や道徳観，思想的信念などをいう。　地方上級・平21

12 司法権が立法権・行政権からの独立を確保するための制度としては，最高裁判所の規則制定権，行政機関による裁判官の懲戒処分の禁止などが挙げられる。　地方上級・平24

07 正しい。<u>再審</u>は，確定判決を不服として，裁判のやり直しを求める制度である。「疑わしきは被告人の利益に」という原則が適用されるため，無罪判決を覆すための再審を行うことは認められない。

08 第二審を飛び越して直接最高裁判所に上訴する<u>跳躍上告</u>は認められている。法律・命令・規則・処分が憲法違反であるとした判決，地方公共団体の条例または規則が法律に違反するとした判決に限られる。

09 <u>特別上告</u>は民事訴訟における不服申立方法で，高等裁判所の判決に憲法解釈の誤りや憲法違反があるときに最高裁判所に上告する。刑事訴訟においては，上告審は最高裁で行われるため，この制度はない。

10 正しい。再審は被告人に有利な場合にのみ認められるため，<u>有罪判決</u>を覆すための再審は認められるが，無罪判決を覆すための再審は認められない。再審により，冤罪が認められた例もある。

11 裁判官の「<u>良心</u>」とは，裁判官個人の倫理観や道徳観といった主観的良心ではなく，法の精神に基づいた裁判官としての職業上の良心，すなわち<u>客観的良心</u>と解されている。

12 正しい。最高裁判所は，訴訟に関する手続事項，弁護士事項，裁判所の内部規律事項，司法事務処理事項の４つについて規則制定権が認められている。裁判官の<u>懲戒処分</u>を行政機関が行うことはできない。

> 司法権の独立は裁判所が他の国家機関から干渉を受けないことをいうよ。裁判所の内部で，裁判所の所長が個々の裁判官の判断に関与する等の干渉行為も司法権の侵害にあたるんだ。

13 裁判官は，心身の故障で職務を果たせない場合や弾劾裁判所で罷免が決定した場合以外は罷免されない。ただし，最高裁判所裁判官は，国民審査で罷免を可とする投票が過半数の場合に罷免される。　国家一般職・令1

14 最高裁判所の裁判官は国民審査によって罷免されることがあるが，下級裁判所の裁判官は弾劾裁判以外の手続で罷免されることはない。

市役所・平21

15 最高裁判所裁判官は，任命後に初めて行われる衆議院議員総選挙の際に国民審査を受け，その後は在任中に行われる衆議院議員総選挙のたびに再審査を受けなければならない。　国家Ⅱ種・平22

16 最高裁判所裁判官の国民審査制度の性質については，最高裁判所はその実質において解職の制度であると判示しているが，1949年に国民審査が実施されて以降，罷免された裁判官はいない。　国家Ⅱ種・平22

17 違憲立法審査権は，最高裁判所にはあるが，下級裁判所にはない。また，その対象は国会の制定する法律に限られ，行政機関の命令・規則，行政処分については対象とならないと解されている。　国家一般職・平24

18 違憲審査権は，刑事裁判や民事裁判などの具体的な訴訟の中で行使されるが，具体的訴訟とは無関係に法令や国家行為の合憲性を抽象的・一般的に審査することはできない。　国家一般職・令1

19 裁判に国民の民意を反映させるため，裁判員制度が民事裁判および刑事裁判の双方に導入されている。

市役所・平29

13 正しい。最高裁判所の裁判官を国民の直接投票で審査する<u>国民審査</u>は，任命後，最初の衆議院議員総選挙のとき及びその後10年を経過した後初めて行われる衆議院議員総選挙ごとに行われる。

14 最高裁判所・下級裁判所ともすべての裁判官は，<u>分限免職</u>という形で，回復の困難な心身の故障のために職務を執ることができないと裁判された場合に罷免されることがある。

15 最高裁判所の裁判官は，任命後に初めて行われる衆議院議員総選挙の際に<u>国民審査</u>を受け，その後，<u>10年を経過した後初めて行われる衆議院議員総選挙</u>の際にさらに審査を受け，その後も同様とする。

16 正しい。最高裁判所に対する<u>国民審査</u>は，裁判官の選任に対して<u>民主的コントロール</u>を及ぼすことを目的としている。国民審査の結果，投票者の過半数が罷免を可とするとき，その裁判官は罷免される。

17 <u>違憲立法審査権</u>は最高裁判所のみならず，下級裁判所にもある。また，その対象は国会の制定する法律に限られているわけではなく，<u>行政機関の命令・規則，行政処分</u>についても，その対象となる。

18 正しい。日本の<u>違憲審査権</u>は具体的事件を前提に行使されるアメリカ型の<u>付随的違憲審査制</u>を採用している。具体的事件もなく抽象的・一般的に憲法判断だけを行うこと(<u>抽象的違憲審査</u>)はできない。

19 <u>裁判員制度</u>は，<u>刑事裁判</u>に導入されており，民事裁判には導入されていない。一般市民から抽選で選ばれた裁判員が，有罪・無罪の事実認定および刑の量定に関し，裁判官とともに審理および裁判を行う。

20

国民の司法参加を保障するため，殺人など重大な刑事事件の第一審で裁判員制度が実施されている。有罪の場合，量刑の決定は裁判官が行い，裁判員は加わらない。

国家専門職・平27

21

裁判員制度における裁判員は，裁判官とともに事実認定，被告人の有罪・無罪の決定および量刑の評議を行うが，証人に対する尋問および被告人に対する質問については裁判官のみが行う。

国家一般職・令1

22

刑事事件において，検察官は公益を代表して裁判所に訴えを起こし，また，裁判の執行を監督する検察権をもつ。検察官の行った不起訴処分の当否の審査などを行う機関として検察審査会がある。

国家専門職・平27

23

検察審査会の「起訴相当」の議決に対し，再度捜査をした検察官から不起訴とする通知を受けた場合，検察審査会は改めて「起訴相当」とする議決はできない。

国税専門官・平23

24

日本司法支援センターは，総合法律支援法に基づき設立された法人であり，民事・刑事を問わず，法による紛争の解決に必要な情報やサービスの提供，犯罪被害者支援業務などを実施している。

国税専門官・平23

25

犯罪被害者支援施策の一環として被害者参加制度が導入されている。被害者は刑事裁判に参加し，検察官や弁護士の同意がなくとも独立して被告人に質問し，量刑に関する意見を述べられる。

国税専門官・平23改

20 裁判員は<u>量刑の決定</u>も裁判官とともに行う。ただし、法令の解釈に関わる判断や、証拠として取り調べるかどうかなどといった手続に関する判断は、専門家である裁判官が担当する。

21 裁判員は、証人に対する尋問および被告人に対する質問についても行うことができる。なお、裁判員には、評議の秘密とその他の職務上知り得た秘密を漏らしてはいけない**守秘義務**が課せられている。

22 正しい。**検察審査会**は、選挙権を有する国民の中から抽選で選ばれた11人の**検察審査員**が、検察官が被疑者を起訴しなかったことの是非を審査する機関である。各地方裁判所の所在地などにある。

23 検察審査会の「起訴相当」の議決に対し、検察官が改めて不起訴処分とした場合、検察審査会は再度審査を行う。その結果、11人のうち8人以上が起訴すべきと判断をしたときは、起訴議決を行う。

24 正しい。**日本司法支援センター（法テラス）**は、総合法律支援法に基づき、独立行政法人の枠組に従って設立された法人で、総合法律支援に関する事業を迅速かつ適切に行うことを目的とする。

25 正しい。**被害者参加制度**の対象は、**犯罪被害者本人**だけでなく、法定代理人、被害者が死亡した場合や心身に重大な故障がある場合の犯罪被害者の配偶者、直系親族、兄弟姉妹も含まれる。

8 地方自治

▶地方自治の本旨

□**【住民自治】**…地方公共団体の政治が地域住民の意思に基づいて行われる
こと。民主主義的な要素をもつ。

□**【団体自治】**…地方公共団体が国から独立し，団体自らの意思と責任で自
主的に政治を行うこと。自由主義的・地方分権的要素をもつ。

▶地方公共団体の組織

□**【普通地方公共団体】**…都道府県と市町村。

□**【特別地方公共団体】**…特別区（東京23区），財産区，地方公共団体の組合。

□**【政令指定都市】**…地方自治法により政令で指定される<u>人口50万人以上</u>の
都市。都道府県の事務権限のうち，児童福祉・生活保護・都市計画など
に関する事務の多くの権限が移譲される。

□**【中核市】**…<u>人口20万人以上</u>の都市。指定されると，政令指定都市に準じ
た事務が都道府県から移譲される。

▶地方公共団体の機関

□**【地方議会】**…住民の代表機関である**議決機関**。一院制で，条例の制定・
改廃，予算の決定，決算の認定，首長の不信任決議などを行う。議員は
住民の直接選挙で選出され，国会議員との兼職は禁止されている。

□**【首長】**…地方公共団体を代表する職務を有する独任制の**執行機関**。住民
の直接選挙によって選出される。条例の執行，議案・予算の議会への提
出，規則の制定などを行う。議会の議決した条例や予算について異議の
あるときは拒否権を行使して**再議**に付すことができ，議会が首長に対し
て行った**不信任決議**に対しては，**議会の解散権**をもつ。

	首長		地方議会議員
	知事	市町村長	
被選挙権	満30歳以上	満25歳以上	満25歳以上
任期	4年		4年

 地方自治では，地方公共団体の国や住民とのかかわりがよく問われます。特に住民の権利は確実に押さえておきましょう。選挙では，選挙区制や衆議院・参議院選挙が重要です。

政治

現代政治の特質

▶地方公共団体の事務

□【自治事務】…地方公共団体が**自主的**に責任をもって処理する事務。都市計画の決定，病院・薬局の開設許可など。

□【法定受託事務】…国が本来，果たすべきであるが，国民の利便性や事務処理の効率性の観点から，法令の規定により地方公共団体が行うとされる事務。戸籍事務，国政選挙，旅券の交付，生活保護など。

□【条例】…地方公共団体の議会によって制定される，その地方公共団体のみに適用される法規。**法律の範囲内**でのみ制定することができ，**罰則**を設けることもできる。

 法律で規定されていない項目を条例に追加する横出し条例や，法律の規定より厳しい規制を行う上乗せ条例も認められています。

▶住民の権利

□【直接請求権】…地方自治法によって住民に認められた，地方自治に直接参加する権利のこと。

	必要署名数	請求先	取り扱い
条例の制定・改廃の請求	有権者の50分の1以上	**首長**	首長が議会にかけ，その結果を公表する。
事務監査の請求		監査委員	監査の結果を代表者に通知し，これを公表するとともに議会・長に報告する。
議会の解散請求	有権者の3分の1以上（原則）	**選挙管理委員会**	住民投票に付し，過半数の同意があれば解散する。
首長・議員の解職請求		**選挙管理委員会**	住民投票に付し，過半数の同意があれば職を失う。
副知事・副市長村長等の解職請求		首長	議員の3分の2以上の出席，4分の3以上の同意で職を失う。

□【特別法の住民投票】…一つの地方公共団体のみに適用される特別法は，その地方公共団体の**住民投票**において**過半数**の同意を得なければ制定できない。

□【**住民投票条例による住民投票**】…地方公共団体は，地域の重要政策を行う際，住民投票条例に基づく住民投票を行うことができる。ただし，投票結果に**法的拘束力**はない。

▶地方財政

□【**地方税**】…地方公共団体の経費にあてるため，地方公共団体が徴収する租税。地方財政の本来の財源である。

 地方公共団体は地方税法に定める税目（法定税）以外に，条例により税目を新設することができます。これを「法定外税」といいます。

□【**地方交付税交付金**】…地方公共団体間の**財政格差の是正**を目的として，国が地方公共団体に対して**国税収入**（所得税・酒税・法人税・地方法人税・消費税）の一定割合を配分する交付金。使途に制限はない。

□【**国庫支出金**】…国が**使途を特定**して地方公共団体に交付する支出金。義務教育費・生活保護費の国庫負担金や補助金などがある。

□【**地方債**】…地方公共団体が独自に発行できる公債。財政不足を補うために発行される。

▶地方自治の動向

□【**地方分権一括法**】…国と地方との関係を対等にし，相互に協力するものとして，役割分担を見直すために制定。2000年施行。国の指揮・監督の下で処理されてきた**機関委任事務が廃止**された。

□【**三位一体改革**】…国と地方の税財政改革で，国から地方への**税源移譲**，**国庫補助負担金**の廃止・縮減，**地方交付税交付金**の一体的な見直しのこと。改革後，地方公共団体はその歳入の４割強を自主財源で賄うことができるようになった。

□【**市町村合併**】…地方分権と地方行政の効率化を目的として，国や都道府県によって合併が推進された。その結果，1999年に3,232あった全国の市町村は，2010年3月末までに1,727に再編された。

9 選挙

▶政党と圧力団体

□【**政党**】…政治上の理念や主張を共有する人々が政策を掲げ，その政策を実現するために政権獲得を目指して活動する集団。

□【**政党の機能**】…有権者によって表出された利益を政治過程にのせ（**利益表出機能**），具体的な政策にまとめ上げる機能（**利益集約機能**），重要政

治的争点について有権者に情報を提供する機能（**情報提供機能**），政治を担う人材を選抜し育てる機能（**リクルート機能**）などを有する。

□【族議員】…特定の中央官庁の政策決定に強い影響力をもつ**国会議員**のこと。従来，日本では圧力団体が，その業界にかかわる特定の官庁や族議員と密接な関係を保って活動。

□【政党政治】…政党を中心に行われる政治。

▶政党政治の形態

	長所	短所	代表的な国
二大政党制	□**政局が安定しやすい。** □**政権交代が容易。** □争点が明確になり，有権者が判断しやすい。	□単独政権になりやすい。 □少数者の意見が反映されにくい。	**アメリカ**（民主党・共和党），**イギリス**（保守党・労働党）
多党制	□国民の多様な意見を政治に反映させやすい。 □連立政権によって，政治腐敗を防止できる。	□連立政権により政局が不安定になりやすい。 □政治責任の所在が曖昧になりやすい。	**フランス**，**ドイツ**，55年体制下の日本
一党制	□政局が安定し，政策の連続性が保てる。 □強力な政策運営ができる。	□独裁となり，民主的な政権交代は不可能。 □世論は無視され，政治腐敗が起こりやすい。	中国，朝鮮民主主義人民共和国などの社会主義国

□【圧力団体】…自らの特殊利益を追求するため，政府や議会などにはたらきかけて政策形成過程に影響力を及ぼそうとする団体。**利益集団**ともよばれる。政党とは異なり，**政権獲得を目的とはしない。**

▶政治資金と政治活動

□【政治資金規正法】…1948年制定。政治資金の収支報告の公開を義務付け，政党や政治資金団体への献金額の上限を規定。その後の改正により，**政治家個人への献金の原則禁止**や，資金管理団体への企業・団体からの献金が禁止された。

□【政党助成法】…政党の政治資金を公費で補助することを規定。国会議員が５名以上いるか，前回衆議院選挙または過去２回の参議院選挙の国政選挙で２％以上の得票率を得た政党には，毎年，国民１人当たり**250円**を乗じた総額が，所属議員数と国政選挙での得票数に応じて各政党に配分される。

▶選挙制度とその特徴

□【選挙制度の原則】

普通選挙	一定の年齢に達した者すべてに選挙権・被選挙権を認める。
平等選挙	一人一票の投票で，一票の価値を平等に扱う。
直接選挙	有権者本人が直接候補者に票を投じる。
秘密選挙	どの候補者に投票したか公開されず，責任を問われない。

□【**大選挙区制**】…広い1選挙区から複数の代表を選出することができる制度。少数派も代表を送り出すことが可能な**少数代表制**である。

□【**小選挙区制**】…狭い1選挙区から1名の代表を選出する制度。少数派が代表を送り出すことが困難な**多数代表制**の典型である。

□【**比例代表制**】…1つの選挙区（比例区）の中で，各政党の得票数に比例して議席を配分する制度。大選挙区制の一種ともいわれる。

▶各選挙区制度の特徴

	長所	短所
大選挙区制	□死票が少ない。 □小政党からの当選が可能。 □選挙の公正さを保ちやすい。	□**小党分立**となり，政局が不安定になりやすい。 □選挙費用がかさむ。
小選挙区制	□**大政党**に有利になり，政局が安定しやすい。 □選挙費用が抑えられる。	□死票が多くなる。 □**ゲリマンダー**の危険性が高い。 □民意を反映しにくい。

▶衆議院の選挙制度

□【**小選挙区比例代表並立制**】…小選挙区選挙と比例代表選挙を並立。

□【**小選挙区選挙**】…各選挙区で得票数第1位の者が当選する。

□【**比例代表選挙**】…**拘束名簿式比例代表制**を採用。政党は候補者の順位を付した候補者名簿をあらかじめ提出し，有権者は**政党名**を記入して投票する。各政党の議席数は得票数に応じて**ドント式**によって配分され，当選者は名簿の上位者から順に決定される。

□【**重複立候補**】…候補者が小選挙区と比例代表の両方に立候補すること。小選挙区で落選した場合でも，比例代表で復活当選することができる。比例代表の名簿の順位が同じ場合には，**惜敗率**（小選挙区での落選者の得票数を，当選者の得票数で割った値）の高い候補者から順次議席を獲得する。

▶参議院の選挙制度

□【**選挙区選挙**】…選挙区ごとに得票数の上位者から当選。都道府県を単位（一部の県では2県で1つの選挙区）としているが，各選挙区の定数は都道府県の人口数によって異なる。

□【比例代表選挙】…**非拘束名簿式**を採用。政党は候補者に順位をつけない候補者名簿をあらかじめ提出し，有権者は**政党名**か**個人名**を記入して投票する。各政党の議席数は，政党名と個人名を合計した得票数に応じてドント式によって配分され，当選者はその中の個人名の得票数が多い順に決定される。

衆議院			参議院	
（465名）			（248名，3年ごとに半数改選）	
満25歳以上		被選挙権	満30歳以上	
小選挙区選挙	比例代表選挙〔拘束名簿式〕	選挙	選挙区選挙	比例代表選挙〔非拘束名簿式〕
289名	176名	議員定数	148名	100名
289	11（ブロック単位）	選挙区数	45（都道府県単位）	1（全国）
個人名を記入	政党名を記入	投票方式	個人名を記入	政党名か個人名を記入

▶議員定数不均衡問題

□【**一票の格差**】…各選挙区の人口（有権者数）と議員定数の比率に不均衡が生じ，**一票の価値**が不平等になっていること。

□【**定数訴訟**】…格差について，おおむね衆議院では3倍，参議院では6倍を超えると**違憲**とするのが最高裁判所の一般基準になっている。ただし，違憲とした場合でも，選挙自体が無効となったことはない。

▶**公職選挙法**における規定

□【**期日前投票**】…選挙の当日，投票所に行くことのできない有権者が公示日または公示日の翌日から選挙日前日までに特定の場所で投票できる制度。

□【**在外選挙制度**】…海外に3か月以上在住している有権者が，在外選挙人名簿を保管する市区町村の選挙管理委員会にあらかじめ登録した上で，**在外公館**もしくは**郵送**で投票できる制度。

□【**連座制**】…秘書や親族らが**公職選挙法違反**を犯し刑が確定した場合，候補者が直接関与していなくても選挙の当選が無効とされる制度。

▶近年の公職選挙法改正

□【**インターネット選挙運動**】…**選挙運動期間中**，候補者・政党はホームページを更新したり，メールやSNSで投票を依頼したりすることができる。ただし，一般有権者は，メールでの選挙運動や，候補者・政党から受信したメールの転送はできない。

□【**選挙権年齢**】…2016年より，選挙権年齢が従来の「満20歳以上」から「**満18歳以上**」へと引き下げられた。

01
☐☐☐

憲法では，地方自治の基本原則として，「地方公共団体の組織及び運営に関する事項は，地方自治の本旨に基いて，法律でこれを定める」と規定されている。

国家一般職・平27

02
☐☐☐

地方公共団体の本旨には，住民自治と団体自治の2つの側面があり，そのうち団体自治とは，地方公共団体の政治が地域住民の意思に基づいて行われることをいう。

国家一般職・平27

03
☐☐☐

人口50万人以上の市が政令で指定され，政令指定都市になると，都道府県からその権限を大幅に移譲される。

地方上級・平28

04
☐☐☐

地方公共団体の長は，その地方公共団体の住民の直接選挙によって選出することとされているが，条例に特別の定めがあれば，その地方公共団体の議員による選挙によって選出することができる。

国家Ⅱ種・平21

05
☐☐☐

首長は，議会の議決した条例や予算について異議のあるときは再議に付すことができ，また，議会が首長に対して行った不信任決議に対しては，議会の解散権をもっている。

国税専門官・平23

06
☐☐☐

地方公共団体は，地域における事務に関し条例を制定することができるが，刑罰は必ず法律で定めなければならないことが憲法で定められているため，罰則を条例で定めることはできない。

国家Ⅱ種・平21

解　説

01　正しい。地方自治の本旨とは「地方自治の理念」のことである（92条）。<u>住民自治</u>と<u>団体自治</u>の２つの側面がある。なお，地方公共団体の組織・運営に関する事項は<u>地方自治法</u>に定められている。

02　地方公共団体の政治が地域住民の意思に基づいて行われることを<u>住民自治</u>という。<u>団体自治</u>は，地方公共団体が国から独立し，団体自らの意思と責任で自主的に政治を行うことをいう。

03　正しい。わが国では，一定規模以上の市を政令で指定し，都道府県からその権限の一部を移譲している。<u>政令指定都市</u>（人口50万人以上），<u>中核市</u>（人口20万人以上）という２つの制度がある。

04　<u>条例</u>に特別の定めを設け，地方公共団体の議員による選挙で首長を選出することはできない。憲法に「地方公共団体の長は，その地方公共団体の住民が，<u>直接</u>これを選挙する」と規定されている（93条2項）。

05　正しい。議会が不信任決議をした場合，首長は不信任の通知を受けた日から10日以内に議会を解散することができる（解散権）。ただし，解散しないときは，首長が自ら辞職することになる。

06　憲法では「<u>法律の範囲内</u>」での条例の制定を認めている（94条）。また，条例にも<u>罰則</u>を設けることができる。法律の委任が相当な程度に具体的であり，限定されていれば，条例で罰則を制定できるとされている。

07 地方公共団体は条例制定権をもち，議会の議決により，法律の範囲内で条例を制定できる。ただし，条例では違反者に罰金を科すことはできるが，懲役刑や禁錮刑を科すことはできない。 国税専門官・平23

08 法律で規定されていない項目を追加する上乗せ条例や，法律の規定より厳しい規制を行う横出し条例は，法律の趣旨を逸脱し，国民の権利を著しく制約するおそれがあるため，禁止されている。 国家一般職・平27

09 地方公共団体には，教育委員会や選挙管理委員会などの委員会が置かれているが，これは専門的な分野において首長の指揮監督の下，政策について首長に助言することを目的とした機関である。 地方上級・平28

よく出る 10 都道府県および市町村の事務は，地方自治法上，公共事務，機関委任事務および行政事務からなる自治事務と，法律によって地方公共団体が受託している法定受託事務に分けられる。 国家Ⅱ種・平21

11 地方分権一括法の施行により，国から地方公共団体の長に委任されていた機関委任事務と地方公共団体の固有事務が統合され，新たに法定受託事務という類型が設けられた。 地方上級・平22

12 都道府県および市町村の事務の処理に関して国が関与を及ぼす場合には，法律またはこれに基づく政令の根拠が必要である。 国家Ⅱ種・平21

よく出る 13 地方公共団体の住民は，その団体の有権者の総数の一部の署名をもって，首長や地方議会議員の解職，地方議会の解散，条例の制定などを請求することができる。 市役所・平28

07 条例では懲役刑または禁錮刑を科すことができる。地方自治法14条３項に「条例中に，条例に違反した者に対し，２年以下の懲役若しくは禁錮…を科する旨の規定を設けることができる」と規定されている。

08 法律で規定されていない項目を条例に追加するのは「横出し条例」，法律の規定より厳しい規制を行うのは「上乗せ条例」である。これらの条例は，法律と条例の間に矛盾抵触がない場合に認められる。

09 政策について首長に助言することを目的とした機関は，委員会ではなく審議会である。委員会は強い独立性をもって活動することが認められており，首長の指揮監督を受けることはない。

10 都道府県および市町村の事務は，自治事務と法定受託事務に分けられる。公共事務，機関委任事務は，1999年改正前の地方自治法において設けられていた類型で，現在は存在しない。

11 地方分権一括法の施行（2000年）によって国の指揮・監督の下で処理されてきた機関委任事務が廃止され，従来の機関委任事務の大部分は自治事務と法定受託事務に再分類された。

12 正しい。地方公共団体の事務への国の関与については，法定主義がとられており，法律等の根拠を欠く関与は認められていない。国の関与は必要最小限にとどめることなども定められている。

13 正しい。地方公共団体の住民は首長や地方議会議員の解職，地方議会の解散，条例の制定・改廃，事務監査などを請求できる。このように，住民が地方自治に直接参加する権利を直接請求権という。

14
□□□

有権者の3分の1以上の署名を集め、地方議会の解散を選挙管理委員会に請求した後、これが同委員会によって確認されれば、議会はただちに解散されて選挙が実施される。 　　　　　　　　　　　地方上級・平22

15
□□□

特定の地方公共団体のみに適用される特別法は、その地方公共団体の議会において過半数の同意を得なければ、国会はこれを制定することができないとされている。 　　　　　　　　　　　国家Ⅱ種・平21

16
□□□

住民は条例の制定・改廃請求等の直接請求権を有するほか特定の議題について賛否を問う住民投票の実施を求めることができる。条例に基づき実施された住民投票の結果には法的拘束力がある。 　国税専門官・平22

17
□□□

地方交付税制度は、地方公共団体間の財政格差の是正を目的としており、財政状況の健全な地方公共団体から徴収された交付税を、財源不足に陥っている地方公共団体に配分している。 　　　　　　　地方上級・平28

18
□□□

地方税法には住民税や固定資産税などの税目が挙げられているが、地方公共団体が条例を制定し、地方税法に規定されていない新たな税目を独自におこすことはできない。 　　　　　　　　　　地方上級・平28

19
□□□

三位一体の改革では、国庫支出金を減らすとともに地方交付税交付金を増やすことで、地方公共団体の財政支出上の裁量の余地を広げることが目指された。 　　　　　　　　　　　　　　地方上級・平22

20
□□□

地方分権の受け皿をつくるために「平成の大合併」とよばれる市町村合併が進められた結果、1999年に5,000以上あった市町村数は、2010年には700以下に減少した。 　　　　　　　　　　地方上級・平22改

14 地方議会の解散を選挙管理委員会に請求した後，これが同委員会によって確認されれば，解散の是非を問う**住民投票**が実施される。住民投票で有効投票の過半数がこれに賛成すれば，議会は解散される。

15 地方公共団体の議会ではなく**住民投票**。憲法95条に規定されており，国会がある特定の地方公共団体に関係する法律を制定しようとするときは，その地方公共団体の住民の同意を得なければならない。

16 地方公共団体は，地域の重要政策を行う際，住民にその賛否を問うために住民投票条例に基づく**住民投票**を行うことができる。ただし，投票結果に対して政策を直接決定する**法的拘束力**はない。

17 地方交付税交付金の財源とされているのは，財政状況の健全な地方公共団体から徴収された交付税ではなく，**国税収入**(所得税・酒税・法人税・地方法人税・消費税)の一定割合である。

18 地方公共団体は条例を制定し，地方税法に定める税目(法定税)以外に新たな税目をおこすことができる。こうした税目を**法定外税**といい，法定外普通税と法定外目的税がある。

19 **三位一体の改革**では，国税から地方税への**税源の移譲**が行われたものの，それを上回る規模で国庫支出金および地方交付税交付金が減らされた。このため，地方公共団体の財政は厳しさを増した。

20 平成の大合併が進められた結果，1999年に3,232あった市町村数は，2010年には1,727まで減少した。市町村合併は，**地方分権**と地方行政の効率化を目的として行われた。

01 政党は，重要と思われる政治的争点について有権者に
情報を提供する機能，有権者によって表出された利害
を調整し政策をまとめる機能，政治を担う人材を選抜
し育てる機能などを営んでいる。　　**地方上級・平30**

02 政党制には，二大政党制や多党制などがある。二大政
党制とは，2つの有力な政党が交互に政権を担うシス
テムであり，その例としては，現在のドイツや55年体
制下の日本などが挙げられる。　　**地方上級・平30**

03 圧力団体は，集団の特定の利益を追求するために政府
や議会などに働きかけを行うものであり，自らの要求
を実現するために政治活動を行うが，政党とは異なり
政権獲得を目的とはしていない。　　**国家専門職・令1**

04 わが国の政治資金規正法では，企業から政党への献金
を禁止する一方，企業から政治家個人への寄付を促す
ことで，政治資金の調達の透明性を高めている。

国家一般職・平25

05 1994年に政治資金規正法が新たに制定され，政治資
金の透明性を高めるため，政治家個人が企業や団体か
らの献金を受ける要件として，収支報告が義務づけら
れた。　　**国家専門職・令1**

06 企業・団体からの献金には上限が設けられており制限
があるが，政党に対しては政党助成法により国庫から
政党交付金が交付されている。　　**地方上級・平30**

01 正しい。政党は政治上の理念や主張を共有する人々が政策を掲げ，その政策を実現するために政権獲得を目指して活動する集団である。政党の担う機能のうち，最も重要な機能は**利益集約機能**である。

02 現在のドイツは**多党制**である。また，55年体制下の日本は，**多党制**の一種である一党優位政党制に分類されており，自由民主党がほぼ一貫して過半数の議席を確保し，単独で政権を担っていた。

03 正しい。**圧力団体**は，主に地域単位で代表者が選出される議会では反映されにくい職業的利益を政治過程に反映させる役割を果たしている。日本では，経団連や日本労働組合総連合会（連合）など。

04 政治資金規正法では，企業から**政治家個人**への献金を禁止し，企業から政党への献金を認めることで，政治資金の調達の透明性を高めている。ただし，政党や政治資金団体への献金額には上限が設けられている。

05 政治資金規正法では，政治家個人への献金は原則禁止され，政治資金の調達は政党中心に改められた。政治資金の収支報告については，すべて**公開**が義務づけられており，献金を受ける要件ではない。

06 正しい。政党助成法に基づき，一定の要件を満たした政党に対して政党交付金が交付される。毎年，国民1人当たり**250円**を乗じた総額が，所属議員数と国政選挙での得票数に応じて各政党に配分される。

07 選挙の原則のうち平等選挙の原則とは，一定の年齢に
達した国民すべてに選挙権および被選挙権を認める
ことをいう。
地方上級・平22

08 小選挙区制は，少数派の意見も反映した議会構成にな
るという長所があるが，小党分立を招きやすい傾向が
あるとされる。
地方上級・平22

09 比例代表制は，小選挙区制と比べ，大政党に有利で，死
票が大きくなる欠点をもつが，二大政党制をもたらす
ことによって，有権者に政権を担当する政党を選択す
る機会を与える。
国家一般職・平25

10 衆議院議員総選挙には，小選挙区比例代表並立制が導
入されているが，小選挙区と比例区の重複立候補は認
められていない。
市役所・平30

11 参議院では，全国を一つの選挙区として選出する比例
代表選挙と，都道府県ごと（原則）に決められた定数の
議員を選出する選挙区選挙とに分けて議員を選出し
ている。
国家専門職・平26

12 参議院議員通常選挙には，都道府県単位の選挙区選挙
と比例代表選挙の並立制が導入されているが，比例代
表選挙には拘束名簿方式が採用されている。
市役所・平30

13 わが国では，公職選挙法により，国民の被選挙権の年
齢は，衆議院議員が満25歳以上，参議院議員が満30
歳以上，都道府県知事および市町村長が満30歳以上と
定められている。
地方上級・平22

07 <u>普通選挙の原則</u>に関する説明である。平等選挙の原則とは，一人一票の投票で，一票の価値を平等に扱うという原則である。複数の投票権をもつ者を認める複数選挙などは，この原則に反し，許されない。

08 <u>大選挙区制</u>に関する説明である。<u>**小選挙区制**</u>は，選挙区ごとに1人の当選者を選ぶことで選挙区における多数派の意向を尊重する選挙制度で，<u>大政党</u>に有利である。他方，<u>死票</u>が多くなるなどの短所がある。

09 <u>小選挙区制</u>についての説明。<u>**比例代表制**</u>は，小政党にも議席獲得の可能性を広げ，死票を減少させるという利点をもつが，多様な民意を反映できる反面，小党分立となり，政局が不安定になりやすい。

10 衆議院議員総選挙では，小選挙区と比例区の<u>**重複立候補**</u>が認められている。こうした候補者は，比例名簿の同一順位に並べることができ，小選挙区で落選しても，比例区で当選できる復活当選がありうる。

11 正しい。<u>**参議院選挙**</u>は<u>**通常選挙**</u>ともいわれる。選挙区選挙は個人中心に行われ，選挙期間中の政党の活動も確認団体としての政治活動が中心となり，選ばれた議員は地域代表としての性格が強い。

12 参議院議員選挙の比例代表選挙は<u>非拘束名簿式</u>。これは，政党は候補者に順位をつけない候補者名簿をあらかじめ提出し，そのうち個人名の得票数が多い順に当選者が決定される方式である。

13 <u>被選挙権</u>の年齢は，衆議院議員が満25歳以上，参議院議員が満30歳以上，都道府県知事は満30歳以上だが，<u>市町村長</u>は満<u>25</u>歳以上である。なお，地方議会議員の被選挙権も満25歳以上である。

14

わが国では，選挙区の人口の増減によって一票の価値の不平等が生じないよう議員定数配分が見直された。その結果，衆議院では，一票の価値の格差は全選挙区を通じて1.5倍未満になった。　　　　地方上級・平22

15

期日前投票制度とは，選挙期間中に名簿登録地以外の市町村に滞在していて投票できない人が，定められた投票所以外の場所や郵便などで，選挙期日前に投票することができる制度である。　　　　国家一般職・平28

16

期日前投票制度は，選挙期日に仕事や旅行などの用務がある場合や，仕事や留学などで海外に住んでいる場合などに利用することができる。　　　　国家一般職・平28

17

インターネット等を利用する方法による選挙運動が解禁され，候補者や政党は，ホームページ，SNSといったウェブサイト等を通して投票を呼びかけることができるようになった。　　　　地方上級・平26

18

公職選挙法では選挙運動の制限が規定されているが，平成25年の改正により，電子メールによる選挙運動用文書図画の送信は，候補者や政党に加えて一般有権者も認められるようになった。　　　　国家一般職・平28

19

公職選挙法の改正によって，選挙権年齢が18歳まで引き下げられ，それに併せて被選挙権年齢も引き下げられた。　　　　市役所・平30

14 衆議院において，一票の価値の格差が全選挙区を通じて1.5倍未満になった事実はない。衆議院は，一票の価値の格差を**2倍未満**とすることが目指されているが，現在もこの不均衡は解消されていない。

15 期日前投票制度では，定められた投票所以外の場所や郵便による投票は認められていない。なお，2016年改正の公職選挙法により，自治体の判断で駅などに**共通投票所**を設置できるようになった。

16 仕事や留学などで海外に住んでいる日本人を対象とする制度は，期日前投票制度ではなく**在外選挙制度**である。海外在住の日本人有権者は，在外公館での投票か郵送による投票のどちらかを選択できる。

17 正しい。2013年に公職選挙法が改正され，候補者や政党は，選挙運動期間中，**ホームページ**を更新したり，メールやSNS，ツイッター，ブログなどで投票を依頼することができるようになった。

18 電子メールによる送信については，**候補者や政党**には認められたが，一般有権者については認められていない。一般有権者は，メールでの選挙運動や候補者・政党から受信したメールの転送はできない。

19 選挙権年齢は引き下げられたが，被選挙権年齢は引き下げられていない。なお，**被選挙権年齢**は，参議院議員や都道府県知事は満30歳以上，衆議院議員や市町村長，地方議会議員は満25歳以上である。

国際関係

⑩ 国際連合

▶平和維持方式

□【**勢力均衡**】…対立する国家間の力を均衡させ，お互いに相手を攻撃できない状況をつくることによって安全を図ろうとする方式。17世紀後半から19世紀末ごろまでの**ヨーロッパ**の国際関係を支えていた原理である。**バランス・オブ・パワー**ともよばれる。

□【**集団安全保障**】…対立関係にある国家も含めて関係国のすべてが相互に武力攻撃しないことを約束し，ある国が約束を破って武力で他国を侵略した場合には，すべての国への侵略とみなし，**侵略国を協力して制裁**する仕組み。国際連盟と国際連合は，この考え方に基づく。

▶国際連盟

□【**カント**】…『**永久平和のために**』において，国際的な永久平和を実現するために，国際法の確立，国際平和機構の創設の必要性を訴えた。

□【**平和原則14か条**】…国際平和機構（集団安全保障の仕組み）の設立，秘密外交の禁止，**公海の自由**，軍備縮小，**民族自決の原則**などからなる国際平和のための提言。アメリカの**ウィルソン**大統領が提唱した。

□【**国際連盟**】…第一次世界大戦後の国際平和の確保と国際協力の促進を目的に設立された世界最初の国際平和機構。

▶国際連盟と国際連合の比較

	国際連盟	国際連合
成立	1920年	1945年
本部	**ジュネーブ（スイス）**	**ニューヨーク（アメリカ）**
加盟国	原加盟国42か国（アメリカの不参加，ソ連の加盟遅延，日・独・伊の脱退で弱体化）	原加盟国51か国 現在，世界の独立国のほとんどが加盟
主要機関	総会，理事会（英・仏・伊・日の常任理事国），事務局，常設国際司法裁判所	総会，安全保障理事会，経済社会理事会，信託統治理事会，国際司法裁判所，事務局
表決方法	**全会一致制**	**多数決制**
制裁措置	**経済的制裁のみ**（通商・交通の関係断絶など）	安全保障理事会による**軍事的**，経済的制裁措置

>>

▶国際連合

- □【51か国】…1945年10月に, **ニューヨーク**を本部として発足。原加盟国51か国。その後, 加盟国の数が増え続け, 現在では世界の独立国のほとんどが加盟している。

- □【国際連合憲章】…**国際平和**と**安全の維持**など国際連合の目的や原則, 組織, 活動などを定めた条約。

補足
します

第二次世界大戦中に連合国の敵であった国々(日本, ドイツ, イタリアなど)に対する条項を旧敵国条項といいます。1995年の国連総会決議で「死文化している」と決定されるも, いまだ削除されていません。

▶主要機関

- □【総会】…**全加盟国**で構成される, 国際政治の諸問題を討議する機関。毎年9月に召集される通常総会, 特別総会, 緊急特別総会がある。加盟各国がそれぞれ**一票**を有し, 一般事項は**過半数**, 重要事項は**3分の2**以上の多数で議決される。総会の決議には法的拘束力はなく, **勧告的効力**を有するにとどまる。

- □【安全保障理事会】…国際平和と安全の維持について, 主要な責任を負う機関。国際紛争の平和的解決を目指す勧告, **経済封鎖**や**軍事的強制措置**を伴う制裁を決定する権能をもつ。決定には**法的拘束力**があり, 加盟国はその実施が義務づけられる。

常任理事国	**アメリカ, ロシア, フランス, イギリス, 中国**の5大国
非常任理事国	総会で選出された**10**か国。任期は**2**年

- □【安全保障理事会の表決】…**手続事項**は9か国以上の賛成で決定できるが, それ以外の**実質事項**の決定には**5常任理事国**を含む**9か国**以上の賛成が必要である。実質事項の場合, 常任理事国に**拒否権**が与えられており, 一国でも反対すると裁決できない。

補足
します

1950年に朝鮮戦争が勃発した際, 総会で「平和のための結集」決議が採択され, 常任理事国の拒否権行使で安全保障理事会が責任を果たせないときは, 緊急特別総会で3分の2以上の加盟国が賛成すれば武力行使を含む必要な措置を勧告できることになりました。

□【経済社会理事会】…総会によって選出された任期３年の54か国によって構成（毎年３分の１を改選）。国連専門機関との**連携協定**の締結や調整にあたることを主な任務とし，その権限内にある事項について非政府組織（**NGO**）と協議できる。

□【国際司法裁判所】…加盟国の紛争処理にあたる司法機関。15名からなる裁判官は国連総会および安全保障理事会で選出される。国のみが当事者となることができ，裁判の開始には**紛争当事国双方**の同意が必要である。その判決には**法的拘束力**がある。

□【事務局】…国連の日常業務を行い，他機関が決定した計画や政策を実施する。長としての最高責任を負う**事務総長**は，安全保障理事会の勧告に基づいて総会によって任命され，任期は５年で再任も認められている。

▶**国連の機関**

□【専門機関】…経済や社会，文化，教育，保健などの分野において，国連と協定を結んで連携している国際機関。現在15の専門機関が存在。

■主な専門機関および関連機関

WHO 世界保健機関	世界中の人々の健康水準の向上を図ることを目的とする。感染症対策や各国保健体制の強化などを行う。
UNESCO 国連教育科学文化機関	教育，科学，文化，通信を通じて国際協力を促進し，世界の平和と安全を図る。
ILO 国際労働機関	**労働条件**の国際的な改善を目的とし，社会環境の整備活動などを行う。
IMF 国際通貨基金	国際通貨の安定を主な目的とする。加盟国の国際収支の不均衡を是正するため，**短期資金**の融資も行う。
World Bank Group 世界銀行グループ	国際復興開発銀行（**IBRD**），国際開発協会（**IDA**）など5つの機関を合わせて「世界銀行グループ」という。
FAO 国連食糧農業機関	世界中の人々の栄養・生活水準の向上，**食料の生産分配**の効率改善を目的とする。特に，飢餓の根絶に重点を置く。
WIPO 世界知的所有権機関	**知的所有権**（特許権・商標などの産業財産権と，文学・音楽などの著作権）の国際的保護を目的とする。
WTO 世界貿易機関	**自由貿易**の促進などを目的とする。モノだけでなく，サービスの貿易や知的財産権問題なども扱う。
IAEA 国際原子力機関	**原子力**の平和的利用の促進と，軍事的利用への転用防止を目的とする。

□【補助機関】…国連総会の決議などによって設立された機関。

UNICEF 国連児童基金	支援の届きにくい児童を最優先に，世界の児童に医療や栄養補給，教育などの長期的援助を行う。
UNCTAD 国連貿易開発会議	南北問題を解決することを目的として，発展途上国の経済開発と貿易の促進を図る。
UNHCR 国連難民高等弁務官事務所	紛争などにより，母国を追われて難民となった人々の保護と救済を目的とする。

▶国際連合の組織図

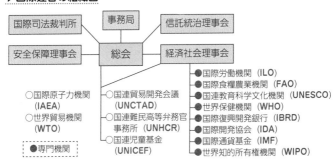

国連の通常予算は，加盟国の分担金によって賄われ，分担金の比率（分担率）は，加盟国ごとに国民総所得（GNI）を基礎にして3年ごとに見直されます。

▶国連の安全保障

□【国連平和維持活動（PKO）】…紛争地域の平和・安全の維持，回復のため，国連総会または安全保障理事会の決議に基づいて行われる活動。加盟各国が兵員や装備を自主的に提供する。関係国の同意を必要とする（同意原則），中立性を保つ（中立原則），自衛・任務防衛以外の武力は行使しない（自衛原則）という3つの原則に基づいて活動している。

国連平和維持活動（PKO）には，紛争当事者間に立って紛争の拡大を防ぐ平和維持軍（PKF），停戦を監視する停戦監視団，紛争後の選挙を監視する選挙監視団などがあります。

□【国連軍】…国際平和と安全を侵す国に対し，国連が強制措置をとるため国連憲章43条に基づいて編成される軍隊。安全保障理事会と加盟国との間で結ばれる特別協定に基づいて編成されることになっているが，これまで特別協定が結ばれたことはなく，いまだ組織されていない。

11 国際政治

▶主権国家と国際社会

□【国家の三要素】…**領域**(領土・領海・領空),国民,主権。

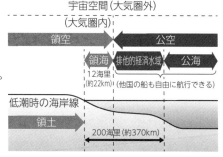

□【**領海**】…基線から**12海里**(約22km)以内の海域。他国の船舶が沿岸国の航行規則に従って航行すること(**無害通航権**)が認められている。

□【**排他的経済水域(EEZ)**】…領海を除く,基線から**200海里**(約370km)以内の海域。**生物・鉱物資源**の探査と開発について,沿岸国の権利が認められている。なお,沿岸国以外にも航行や上空飛行の自由が認められている。

□【**公海**】…排他的経済水域外の海。どの国でも航行や漁業などのために自由に使うことができる(**公海自由の原則**)。

□【**国連海洋法条約**】…1982年採択,1994年発効。海洋について,公海,排他的経済水域,接続水域,大陸棚,領海などに区分。

□【**大陸棚条約**】…大陸棚を探査し,その天然資源を開発するための主権的な権利を行使することを沿岸国に認める。

□【**宇宙条約**】…月その他の天体を含む**宇宙空間**は,平和利用原則のもと,すべての国が国際法に従って自由に探査・利用できる。

▶国際法

□【**グロティウス**】…『**戦争と平和の法**』において,自然法の立場から,国際社会にも諸国家が従わなければならない国際法があるとした。最初に国際法を理論づけたことから,「**国際法の父**」とよばれる。

□【**国際法**】…国家間の関係を規定し,国際秩序を維持するための法。

国際慣習法	大多数の国家の一般慣行。領土の不可侵,**公海自由の原則**,**内政不干渉の原則**,外交特権など(すでに条約化されたものも多い)。すべての国に効力が及ぶ。
条約	国家の意思を明文化したもの。条約,協定,議定書,規約,宣言など。加盟当事国においてのみ効力が及ぶ。

▶軍拡競争と反核運動

□【**核抑止論**】…攻撃されたら**核兵器で報復**するという意思を示すことで，他国からの攻撃を防ぐことができるという考え方。

□【**ラッセル・アインシュタイン宣言**】…1955年に出された，核廃絶と平和的手段による紛争解決を訴える宣言。

□【**パグウォッシュ会議**】…1957年にカナダのパグウォッシュで開催された「科学と国際問題についての会議」。科学者による核兵器禁止運動の中心的組織となった。

▶軍縮に関する多国間協定

□【**部分的核実験禁止条約(PTBT)**】…アメリカ・イギリス・ソ連の3か国間で1963年調印。大気圏内，宇宙空間，水中における核兵器実験を禁止。

□【**核拡散防止条約(NPT)**】…アメリカ・イギリス・ソ連・フランス・中国の5か国を**核兵器国**とし，非核兵器国への核兵器輸出・生産援助などを禁止。1970年発効。

□【**包括的核実験禁止条約(CTBT)**】…<u>地下核実験</u>を含む一切の核実験を禁止。1996年の国連総会で採択されたが，アメリカ，中国などが批准しておらず未発効。

□【**化学兵器禁止条約(CWC)**】…化学兵器の完全廃棄を目指す条約。1997年発効。戦時の使用禁止のほか，開発・生産・保有・取得・移譲を禁止。

□【**対人地雷禁止条約(オタワ条約)**】…対人地雷の使用，生産，貯蔵，移譲の全面禁止と，保有地雷の廃棄等を義務づけた条約。1999年発効。実現にあたって力を尽くしたNGOの<u>地震禁止国際キャンペーン</u>は**ノーベル平和賞**を受賞した。

□【**クラスター弾に関する条約**】…クラスター爆弾の使用・生産などを全面的に禁止。2010年発効。

▶軍縮に関する米ロ(ソ)二国間協定

□【**中距離核戦力(INF)全廃条約**】…アメリカ・ソ連両国における地上発射の**中距離ミサイル等**の廃棄を規定。1988年発効。史上初の核軍縮条約であったが，2018年にアメリカが離脱を表明し，2019年に失効。

米ソ間では，1969年に戦略兵器制限交渉(SALT)が，1982年には戦略兵器削減交渉(START)がスタートしました。

□【**新戦略兵器削減条約**】…アメリカ・ロシア間で，それぞれの**戦略核弾頭**の配備数の上限を7年以内に1550発とすることなどを規定。2011年発効。

01
☐☐☐
安全保障の考え方として，勢力均衡方式と集団安全保障方式とがあるが，国際連合では国際連盟と同様，集団安全保障方式を採用している。　国税専門官・平23

02
☐☐☐
国際社会の諸問題に取り組むために組織をつくる構想は，すでに18世紀に生まれていた。哲学者のカントは『戦争と平和の法』の中で，国際平和機構の構想を示している。　国家一般職・平27改

03
☐☐☐
第一次世界大戦中に，アメリカ大統領ウィルソンが平和原則14か条の中で，集団安全保障の仕組みの設立を提唱し，これを受けて1920年に42か国の参加で国際連盟が発足した。　国家一般職・平27改

04
☐☐☐
国際連盟は，ロシアの不参加や，総会や理事会の決定方式として五大国一致の原則を採っていたことなどもあり，十分に機能せず，第二次世界大戦の勃発を未然に防止できなかった。　国家一般職・平27改

05
☐☐☐
国際連合は，国際社会の安全と平和実現を目的として第二次世界大戦中に発足した。重要な任務を担う安全保障理事会は米，仏，独，露，中の5常任理事国と10非常任理事国で構成される。　国税専門官・平22

06
☐☐☐
国際連合は1945年に，日本をはじめアメリカ，イギリス，中華人民共和国など51か国を原加盟国として成立した。その後，加盟国は増え続け，現在は世界の独立国の約半数が加盟している。　国家Ⅱ種・平21

解　説

01 正しい。**勢力均衡**とは国家間の力の均衡を維持し，互いに攻撃できない状況をつくって安全を守るもの。集団安全保障とは，潜在的な敵国も含めた国際的な体制を構築し，集団で対立を抑える仕組み。

02 『戦争と平和の法』は<u>グロティウス</u>の著作である。<u>カント</u>は，『<u>永久平和のために</u>』において，世界の恒久平和のためには，常備軍の全廃，諸国家の民主化，国際平和機構の創設が必要であるとした。

03 正しい。平和原則14か条は，<u>国際平和機構（集団安全保障の仕組み）の設立</u>，<u>秘密外交の禁止</u>，公海の自由，<u>軍備縮小</u>，<u>民族自決</u>の原則などからなる国際平和のための提言である。

04 ロシアではなく<u>アメリカ</u>である。アメリカは国際連盟の提唱国であるにもかかわらず，上院の反対により，国際連盟に参加できなかった。また，五大国一致ではなく<u>全会一致</u>である。

05 国際連合は，第二次世界大戦中ではなく，第二次世界大戦後の<u>1945年10月</u>に発足した。また，安全保障理事会の常任理事国にドイツは含まれず，米，仏，英，露，中の５か国である。

06 わが国は，日ソ共同宣言調印後の<u>1956年</u>に加盟した。また，中華人民共和国の成立は1949年で，1945年時の原加盟国は中華民国である。現在，世界の独立国のほとんどが加盟している。

政治

国際連合

07 総会は，すべての加盟国の代表で組織され，国連憲章の範囲内にあるすべての問題を討議する。その議決は国際連盟と同様，多数決で行われている。

国家専門職・平28

08 総会は，加盟国に対して勧告だけでなく，強制力のある決議を出すことができ，安全保障理事会とともに軍事的措置について決定している。

市役所・平26

09 総会では，加盟国の地理的・歴史的事情に配慮する観点から，各国に面積や人口に比例して投票権を割り当て，安全保障理事会の常任理事国には，特に拒否権を認めている。

国家Ⅱ種・平21

10 安全保障理事会は，世界の平和と安全を維持することを任務とし，その決定は，非常任理事国を含めて全会一致で行う。

市役所・平26

11 安全保障理事会は，常任理事国5か国と，総会で選出される任期5年の非常任理事国15か国で構成される。議決は多数決だが，すべての事項に関し，常任理事国に拒否権が認められている。

国家専門職・平28

12 朝鮮戦争下「平和のための結集決議」が国連総会で採択され，安保理が拒否権によって機能しないときは，総会が5分の4以上の特別多数で，集団的措置を加盟国に勧告できるようになった。

国税専門官・平23

13 国連は国連憲章において，自衛の場合を含め，加盟国による武力行使を全面的に禁止しており，これに違反した国に対する制裁も外交的・経済的制裁のような非軍事的行動に限定している。

国家Ⅱ種・平21

07 国際連盟の総会では，議決は全会一致で行われていた。国際連合では，加盟各国がそれぞれ一票を有し，重要事項については3分の2以上，その他の事項については過半数の賛成が必要となる。

08 国際連合の総会は加盟国や安全保障理事会へ勧告を行うことはできるが，強制力のある決議を出すことはできない。軍隊による軍事的措置を決定できる強い権限をもつのは安全保障理事会である。

09 国際連合の総会では，すべての主権国家は対等に扱われるべきという考え方に基づき，各国に一国一票の投票権が与えられている。また，安全保障理事会の常任理事国に総会での拒否権は認められていない。

10 安全保障理事会の決定は多数決によって行われる。手続事項については15理事国のうち9か国以上の賛成，実質事項については5常任理事国を含む9か国以上の賛成によって行われる。

11 安全保障理事会の非常任理事国は10か国で，任期は2年である。また，すべての事項に関し，常任理事国に拒否権が認められているわけではなく，拒否権が認められているのは実質事項のみである。

12 総会ではなく緊急特別総会，5分の4以上ではなく3分の2以上。常任理事国の拒否権の発動で安保理が機能不全に陥った場合，安保理の9か国の賛成投票，または加盟国の過半数の要請で召集される。

13 国連憲章においては，自衛の場合を除き，加盟国による武力行使が全面的に禁止されている。違反国に対しては安保理決議に基づいて，有効な集団的な措置をとることができる。

14 □□□ 国際司法裁判所は，国際紛争について国際法に基づき解決することを目的とする機関である。ただし，訴訟の提起に当たっては紛争当事国の同意を必要とする。

市役所・平26

15 □□□ 事務局は国際連合の活動の実施機関である。職員は加盟国より採用され，日本人職員数は割り当て分を超過して採用されている。

市役所・平26

16 □□□ 国際連合の主要機関の一つである信託統治理事会は，紛争地域の住民が独立を達成できるように支援することを目的とした機関であり，現在もその活動は続けられている。

国家専門職・平28改

17 □□□ 国連を取り巻く政治的環境の変化に対応して，近年，国連の改革が進められている。2008年には，第二次世界大戦中に連合国の敵であった国々に関する条項が廃止された。

国家Ⅱ種・平21

18 □□□ 世界保健機関（WHO）は，世界の人々が最高の健康水準を維持できるよう，感染症の撲滅のほか，化学兵器の廃棄を目指し査察等を行っており，その活動によりノーベル平和賞を受賞した。

国家一般職・平26

よく出る 19 □□□ 国連教育科学文化機関（UNESCO）は，開発途上国の児童の教育水準・文化の向上および福祉の増進を目的とする国連の専門機関で，近年では，難民の子弟に対する教育支援を行っている。

国税専門官・平22

14 正しい。**国際司法裁判所**は，加盟国の紛争処理にあたる司法機関である。国のみが当事者となることができ，裁判の開始には紛争当事国双方の同意が必要で，その判決には**法的拘束力**がある。

15 日本人職員数は割り当て分よりも少ない。国連関連機関の**日本人職員数**は882人（2018年）。このうち，国連事務局の日本人職員数は75人で，国連の定める望ましい職員数（203人）を下回っている。

16 信託統治理事会は，1994年に最後の信託統治地域であった**パラオ**が独立したことを受けて，その活動を停止した。この活動は49年間続いた。今後は必要が生じた場合にだけ理事会が開催される。

17 連合国の敵であった国々に関する条項（**旧敵国条項**）は廃止されていない。**国連憲章**には，これらの国々に対して，国連加盟国が軍事行動をとることを無条件に認める条項が設けられている。

18 化学兵器の廃棄を目指し査察等を行い，**ノーベル平和賞**を受賞したのは，**化学兵器禁止機関（OPCW）**。**WHO**は，生物・化学兵器への公衆衛生対策等で各国に技術支援などを行っている。

19 国連教育科学文化機関（**UNESCO**）は開発途上国のみを対象としているわけではない。教育，科学，文化の協力と交流を通じて，世界の平和と安全を図る目的の国際連合の専門機関である。

UNESCO の活動の一つに世界遺産の登録・保護があるよ。ただ，人類が犯した悲惨なできごとを伝える遺産を「負の世界遺産」ということがあるけど，この呼称は UNESCO が正式に用いているものではないんだ。

20

国際原子力機関(IAEA)は，原子力の平和的利用を促進するとともに，軍事的利用に転用されることの防止を目的とした機関である。
国家一般職・平26

21

国連児童基金(UNICEF)は，子どもの権利条約によって設立された国連の専門機関の一つであり，開発途上国の児童に限定した援助活動を行っている。
国家一般職・平26

22

国連貿易開発会議(UNCTAD)は，世界貿易の秩序形成を目的とした機関であり，モノの貿易だけでなくサービス貿易などを扱うほか，開発途上国のための長期資金の供与を業務としている。
国家一般職・平26

23

国連平和維持活動(PKO)には，停戦が守られているかどうかを監視する停戦監視団の活動などがあるが，その実施に当たっては，原則として紛争当事国の同意が必要とされている。
国家Ⅱ種・平21

24

国際連合平和維持活動(PKO)は，紛争当事国に対して戦争終結に向けて行動するものであり，自衛以外の武力の行使も認められている。
市役所・平26

25

国連平和維持活動(PKO)として，停戦等の監視に当たる監視団や平和維持軍(PKF)の活動があるが，PKFは国連憲章が軍事的強制措置のための軍隊として想定した国連軍とは異なる。
国家専門職・平28

郵 便 は が き

1 6 3 8 7 9 1

9 9 9

（受取人）

日本郵便 新宿郵便局
郵便私書箱第330号

（株）実務教育出版

愛読者係Ⓚ行

|‖‖|‖‖|‖‖|‖‖‖|‖‖|‖|‖|‖|‖|‖|‖|‖|‖|‖|‖|‖‖|‖‖|

	フリガナ	
氏 名		
住 所	☐☐☐-☐☐☐☐	
	E-mail	

『公務員合格講座』 総合案内書 無料請求欄	通信講座「公務員合格講座」の 総合案内書を無料でお送りしま す。ご希望の場合は、右記に○ をおつけください。	

ご記入された個人情報は『公務員合格講座』総合案内書の送付、企画の参考のみに使用するもので、
他の目的では使用いたしません。

【ご購入いただいた書籍名をお書きください】

書名

【本書の感想や、気になった点があればお書きください】

【この本を購入した理由を教えてください】（複数回答可）

① 読みやすそう・使いやすそうだから　② 人にすすめられたから
③ 値段が手頃だから　④ ボリュームが丁度いいから　⑤ デザインがいいから
⑥ その他（　　　　　　　　　　　　　　　　　　　　　　）

【この本は、何でお知りになりましたか】（複数回答可）

① ウェブ・SNS（　　　　　　　　　）② 当社ホームページ　③ 書店　④ 生協
⑤ 当社の刊行物（受験ジャーナル、書籍、パンフレット）
⑥ 学校の先生から　⑦ 先輩・知人にすすめられて

【何の試験を受験されますか】

①受験される試験（　　　　　　　　　　　　　　　　　）

②受験される職種（　　　　　　　　　）

【差し支えない範囲で結構ですので、下記の情報をご記入ください】

◇ ご職業　① 大学生　② 大学院生　③ 高校生　④ 短大・専門学校生
　　学校名　（　　　　　　　　　　　　）　学年（　　　　年）
　　　　　⑤ 会社員　⑥ 公務員　⑦ 自営業　⑧ その他（
◇ 性別　男・女　　　　　　◇ 年齢（　　　　歳）

ご協力ありがとうございました。

20 正しい。IAEA は軍事的利用を防ぐための保障措置とよばれる活動を行っており，その内容としては，核物質の計量管理，査察官が核物質を保有している施設に立ち入って調査する**核査察**などがある。

21 UNICEF は，1989年採択の子どもの権利条約によって設立された機関ではない。1946年に設立された，国際連合総会の**補助機関**であり，その活動は開発途上国に限定されるものではない。

22 世界貿易の秩序形成を目的として，モノとサービスの貿易などを扱っているのは**世界貿易機関（WTO）**，開発途上国のための長期資金の供与を業務としているのは**国際復興開発銀行（IBRD）**である。

23 正しい。PKO は，紛争地域の平和・安全の維持，回復のため，国連総会，または安全保障理事会の決議に基づいて行われる活動である。同意原則のほか，**中立原則**，**自衛原則**もある。

24 PKO は原則として自衛以外の武力の行使は認められていない。PKO の原則として，当事者の一方に加担することはしない**中立原則**，自衛・任務防衛の目的以外は武力を行使しない**自衛原則**などがある。

25 正しい。**国連軍**は，安全保障理事会と加盟国との間で結ばれる**特別協定**に基づいて編成されることになっている軍隊だが，これまで特別協定が結ばれたことはなく，国連軍は今まで組織されていない。

01 『戦争と平和の法』を著したグロティウスは，自然法の立場から，国際社会において諸国家が従うべき国際法の必要性を訴えた。国際法には，国際慣習法と国家が相互に結んだ条約などがある。　**国家専門職・平30**

02 「公海自由の原則」は，長い間の慣行の積み重ねによって成立した国際慣習法として各国に受け入れられていたが，現在では，成文国際法として国連海洋法条約の中で規定されている。　**国税専門官・平23**

03 国連海洋法条約において，排他的経済水域(EEZ)とは，領海の外側の100海里以内とされ，沿岸国はこの水域の資源を優先的に利用でき，他国の船舶は自由に航行できないものとされる。　**国家専門職・平30**

04 国連海洋法条約において規定されている領海とは，基線から3海里以内で沿岸国が設定し得る水域であり，領海内では沿岸国の同意を得ない外国船舶の航行は禁止される。　**国家一般職・平26**

05 1966年に採択された宇宙条約では，月その他の天体を含む宇宙空間は，すべての国が国際法に従って自由に探査・利用できるとされた。　**国家一般職・平26**

06 大陸棚については，1958年の大陸棚条約で，大陸棚の資源は人類の共同の財産であり，主権的権利を行使してはならないとされ，国際機関が大陸棚の資源開発を管理することとなった。　**国家一般職・平26**

解 説

01 正しい。国際法は国際慣習法と条約に大別される。**国際慣習法**は大多数の国家の一般慣行で，領土の不可侵，公海自由の原則，内政不干渉の原則などが挙げられる。**条約**は国家の意思を明文化したもの。

02 正しい。**国連海洋法条約**は「海洋法に関する国際連合条約」ともよばれ，海洋に関する法的な秩序の形成を目的とした条約である。海洋を，公海，**排他的経済水域**，接続水域，大陸棚，領海などに区分した。

03 **排他的経済水域（EEZ）**は領海の外側の**200海里**以内とされている。また，同水域内では，他国の船舶は自由に航行できる「**航行の自由**」が認められている。日本については1996年に批准・発効した。

04 領海の範囲は3海里以内ではなく，**12海里**以内である。また，領海内では，沿岸国の同意を得なくても外国船舶は航行できる。ただし，沿岸国の平和・秩序・安全を害さないことが条件とされている。

05 正しい。かつて領土・領海に限られていた国家の主権は，航空機の発達によって**領空**にまで及んだが，人類の活動領域が宇宙空間にも広がり，1966年に**宇宙条約**が採択された。

06 大陸棚条約によって，天然資源を開発するために沿岸国が**主権的権利**を行使できるなど，沿岸国の権利が国際的に確認された。また，1994年発効の国連海洋法条約によって新たな基準が設けられた。

よく出る 07 核拡散防止条約(NPT)は，核兵器および核爆発装置が核兵器をもたない国に広がることを防止し，原子力の平和的利用を担保するための基本的枠組みとして，1970年に発効した。

国税専門官・平13

08 21世紀に入り，国際テロ組織が核兵器を入手する可能性が高まったことを受けて，核拡散防止条約(NPT)が発効した。国際原子力機関(IAEA)が安全保障理事会の下に設置された。

国家一般職・令1

09 1980年代，米ソ間で戦略兵器削減条約(START)が結ばれ，2010年代には米・ロ・中の3か国で戦略兵器制限交渉(SALT)が行われ，中距離核戦力(INF)全廃条約が発効した。

国家一般職・令1

10 包括的核実験禁止条約(CTBT)は，あらゆる核兵器の実験的核爆発およびその他の核爆発を締約国の義務として禁止した。同条約は，1996年の国連総会で採択され，2000年に発効した。

国税専門官・平13

11 化学兵器禁止条約(CWC)は，化学兵器の開発，生産，貯蔵および使用の禁止と化学兵器の廃棄について規定したもので，1997年に発効した。わが国は同条約を批准していない。

国税専門官・平13

12 核兵器の根絶を目指す動きの一つに域内国での核兵器の生産・取得・保有を禁止する非核兵器地帯条約の締結・発効があり，中南米，中央アジア，東南アジアなどで条約が発効している。

国家一般職・令1改

13 特定の兵器がもたらす人道上の懸念に対抗するために，それらの使用等を禁止する対人地雷禁止条約，クラスター弾に関する条約が発効され，わが国も批准している。

国家一般職・令1

07 正しい。核拡散防止条約(NPT)は，アメリカ，イギリス，ソ連，フランス，中国の5か国を核兵器国と定め，非核兵器国への核兵器の輸出・生産援助などを禁止した条約である。

08 核拡散防止条約(NPT)は，国際テロ組織による核兵器使用の防止に関する条約ではない。また，国際原子力機関(IAEA)は1957年に設置された国際機関で，安全保障理事会の下にはない。

09 1970年代に米ソ間で戦略兵器制限交渉(SALT)が本格化し，1988年に中距離核戦力(INF)全廃条約が発効した。そして，1991年に米ロ(ソ)は戦略兵器削減条約(START)に調印した。

10 包括的核実験禁止条約(CTBT)の発効には，原子炉を有する44か国の批准が必要であるが，アメリカ，中国，インド，パキスタン，イスラエルなどが批准していないため，発効にはいたっていない。

11 化学兵器禁止条約(CWC)について，わが国は1993年に署名し，1995年に批准した。CWC の正式名称は「化学兵器の開発，生産，貯蔵及び使用の禁止並びに廃棄に関する条約」である。

12 正しい。中南米はトラテロルコ条約，中央アジアはセメイ条約，東南アジアはバンコク条約とよばれる。他に南太平洋地域のラロトンガ条約，アフリカのペリンダバ条約がある。

13 正しい。対人地雷禁止条約は，対人地雷の使用，生産，貯蔵，移譲の全面禁止と，保有地雷の廃棄等を義務づけた条約。クラスター弾に関する条約は，クラスター爆弾の使用・生産などを全面的に禁止する条約。

●日本国憲法

専守防衛	相手から武力攻撃を受けたときに, はじめて防衛力を行使し, その行使は自衛のための**必要最小限度**にとどめるという受動的な防衛戦略の姿勢。
個別的自衛権	自国に対する武力攻撃を阻止するため, やむをえず一定の実力を行使する権利。憲法９条下でも**行使が可能**と解釈されている。
信教の自由 （憲法20条）	個人の内心にとどまるものである限り, **絶対的に**保障される。**信仰の自由, 宗教的行為の自由, 宗教的結社の自由**が含まれる。
検閲 （憲法21条2項）	公権力が外部に公表されるべき表現内容を事前に審査し, 不適当な場合にはその発表を禁止すること。**絶対的に禁止**されている。**教科書検定**や**税関検査**は, これにあたらない。
プログラム規定説	憲法25条の規定は国の政治的・道義的義務や方針を示したものであり, **法的権利を賦与したものではない**とする説。

●日本の政治制度／現代政治の特質

常会 （憲法52条）	**通常国会**ともいう。毎年１回, １月中に召集。会期は**150日間**。主な議題は予算の審議など。
会期独立の原則	国会の活動は会期中に限られ, 各会期は独立して活動する。
両院協議会	衆議院と参議院で議決が異なるときに, 意見調整をする機関。**法律案の議決においては任意**で開催される。
不逮捕特権 （憲法50条）	国会の会期中逮捕されず, 会期前に逮捕された議員は, その議院の要求があれば会期中釈放される。ただし, 院外での**現行犯逮捕**, 議員の**所属する議院の許諾**がある場合には, 会期中でも逮捕される。
再審	確定判決に対して, 主に事実認定の不当を理由として, 裁判のやり直しを求める制度。**被告人に有利**な場合にのみ認められる。
条例 （憲法94条）	地方公共団体の議会によって制定される法規。基本的に**法律の範囲内**で制定することができ, **罰則**を設けることもできる。

●国際関係

国連安全保障理事会	国際平和と安全の維持について, 主要な責任を負う機関。国際紛争の平和的解決を目指す勧告, **経済制裁や軍事的強制措置**を決定する権能をもつ。決定には**法的拘束力**がある。
国際司法裁判所	国連の主要司法機関で, 裁判の開始には, **紛争当事国双方の同意**が必要。その判決には**法的拘束力**がある。

経済

上・中級公務員試験
**一問一答
スピード攻略**
社会科学

ミクロ経済学

1 市場均衡理論

▶最適消費

□**【効用】**…財を消費することで得られる満足度のこと。数値化した効用(**基数的効用**)と効用水準の優劣を表す**序数的効用**がある。

□**【無差別曲線】**…効用水準が一定となる財の消費量の組合せの軌跡で,**序数的効用**を表す。

▶2財が代替的関係の場合

Y財

りんごとみかんのように,互いに代わりになり得るケース。

→ X財

▶2財が補完的関係の場合

Y財

ボルトとナットのように,常にセットで消費されるケース。

→ X財

補足します 無差別曲線の形状と2財の関係について問う問題が多いので,しっかり整理しておきましょう。

▶財の分類

□**【需要の所得弾力性(E_M)】**…所得が1%増加したときに,需要量が何%変化するかを表したもの。

□**【需要の価格弾力性(E_D)】**…価格Pが1%変化したときに,需要量が何%変化するかを表したもの。

□**【上級財】**…所得が増加 → 財の需要量が**増加**($E_M > 0$)

□**【下級財】**…所得が増加 → 財の需要量が**減少**($E_M < 0$)

□**【奢侈品】**…所得が増加 → 当該財の支出割合が**増加**($E_M > 1$)

□**【必需品】**…所得が増加 → 当該財の支出割合が**減少**($E_M < 1$)

□**【ギッフェン財】**…価格が**下落(上昇)**→需要量が**減少(増加)**
所得効果の大きさが**代替効果**を上回る**下級財**($E_D < 0$)

▶生産者理論

□**【限界費用(MC)】**…追加的に1単位生産したときの総費用の増加分。総費

市場均衡理論は，さまざまな無差別曲線や余剰分析など，図を用いた問題が多く出題されますので，図の読み取りを重視しましょう。市場の失敗は，選択肢の内容が市場の失敗のどの現象に該当するかが問われます。

用曲線の接線の傾きに等しい。

□【平均費用(AC)】…生産された財１単位あたりの費用。総費用曲線上の点と原点を結んだ補助線の傾きに等しい。

□【平均可変費用(AVC)】…生産された財１単位あたりの**可変費用**(＝原材料費)。**固定費用**を除いた原点(縦軸切片)と総費用曲線上の点を結んだ補助線の傾きに等しい。

□【企業の利潤最大化条件】…**財価格 P ＝限界費用 MC**

▶完全競争市場

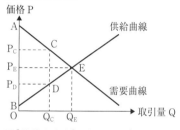

価格 P

A

供給曲線

P_C　C

P_E　　E

P_D　D

B　　　　　需要曲線

O　Q_C　Q_E　　取引量 Q

【完全競争時】均衡価格：P_E
消費者余剰：△ AEP_E
生産者余剰：△ BEP_E
総余剰：△ ABE
【P_C に価格規制】
消費者余剰：△ ACP_C
生産者余剰：□ $BDCP_C$
総余剰：□ ACDB

□【消費者余剰】…「消費者が支払ってもよいと思う金額」と「消費者が実際に支払った金額」との差額の合計。

□【生産者余剰】…「生産者が実際に売り上げた金額」と「生産者が最低限回収したい金額」との差額の合計。

□【利潤と固定費用の合計】…完全競争市場において，**総余剰**の最大化(**パレート最適**)が実現する。

2　さまざまな市場経済

▶独占市場

□【**独占市場**】…同じ財を生産する企業が１社のみの市場。完全競争市場，独占市場ともに，**限界収入**(追加的に１単位生産したときの総収入の増加分)と**限界費用**が等しい水準で企業は生産を行うが，完全競争市場と異なり，独占市場の場合，企業は**プライスメーカー**(価格設定者)として行動することから，価格と限界収入は一致しない。さらに，独占企業は利潤最大化を達成するために，必然的に過小生産となることから**死荷重**が発

生する。ゆえに，完全競争に比べ総余剰は小さくなる。

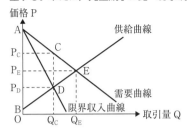

価格 P

A

P_C ─── C

P_E ─── E

P_D ─── D

B

O Q_C Q_E 取引量 Q

供給曲線

需要曲線

限界収入曲線

【完全競争市場】均衡価格：P_E
消費者余剰：△ AEP_E
生産者余剰：△ BEP_E
総余剰：△ ABE
【独占市場】均衡価格：P_C
消費者余剰：△ ACP_C
生産者余剰：□ BDCP_C
総余剰：□ ACDB
⇨死荷重：△ CDE

▶**独占的競争**…次の2つの特徴をもつ市場を**独占的競争市場**という。

□①【**独占的性質**】…製品差別化によって独占的地位

□②【**競争的性質**】…代替性のある財の生産者が存在

　独占的競争市場では，短期均衡は独占と同様と考えられる。一方で，長期になると，類似品を制作する企業が増加し，独占利潤は失われていくことから，長期均衡では次の2つの条件が満たされる。

・**MR（限界収入）= MC（限界費用）**⇒利潤最大化条件

・**P（価格）= AC（平均費用）**⇒超過利潤ゼロ

▶**価格差別**

□【**価格差別**】…独占企業が利潤最大化実現のため，同一の費用構造で生産された財を価格弾力性の異なる需要者ごとに異なる価格で販売すること（例：学割，需要の大小で価格差をつけるピークロードプライシングなど）。このとき，**逆弾力性命題**が成立する。

□【**逆弾力性命題**】…需要の価格弾力性が相対的に小さい市場において，財の価格は相対的に高く設定される。**ラムゼイルール**ともいう。

　需要の価格弾力性は，価格の変化に対する需要の反応度を表し，価格に敏感な消費者は，値上げによって需要を大きく減らします。ゆえに，需要の価格弾力性の大きい市場では，相対的に価格が低く設定されます。

▶**複占下での最適生産**

□【**複占**】…当該市場で財を供給する企業が2社しかない状態。

□【**クールノー競争**】…他企業の生産量を所与として自社利潤を最大化するように自社生産量を調整するモデル。ライバル企業の生産量所与の下で，自社の利潤を最大化するときの，ライバル企業と自社の生産量の組合せの軌跡である**反応曲線**の交点において両企業の生産量が決定される（**クールノー均衡**）。

□【シュタッケルベルグ競争】…他企業の生産量所与の下で利潤最大化する企業(**追随者**)とそのような企業行動を知った上で，自社利潤を最大化する企業(**先導者**)とが数量調整するモデル。

□【ベルトラン競争】…製品差別化の下，他企業の製品価格所与の下で自社利潤を最大化する自社の製品価格を調整するモデル。

3 市場の失敗

▶**市場の失敗**…市場均衡が実現しても経済厚生が最大化されない現象のこと。①外部性，②公共財，③費用逓減産業，④情報の非対称性の4つの事象が挙げられる。

▶**外部性**

□【**外部性**】…ある人や企業の経済活動が，他の人や企業に対して，市場を介さずに影響を及ぼすこと。マイナスの外部性を**外部不経済**(例：公害など)，プラスの外部性を**外部経済**(例：教育など)という。

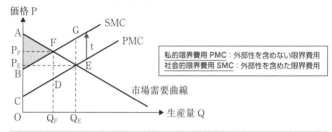

価格 P

私的限界費用 PMC：外部性を含めない限界費用
社会的限界費用 SMC：外部性を含めた限界費用

上の図は SMC ＞ PMC であることから外部不経済のケースであり，企業が利潤最大化行動をとるとき，PMC と市場需要曲線の交点 E で生産を行う。このとき，総余剰は△ AFB －△ EFG となる。一方，政府が1単位生産するごとに SMC と PMC の差，すなわち t だけの税(**ピグー税**)を企業に課すと，企業は SMC と市場需要曲線の交点 F で生産を行う。このとき，総余剰は△ AFB と最大化され，市場の失敗が解消される。

 外部経済の場合は，SMC ＜ PMC となりますが，この場合も死荷重は発生します。

□【**コースの定理**】…裁判により，外部性の発生者，拒否者のどちらが勝訴しても，判決の結果にかかわらず，**当事者間の再交渉**により，最適な資源配分が実現する。ただし，交渉の機会費用は存在しないことを前提とする。

▶**公共財**…公共財とは，次の２つの性質をもつ財のことである。

□【①**非競合性**】…ある人が消費することによって他の人の消費量が減少することがなく，すべての人が同時に消費できること。

□【②**排除不可能性（非排除性）**】…対価を支払わない人を，財やサービスの消費から排除することができない（あるいは著しく困難である）こと。

⇒２つの性質ゆえに，民間企業による公共財の供給は極めて困難となり，市場メカニズムによる効率的な資源配分（**パレート最適**）は達成されない。それゆえ，現実には，政府が介入して公共財供給を行う。供給に必要な費用は政府が強制的に徴収する租税であることから，租税を誰がどの程度負担すべきかが問題となる。各個人の公共財に対する選好（**限界便益**）の大きさに応じて各個人の租税負担率を決定する方法を**リンダール・メカニズム**といい，その結果実現する状態を**リンダール均衡**という。

《リンダール均衡のメリット》…パレート最適が達成され，資源配分が効率的である。

《リンダール均衡のデメリット》…租税負担を免れるために真の選好を表明しない者（**フリーライダー**）が発生する可能性がある。フリーライダーが存在すると，最適な供給量に比べて過少供給となる。

▶**費用逓減産業**

□【**費用逓減産業**】…電力や水道等，固定費用が巨額のため，生産量の増加に伴って，**規模の経済性**が働き，平均費用が減少する産業。

□【**自然独占**】…費用逓減産業は，複数の企業で生産を行うより，１社のみで生産を行った方が少ない費用で済むため，最適生産実現の観点から，例外的に独占が認められる。

□【**価格規制**】…独占企業の利潤最大化行動の下では死荷重が発生するため，政府による規制が正当化される。公平な所得配分という観点からも容認される政策は価格規制ということになる。

限界費用価格規制：価格を限界費用と等しく設定させる規制。
政府が企業の限界費用を観察するのが困難。企業の赤字を政府が補填することで，経営が非効率になる。
平均費用価格規制：価格を平均費用と等しく設定させる規制。
死荷重が発生するものの，利潤がゼロとなるため企業は独立採算制を取ることができ，限界費用価格規制の問題点を克服している。次善(Second Best)の規制と呼ばれている。

他に，需要量に関係なく支払う基本料金と需要量に応じて支払う従量料金の2本柱の料金設定である**二部料金制**や，自社と競合企業の費用を比較した上で，あるサービスに対する基準費用を算定した費用を元に，料金を設定する**ヤードスティック規制**などがあります。

▶情報の非対称性

□【アドバースセレクション（逆選択）】…取引が開始される前の情報の非対称性（隠された情報）により，市場において質の悪いものばかりが取引される状況。**アカロフ**は，ピーチ（良質な中古車）とレモン（悪質な中古車）が混在する中古車市場を例に，ピーチは取引されなくなり，レモンばかりが出回る可能性が生じる「**レモンの原理**」を主張。

逆選択を回避する方法
□コストをかけて自分で情報を集める。
□専門家に情報の収集を依頼する。
□政府が規制を行う。
□情報を持つ者が持たない者に対してシグナルを発する（**シグナリング**）。 　例：長期保証
□情報を持たない者が情報を持つ者を選別する（**スクリーニング**）。 　例：保険会社が，「高額で保障の手厚い保険商品」と「低額で保障の薄い保険商品」という2タイプの保険商品を販売する。これにより，病気の人は前者の保険に，健康な人は後者の保険に入るようになり，選別が可能となる。

□【モラル・ハザード】…取引が開始された後の情報の非対称性（隠された行動）により，例えば，医療保険が導入され，治療費の自己負担分が安くなることで，病気を回避する努力を怠り，あたかも道徳的な欠如が発生したかのように医療需要が増加する。

モラル・ハザードを回避する方法
保険会社がコストをかけて被保険者の行動を検査・監視する**モニタリング**。しかし，常に監視をするとモニタリングコストが膨大になってしまう問題がある。

逆選択とモラルハザードの具体例は，本試験でしばしば問われるので，両者の違いをしっかり整理しておきましょう。

① 市場均衡理論

01 通常の需要曲線と供給曲線を前提に，ある財の価格を市場価格より高い水準に設定するように規制すると，市場では<u>超過需要</u>が発生する。また，なんらかの理由で需要が減少して需要曲線が平行移動すると，この財の価格は下落する。これらいずれの場合においても，<u>消費者余剰</u>は減少する。

市役所・平21改

02 <u>必需品</u>とは，価格が1％変化したときに，需要量の変化が1％より小さくなる財のことであり，価格が上昇した場合に生産者の収入は大きくなる。

地方上級・平26

03 <u>奢侈品</u>とは，消費者の所得が1％増加すると需要量が1％より大きく増加する財のことである。経済発展とともに消費者の所得が増加したとき，消費者の所得の伸びは生産者の収入の増加の伸びよりも速くなる。

地方上級・平26

04 お茶を2杯飲んだとき，1杯目と2杯目の効用は変わらない。

市役所・平20

05 服に興味があり家電製品に興味がない人でも，服が増えてくると家電製品が欲しくなる。

市役所・平20

01 前半部分が誤り。ある財の価格を市場価格より高い水準に設定するように規制すると，市場では<u>超過供給</u>が発生する。

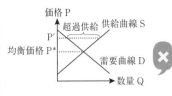

価格 P
超過供給　供給曲線 S
P′
均衡価格 P*
需要曲線 D
数量 Q

02 正しい。**必需品**は一般的に，**需要の価格弾力性**が非弾力的である財と定義される。また，需要の価格弾力性が非弾力的である場合，価格の引上げは支出額の増加をもたらすため，生産者の所得は大きくなる。

03 後半部分が誤り。**奢侈品**は一般的に，**需要の所得弾力性**が弾力的である財と定義される。また，経済発展とともに消費者の所得が1％ずつ増加していく場合，奢侈品の生産者の収入は1％よりも大きく増加していくことから，消費者の所得の伸びは生産者の収入の増加の伸びよりも遅くなる。

04 一般に，2杯目のお茶から得られる効用は1杯目のお茶から得られる効用より小さい。これを<u>限界効用逓減の法則</u>という。このとき，上に凸の効用曲線が描かれる。

05 正しい。これを<u>限界代替率逓減の法則</u>という。このとき，縦軸を家電製品，横軸に服をとった図において，**無差別曲線**は，原点に対して凸かつ右下がりのなめらかな曲線となる。

経　済

市場均衡理論

06 ある人が収入のすべてをX財とY財の購入に充てるとする。このとき，右図において点Aは購入可能である。また，X財の価格が上昇すると，予算線ZZ′は点Bを中心に右上方へと移動する。

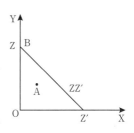

市役所・平24改

07 企業が他者のビルを賃貸してオフィスとして使用するのではなく，自社のビルをオフィスとして使用した場合には機会費用は発生しない。　地方上級・平30

08 日給10,000円の仕事を休んで，入場料が5,000円の遊園地に行ったときの機会費用は15,000円である。

市役所・平20

09 ある料理人は1時間当たり30皿の料理を作ることができ，1時間当たり150枚の皿を洗うこともできる。この料理人が1皿の料理を作るときの機会費用は，皿洗い0.2枚分である。　地方上級・平30

10 ディナー営業のみの飲食店がランチ営業をするか否かを決める際に，ランチ営業に伴う可変費用の増加分だけを収入の増加分と比べることが合理的であり，固定費用を考慮することは合理的でない。

地方上級・平30

06 最後の一文が誤り。X財の価格が高くなるとX財の需要が減る一方，Y財の需要は変わらないため，**予算線** ZZ′ は点Bを中心に左下方へと移動する。

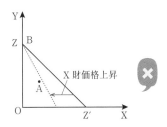

07 **機会費用**とは，ある行動を選択した場合，別の行動を選択した場合に得られたであろう利益が犠牲になるが，この犠牲の大きさのことをいう。この問題の場合，自社ビルをオフィスとして使用すると，他者に貸した場合に得られたであろう賃貸料が犠牲になることから，機会費用は発生する。

08 正しい。**機会費用**の定義については07の解説を参照。ここでは，遊園地に行くことによって，日給を稼ぐ機会を失っただけでなく，仕事をしていれば支払う必要のなかった入場料も負担していることから，機会費用は合計15,000円となる。

09 1時間当たり30皿の料理を作ることができる料理人が1皿の料理を作ることをあきらめた場合，150÷30＝5枚の皿を洗うことができる。すなわち，この料理人が1皿の料理を作るときの**機会費用**は，皿洗い5枚分である。

10 正しい。生産にかかる総費用は，人件費や原材料費のように生産規模に応じて変化する**可変費用**と，店舗や設備など生産規模にかかわらず短期的には一定である**固定費用**に分けられる。ディナー営業のみの飲食店がランチ営業を行うかどうか検討する際，店舗や設備に変化はないので固定費用を考慮する必要はない。

11 あるケーキ店では従業員の労働時間が長くなるにつれて生産量は増加するが，その増加分が小さくなるとき，この店の限界費用は生産量の増加に応じて減少する。

地方上級・平30

12 開発などの固定費用を広告収入で回収するソフトウェアを消費者へダウンロード方式で販売する場合，限界費用がゼロなので，販売価格が低くなるほど，社会的余剰は大きくなる。

地方上級・平30

13 完全競争市場において，価格の自動調整機能により需要と供給が等しくなっているときの価格を管理価格といい，管理価格のときには資源の最適配分が実現している。

地方上級・平22

14 ２人からなる社会を考える。右図の曲線 ZZ' は，この社会の効用可能性曲線であり，右図において，パレート効率的な点は A と B である。当初の状態が点 W であるとき，パレート改善な点は B と C であり，パレート効率的な点は B である。

地方上級・平22改

個人 B の効用

Z　A

B

W　C

O　Z'

個人 A の効用

11 <u>限界費用</u>とは，生産量を追加的に1単位増加させたときの総費用の増加分を指す。労働時間が長くなるにつれて生産量は増加するが，その増加分が小さくなるとき，限界費用が増大していることを意味する。

12 正しい。ソフトウェアを消費者へダウンロード方式で販売した場合，<u>限界費用</u>はほぼゼロとなる。ゆえに，完全競争市場を前提とした場合，利潤最大化が実現するときの販売価格もほぼゼロとなり，価格低下とともに需要も拡大することから，結果，<u>社会的余剰</u>も大きくなる。

13 管理価格ではなく<u>市場価格</u>である。ちなみに，管理価格とは，市場の予見の変化にもかかわらず，人為的に設定された寡占価格のことである。

14 正しい。点Aと点Bはともに<u>効用可能性曲線</u>上の点であることから，<u>パレート効率</u>的な点である。また，当初の状態が点Wである場合，点B，Cはともに，誰の効用も下げることなく，少なくとも1人の効用を高めているので<u>パレート改善</u>な点である一方，点Aは個人Aの効用を低下させているため，パレート効率的な点はBのみである。

01
☐☐☐

寡占市場においては，広告宣伝などの激しい価格競争が行われるため，完全競争市場に比べて価格が下がりやすく上がりにくい。

地方上級・平22

02
☐☐☐

寡占市場では，影響力の強いプライスリーダーが設定した価格に他企業が従っているような価格を管理価格といい，価格の下方硬直性が見られることがある。また，製品の品質・デザイン，広告・宣伝などを競う非価格競争が行われる傾向があるとされる。

地方上級・平22改

03
☐☐☐

企業が消費者のタイプを見分けることができない場合，複数の購入プランを提示して，その中から消費者に購入プランを選ばせることによって価格差別を行うことがある。この価格差別の例として映画の学生割引がある。

地方上級・平29

04
☐☐☐

ある国では，職種Lの賃金より職種Hの賃金のほうが高く，両職種ともに就労者数が増加すると賃金は減少する。職種LとHが代替関係にあり，一方の職種の就労人口が増加すれば他方の就労人口が減るとき，職種Hが外国人労働者を受け入れると，賃金格差は縮小する。

市役所・平21改

解　説

01 寡占市場では，広告やデザインなど非価格競争が展開されることが多く，**完全競争市場**に比べて価格が下がりにくい。これを**価格の下方硬直性**という。

02 正しい。少数の大企業により支配される寡占市場では**価格の下方硬直性**（価格が下がりにくい性質）が見られ，価格競争（値下げ競争）よりも非価格競争（値下げ以外の競争）が行われる傾向がある。なお，寡占市場における価格の硬直性を説明しようとした代表的理論として，スウィージーによる**屈折需要曲線**の理論がある。

03 映画の学生割引の場合，学生証の提示を求めることによって，企業側は消費者のタイプを見分けることができる。よって，複数の購入プランを提示し，その中から消費者に購入プランを選ばせることを通じて**価格差別**を行う事例には該当しない。

04 正しい。職種LとHが**代替関係**にある場合，問題の定義より，両職種間で賃金の動きが反対になる。よって，職種Hが外国人労働者を受け入れると，就労者数が増加する職種Hの賃金は低下する一方，就労者数が減少する職種Lの賃金は上昇することから，賃金格差が縮小する。反対に，一方の職種の就労人口が増えれば他方の職種の就労人口も増える**補完関係**にある場合，賃金動向は同じになる。このとき，賃金変化に関する条件次第で，賃金格差は「拡大」，「縮小」，「不変」のいずれもありうる。

③ 市場の失敗

01

政府が市場に関与することにより資源の最適配分が実現しないことを市場の失敗といい，政府による関与の例として，価格統制，公共財や公共サービスの提供を挙げることができる。 地方上級・平22

02

外部不経済とは，企業活動が市場を通じて第三者に経済的な不利益を与えることであり，政府が資源の再配分を行うことで外部不経済を解消することができる。 地方上級・平22

03

経済を構成する経済主体は，主として家計，企業，地方自治体から成っており，地方自治体は，家計や企業から租税を徴収し，公共財を供与する。地方自治体の税収が増加することで，家計や企業に供与される公共財水準が高まることを資産効果と呼ぶ。 地方上級・平21改

04

市場は，価格機構を通じて効率的な経済環境を達成するが，価格機構が全く機能せずに市場が効率的に機能しない場合を市場の失敗と呼ぶ。このうち，外部性は外部経済と外部不経済に分けられるが，公害は外部経済の一つである。 地方上級・平21改

05

外部不経済が発生している場合，私的限界費用曲線 (PMC) は右図のA，BのうちBであり，数量は本来の社会的最適取引量と比べて少なくなっている。そこで，最適な取引量を実現させるため，政府が課税を行うことでBが社会的限界費用曲線 (SMC) と一致することになる。 市役所・平25改

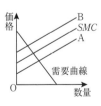

01 政府の失敗の説明である。市場の失敗とは，市場メカニズムによってパレート効率的な資源配分が実現しないことであり，外部性，公共財，費用逓減産業，情報の非対称性などが原因である。

02 外部不経済とは，企業や家計の経済活動が市場を経由せずに第三者に与える経済的な不利益のことである。なお，政府による資源の再配分に関する記述は正しい。

03 経済主体は，主として家計，企業，政府（国・地方自治体）から構成されている。また，資産効果とは，土地や株式などの資産価格の上昇が消費や投資を刺激する効果であり，公共財の供与とは無関係である。

04 市場の失敗については01の解説を参照。その原因の１つとして，ある経済主体の経済活動が市場を介さず他の経済主体に影響を与える外部性が挙げられる。外部性は，外部経済と外部不経済に分類されるが，公害は外部不経済の典型例である。

05 企業は外部不経済を考慮しないため過剰生産することから，SMC の下方（A）に PMC が位置する。このとき，企業は過剰生産を行っている。政府が社会的に最適量を実現させるために，ピグー税を生産者に課すことによって，PMC を SMC に一致させる必要がある。

06 公共財の性質(非競合性と非排除性)を使って，４つの財「交通量の多い一般道路」，「伝染病の検疫」，「有料テレビ放送」，「大学の教科書」を分類すると，順に(ア)，(ウ)，(イ)，(エ)となる。

	非競合的	競合的
非排除的	（ ア ）	（ イ ）
排除的	（ ウ ）	（ エ ）

市役所・平23改

07 費用逓減産業は，単一の商品を生産するより，複数種類の商品を同時に生産することで生産費用が安くなる。
地方上級・平21改

08 気候によって作物の収穫量が変化し，農業従事者が不利益を被るのは，外部性の存在によるものである。
地方上級・平21改

09 政府による「競争の維持・促進を図る」事例として，消費者が食品の品質を判断できない場合，質のよいものと悪いものが同じような価格となり，よい品質のものが出回りにくくなるため，政府が食品検査を実施して食品会社に品質表示を義務づけることが挙げられる。
市役所・平28改

よく出る 10 モラルハザードの事例として，医療保険が充実すると，注意力が散漫になり，けが人が増えることが挙げられる。
地方上級・平21改

06 誰かが利用すると他の人が利用できなくなる**競合的な財**は「交通量の多い一般道路」と「大学の教科書」である。また，対価を支払わなければ利用できない**排除的な財**は「大学の教科書」と「有料テレビ放送」である。よって，(ア)は「伝染病の検疫」，(イ)は「交通量の多い一般道路」，(ウ)は「有料テレビ放送」，(エ)は「大学の教科書」となる。

07 **範囲の経済**に関する説明である。**費用逓減産業**は，固定費用が巨額であるため，産業の規模が拡大するにつれて，個々の企業の**長期平均費用**が下がる点に特徴がある。

08 **不確実性**に関する説明である。**外部性**とは，公害問題などのように，ある経済主体の経済活動が，市場を介さずに他の経済主体の費用に影響を与えることをいう。

09 当事者間における**情報の非対称性**によって生じる**逆選択**への対処である。「競争の維持・促進を図る」事例としては，公共事業の入札に参加する企業による談合の禁止などが挙げられる。

10 正しい。**モラル・ハザード(道徳的危険)**は，取引が開始された後の情報の非対称性により生じる現象であり，問題文にある医療保険のほか，銀行が企業に貸出しを行った後，企業が努力を怠って事業に失敗し，銀行に返済ができなくなる事例も挙げられる。

11 □□□ 逆選択の事例として，銀行が貸出しの基準を厳しくしたために，返済能力のある中小企業が倒産することが挙げられる。

地方上級・平21改

12 □□□ 政府による「大規模な設備投資が必要なために自然独占になる産業へ介入する」事例として，ガス産業は規模の経済が働くため，政府が参入規制をして地域独占とし，料金を規制することが挙げられる。

市役所・平28改

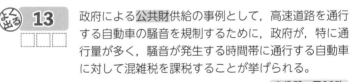

13 □□□ 政府による公共財供給の事例として，高速道路を通行する自動車の騒音を規制するために，政府が，特に通行量が多く，騒音が発生する時間帯に通行する自動車に対して混雑税を課税することが挙げられる。

市役所・平28改

14 □□□ 政府による外部性是正の事例として，警察・消防サービスは，利用者から対価を徴収することが困難であり，十分な量が供給されないため，民間企業ではなく，政府が提供することが挙げられる。　市役所・平28改

11 <u>逆選択</u>（アドバースセレクション）は，取引が開始される前の情報の非対称性により生じる現象であり，経済学者のアカロフが主張した，ピーチ（良質な中古車）とレモン（悪質な中古車）が混在する中古車市場において，ピーチは一切取引されず，レモンばかりが出回る**レモンの原理**などが該当し，問題文の事例は逆選択とはいえない。

12 正しい。**規模の経済**とは，固定費用の存在などにより，**大量生産**することによって平均費用が低下することである。なお，「大規模な設備投資が必要なために自然独占になる産業」というのは，**費用逓減産業**のことである。この場合，複数の企業で生産を行うより，1社のみで生産を行った方が費用は抑えられ，最適生産の観点から，例外的に独占が認められている。

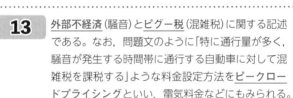

13 **外部不経済**（騒音）と**ピグー税**（混雑税）に関する記述である。なお，問題文のように「特に通行量が多く，騒音が発生する時間帯に通行する自動車に対して混雑税を課税する」ような料金設定方法を**ピークロードプライシング**といい，電気料金などにもみられる。

14 <u>公共財</u>供給に関する内容である。なお，「利用者から対価を徴収することが困難であり」の部分は消費の**非排除性**と呼ばれる，公共財がもつ性質の1つである。

4 国民経済計算

▶経済指標

□**【国内総生産(GDP)】**…国内で一定期間に生み出されたすべての財・サービスの付加価値の合計。日本の GDP は約550兆円。

GDPに計上されるもの
□家政婦の家事労働　　□持ち家の**帰属家賃**　□農家の自家消費
□従業員への現物給与　□政府のサービス
□株，住宅等の仲介手数料

GDPに計上されないもの
□母親の家事労働　□土地・株・中古車・中古住宅の購入　□資産価格変動による利得(キャピタルゲイン)や損失(キャピタルロス)

□**【三面等価の原則】**…生産面，分配面，支出面から見た GDP は等しい。

・**生産面の GDP** ⇒上記の国内総生産(GDP)を参照。

・**分配面の GDP** =雇用者報酬+営業余剰・混合所得+(間接税-補助金) +固定資本減耗

・**支出面の GDP**(国内総支出 GDE)=民間最終消費支出+政府最終消費支出+国内総固定資本形成+在庫品増加+財・サービスの輸出-財・サービスの輸入

⇒生産面の GDP =分配面の GDP =支出面の GDP

□**【国民総所得(GNI)】**…ある国の居住者が一定期間に生み出した付加価値の総計。

・GNI=GDP +海外からの要素所得の受取-海外への要素所得の支払

※要素所得:要素取得の受取は，日本人歌手が海外公演を行う場合など，要素取得の支払は，外国人歌手が日本公演を行う場合などを指す。

・**NDP(国内純生産)**=GDP-固定資本減耗

・**NNP(国民純生産)**=GNI-固定資本減耗

・**NI(国民所得)**　　=NNP-(間接税-補助金)

　　　　　　　　　　=GNI-(間接税-補助金)-固定資本減耗

▶物価指標

□**【名目 GDP】**…付加価値を市場価格で評価して算出した GDP。

GDP，GNI 等の主要経済指標や三面等価の原則が頻
出分野です。金融理論・制度は，わが国の現在の金
融政策の手段を中心に，労働と物価は，労働関係の
用語の定義を中心にしっかり整理しておきましょう。

t 年の名目 GDP$=P_t^1 Q_t^1 + P_t^2 Q_t^2 + \cdots + P_t^n Q_t^n$

（P_t^i：t 年の第 i 財の価格，Q_t^i：t 年の第 i 財の生産量）

□【実質 GDP】…名目 GDP から物価変動の影響を差し引いたもの。

t 年の実質 GDP$=P_0^1 Q_t^1 + P_0^2 Q_t^2 + \cdots + P_0^n Q_t^n$

（P_0^i：基準年の第 i 財の価格）

□【GDP デフレーター】…名目 GDP を実質 GDP で割ったもの。

$$\text{GDP デフレーター}=\frac{\text{名目 GDP}}{\text{実質 GDP}}=\frac{P_t^1 Q_t^1 + P_t^2 Q_t^2 + \cdots + P_t^n Q_t^n}{P_0^1 Q_t^1 + P_0^2 Q_t^2 + \cdots + P_0^n Q_t^n}$$

□【ラスパイレス物価指数（P_L）】…基準年の数量で計算した物価指数。

$$P_L = \frac{P_t^1 Q_0^1 + P_t^2 Q_0^2 + \cdots + P_t^n Q_0^n}{P_0^1 Q_0^1 + P_0^2 Q_0^2 + \cdots + P_0^n Q_0^n}$$

> 例：**消費者物価指数**（CPI）…**総務省**が毎月公表
>
> **企業物価指数**（CGPI）…**日本銀行**が毎月公表
>
> 消費者物価指数は，さらに，生鮮食品を除く**コア**物価指数と，生鮮食品に加えエネルギーも除く**コアコア**物価指数に分類され，一般に，価格変動の激しいエネルギーを除いたコアコアの方が物価変動は小さい。

□【パーシェ物価指数（P_P）】…現在の数量を用いて計算した物価指数。

$$P_P = \frac{P_t^1 Q_t^1 + \cdots + P_t^n Q_t^n}{P_0^1 Q_t^1 + \cdots + P_0^n Q_t^n}$$

例：GDP デフレーター…**内閣府**が4半期ごとに公表

ラスパイレス，パーシェ方式のいずれも，数値が1より大きければ，物価が上昇したことを表します。また一般に，ラスパイレス指数のほうがパーシェ指数より大きな値になります。

5 金融理論・制度

▶貨幣需要…ケインズの流動性選好説

□【取引動機】…貨幣の交換手段としての機能（決済機能）に由来する動機。

貨幣需要は**国民所得の増加関数**である。

□**【投機的動機】**…貨幣の価値保蔵機能に由来する動機。貨幣需要は**利子率の減少関数**である。

□**【予備的動機】**…不測の事態に備えて，貨幣を保有する動機。貨幣需要は**国民所得の増加関数**である。

⇒貨幣需要関数は，**国民所得の増加関数**および**利子率の減少関数**。

▶**貨幣供給**…M(貨幣量) = C(現金通貨) + D(預金通貨)

□**【ハイパワードマネー】**…中央銀行が直接コントロールできるお金。

H(ハイパワードマネー) = C(現金通貨) + R(準備金)

□**【準備金(R)】**…市中銀行(民間銀行)が預金者の引出要求や手形決済に備え準備する貨幣。預金の一定額を**日銀当座預金**に預ける義務がある。

《ハイパワードマネーとマネーストックの関係》

□**【貨幣乗数(m)】**…ハイパワードマネーに対するマネーストックの比率。

$$m=\frac{M}{H}=\frac{C+D}{C+R}=\frac{\dfrac{C}{D}+\dfrac{D}{D}}{\dfrac{C}{D}+\dfrac{R}{D}}=\frac{\alpha+1}{\alpha+\beta}\ \left(\alpha=\frac{C}{D}:\text{現金預金比率},\ \beta=\frac{R}{D}:\text{預金準備率}\right)$$

《中央銀行による貨幣量のコントロール》

□**【公開市場操作】**…短期金融市場で，国債，手形等を中央銀行が売買。

　　・**買いオペ**：ハイパワードマネー増加

　　・**売りオペ**：ハイパワードマネー減少

□**【公定歩合操作】**…中央銀行が市中銀行へ貸し出す際の金利を直接調整する手段。現在のわが国では実施されていない。

□**【預金準備率操作】**…わが国では，1991年以降実施されていない。

▶**日銀による金融政策**…「非伝統的金融政策」

①公定歩合操作から非伝統的金融政策へ
□1990年代前半：バブル経済崩壊⇒不況脱却のため金融緩和を何度も実施したが景気は回復せず，金利もゼロ状態に達する(**ゼロ金利政策**)。
□2001年：**量的緩和政策実施**⇒金融市場調節における主な操作目標を金利から**日銀当座預金残高**に変更。
□2006年：量的緩和政策終了
□2008年9月：リーマン・ショック，2011年3月：東日本大震災等⇒現在はより大規模な**量的・質的金融緩和政策**が実施・継続。
②量的・質的金融緩和政策の実施
□2013年4月：量的・質的金融緩和政策を実施(現在も継続)⇒『消費者物価の前年比上昇率2％という「物価安定の目標」を，2年程度の期

間を念頭に置いて，できるだけ早期に実現する』。この目標は現在も
なお達成されていない。

□2016年1月：**マイナス金利付き量的・質的金融緩和**の導入⇒「量的・質
的金融緩和」の導入以来とられてきた，金融市場調節の対象としての
マネタリーベースの増加の「量」，買入れする資産の「質」に加え，金融
機関が保有する**日銀当座預金**の一部について0.1％の**マイナス金利**
を適用する「金利」面の３つの観点から金融緩和を進める。

□2016年9月：**長短金利操作付き量的・質的金融緩和**の導入⇒量的・質
的金融緩和，マイナス金利付き量的・質的金融緩和を強化。

 個々の政策の内容には深入りせず，政策実施の順序を
押さえましょう。

6 労働と物価

▶労働指標

□【**非自発的失業**】…現行の賃金で働きたい意思があるのに働けない失業。

□【**自発的失業**】…現行の賃金での就業を拒否することで生じる失業。
　・**摩擦的失業**：新たな職を見つけるまで一時的に無職となっている失業。
　・**構造的失業**：企業の求める人材と求職者の特性が異なって生じる失業。
　　　　　　　産業間の移動が困難。

□【**完全雇用**】…現行賃金率率の下で，非自発的失業が存在しない状態。
　⇒**古典派**の考えは，**自発的失業**は存在するが，**非自発的失業**は存在しない。

□【**有効求人倍率**】…求人数（仕事の数）を「仕事をしたい人の数」で割った値。
2015年以降，全都道府県で**1倍**を超えている。

□【**生産年齢人口**】…15〜64歳の男女。

□【**非労働力人口**】…就労せず，かつ職探しを行っていない者（専業主婦，学
生）。

□【**労働力人口**】…就業者（従業者と休業者）と完全失業者（働く意思をもっ
た失業者）の合計。すなわち，一国の経済が財やサービスの生産のために
利用できる人口を表す。

 わが国は少子高齢化の進行により生産年齢人口は長
く減少傾向にある一方，女性および高齢者の積極的活
用により，労働力人口は近年大きく増加しています。

▶物価 (インフレーションの種類)

ディマンド・プル・インフレーション	需要が供給を超えて生じる物価上昇
コスト・プッシュ・インフレーション	生産コストの上昇による物価上昇
クリーピング・インフレーション	年率数%の水準で継続する物価上昇
ギャロッピング・インフレーション	年率10%を超える物価上昇
ハイパー・インフレーション	短期間で急激に進行する物価上昇

▶スタグフレーションと自然失業率仮説

- □【**スタグフレーション**】…景気停滞とインフレの同時進行。

- □【**自然失業率仮説**】…長期的には賃金上昇率や物価上昇率の値に拠らず, 失業率は自然失業率水準になるという仮説。**フリードマン**らによる主張。

- □【**自然失業率**】…労働市場均衡 (完全雇用状態) における失業率。
  中央銀行による金融緩和政策の実施により名目賃金率と物価が上昇するものの, 労働者側は短期において名目賃金率上昇のみを認識するため, 労働供給量を増やす (**貨幣錯覚**)。やがて労働者は物価水準の上昇に気づき, 実質賃金が変わらないため, 無理して働くことをやめる (失業率は自然失業率水準に戻る)。

  自然失業率仮説が成立する下では, インフレ率と失業率の関係を示す**フィリップス曲線**は, 短期においては**右下がり** (失業率と物価上昇率の**負の相関**) である一方, 長期においては自然失業率水準で**垂直**になる。

 自然失業率仮説により, 1970年代の世界的なスタグフレーションは, オイルショックによるコスト・プッシュ・インフレではなく, 1960年代のケインズ主義的な過剰な総需要管理政策の産物であることが示されました。

7 国際経済学

▶貿易政策

- □【**小国**】…自国の政策変更が国際市場に何の影響も及ぼさない国。

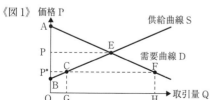

《図1》

【閉鎖経済】均衡点：E
消費者余剰：△ AEP
生産者余剰：△ BEP
総余剰：△ ABE
【自由貿易】均衡点：F
消費者余剰：△ AFP*
生産者余剰：△ BCP*
総余剰：AFCB

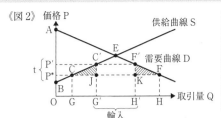

《図2》

【輸入関税】均衡価格：P′
消費者余剰：△ AF′ P′
生産者余剰：△ BC′ P′
関税収入：F′ KJC′
総余剰：AF′ KJC′ B
※自由貿易に比べ、斜線部分の
死荷重が発生。ただし、生産
者余剰は自由貿易より拡大。

閉鎖経済(自給自足経済)の下では、国内価格 P で取引が行われる。小国が国際価格 P* で**自由貿易**を実施すると、自国の財需要量は OH(輸入量 GH)、均衡点は点 F となる(図1)。このとき、総余剰は閉鎖経済時に比べ△ CEF だけ増加するものの、**生産者余剰は大幅に減少**する。一方、政府が輸入財に関税(1単位当たり t)を課すと、輸入財の国内価格が関税分だけ上昇することから、輸入量が H′ー G′ へと減少し、均衡点は F′ となる(図2)。

▶国際収支

□【**国際収支(BP)**】…一国の一定期間における対外経済取引の収支を示したもので、理論上、長期的には均衡(BP＝0)になる。

　　BP ＝経常収支＋資本移転等収支－金融収支＋誤差脱漏

□【**経常収支**】…国際的なモノやサービスの取引に関する収支で、下記から構成。

・**貿易収支**：財の貿易に伴う収支。

・**サービス収支**：知的財産権・輸送・旅行などに伴う収支。

・**所得収支**：出稼ぎ労働者の所得や投資収益(第一次所得収支)及び官民の無償資金協力等(第二次所得収支)。

▶わが国の経常収支とその内訳

…2000年代後半以降、貿易収支のウエイトが低下し、現在のわが国の経常黒字のほぼすべてが(第一次)**所得収支**となっている。

▶為替

…現在のわが国は変動為替相場制

□【**円高**】…円の価値が高くなること。(1 ドル＝200円⇒100円)

□【**円安**】…円の価値が低くなること。(1 ドル＝100円⇒200円)

《円高・円安の要因》

①円の供給増(**金融緩和**)⇒**円安**、供給減(**金融引締**)⇒円高

②円の需要増(**輸出増加**)⇒**円高**、需要減(**輸入増加**)⇒円安

③**自国**の物価上昇⇒**円安**、外国の物価上昇⇒**円高**…**購買力平価説**

④ 国民経済計算

01
☐☐☐

GDP とは，その国で1年間に生産された財・サービスの付加価値の総額であり，国内にある外国企業が国内で獲得した所得は含まれない。　地方上級・平26

02
☐☐☐

国民総生産（GNP）は，国内総生産（GDP）より海外からの純所得（海外から送金される所得―海外へ送金される所得）を控除することで得られる。GNP と GDP を比較すると，GNP は GDP より必ず小さくなる。

国家一般職・平26

03
☐☐☐

一国経済の規模は，生産・分配・支出の三つの側面から捉えることができる。各産業により生み出される生産国民所得，賃金や利潤などの形で分配される分配国民所得，各経済主体により消費・投資される支出国民所得の三者は等しく，これを三面等価の原則という。

国家Ⅱ種・平23

04
☐☐☐

GNI は，GDP から固定資本減耗分を差し引くことにより求めることができる。　地方上級・平26

05
☐☐☐

国民総生産（GNP）は，自国の国籍を有する「国民」が国内で生み出した付加価値の合計であり，その国内で働く外国人や外資系企業が行った経済活動は含まれない。また，外国に滞在する自国民や，自国企業が外国で行った経済活動も含まれない。　国家Ⅱ種・平23

01 後半の記述が誤り。GDPとは，国内に存在するすべての企業が生産・販売した財・サービスの付加価値の総額であるため，国内に存在する外国企業が獲得した所得も含まれる。

02 GNP(わが国では現在，国民総所得(GNI)という用語が使われている)は，GDPに海外からの純要素所得(海外から送金される所得―海外へ送金される所得)を合算することで得られる。また，GNIがGDPより小さくなるとは限らない。最近のわが国では，GNIがGDPを上回っている。

経済

国民経済計算

03 正しい。国内総支出(GDE)は，民間最終消費支出，国内総固定資本形成，政府最終消費支出，在庫品増加及び純輸出の和で構成されるが，GDEに在庫品増加が計上されることで，需要と供給が一致していなくても，三面等価の原則は成立する。

04 国民総所得(GNI)は，GDPに海外からの純要素所得を加えることにより求められる。なお，GNIから固定資本減耗分を差し引いたものは，国民純生産(NNP)とよばれる。

05 国民総生産は，自国に居住するもの(外為法の通達の居住者条件を満たす企業，一般政府，対家計民間非営利団体及び個人)が生み出した付加価値の合計であるから，自国の国籍を有する必要はなく，彼らが外国で生み出した付加価値も含む。

06 国民の平均的な所得水準を表す指標として1人当たりGDPというものがあるが、その増加は国民全体の豊かさを高めることになる。 地方上級・平26

07 国民所得は、国民純生産（NNP）から、政府からの補助金を差し引き、間接税を加えたものである。この理由は、消費税等の間接税は売上高に含まれるためこれを加えるが、補助金は、その分だけ価格を低めているので、これを除くものである。 国家Ⅱ種・平23

08 消費者物価指数とは、消費者が購入する財やサービスなどの価格を指数化したものであり、日本銀行が毎月発表している。 地方上級・平24

09 実質GDPは、物価の影響を反映した経済活動の規模を表すため、インフレの場合にはGDPは増加することになる。 地方上級・平26

10 GDPデフレーターは、名目GDPを実質GDPで除することにより求めることができる。 地方上級・平26

11 名目GDPの増加率である名目成長率から、物価上昇率を差し引くと、実質GDPの増加率である実質成長率が求められる。また、わが国の場合、第二次世界大戦後から2019年までに、消費者物価上昇率（前年比）が7.5%を上回ったことはない。 国家一般職・平26改

06 1人当たり GDP は，その国の GDP をその国の人口で除することにより求められる数値であり，その数値が増加していても，すべての国民が豊かになっているとは限らない。

07 国民純生産（NNP）は**市場価格表示**であるのに対し，**国民所得（NI）**は原材料・労働等の生産要素に対して支払った費用で評価（**要素費用表示**）する。よって，NNP から NI を求める場合，NNP から間接税を差し引き，補助金を加える必要がある。

08 消費者物価指数とは，消費者の消費構造を一定のものに固定し，これに要する費用が物価の変動によってどう変化するかを表す指数である。消費者物価指数は，**総務省**が毎月作成し，発表しており，**日銀**が発表しているのは，**企業物価指数**である。

09 **実質 GDP** とは，物価の影響を取り除いた経済活動の規模を表す指標であることから，インフレ（物価の上昇）はこの指標には影響しない。

10 正しい。なお，**GDP デフレーター**は，**パーシェ物価指数**であるのに対し，消費者物価指数や企業物価指数は**ラスパイレス物価指数**である。

11 後半部分の記述が誤り。第二次世界大戦後の日本の**消費者物価上昇率**（前年比）をみると，2度の**オイルショック**に直面した1970年代などに前年比7.5％を上回ったことがあるが，バブル経済崩壊以降，7.5％を上回ったことはない。

01 金利は資金の需要と供給で決まる。景気の見通しが改善して資金需要が増加することは，金利が低下する要因となる。 地方上級・平29

 02 信用創造とは，銀行が受け入れた預金の何倍もの預金を創出する仕組みのことであり，信用創造の大きさは利子率の高低によって決まる。 地方上級・平23

 03 名目金利がマイナスである場合，貸した額より返済額（元利合計）のほうが小さいので，金利を負担するのは借り手ではなく貸し手である。 地方上級・平29

04 固定金利で資金を貸し借りする場合，資金が貸し付けられてから資金を返済するまでの間に物価が上昇すると，実質金利が上昇して資金の借り手は損失を被る。 地方上級・平29

05 政府は，一国の経済活動全体を調整する主体であり，財政・金融政策を実施する政府機関として，日本銀行がある。日本銀行は通貨供給量を適切に管理する役割があり，日本銀行が保有している通貨をマネーストック，企業や家計に流通している通貨をマネーサプライという。 国家一般職・平27

解 説

01 　当初，資金の需要と供給が一致するように金利が定まっているものとする。景気の見通しが改善して資金需要が増加すると，資金市場では**超過需要**が発生するので**金利**は上昇することになる。

02 　後半の記述が誤り。**信用創造額**の大きさは，**貨幣乗数**の式からも明らかなように，銀行が預金に対して，一定期間日本銀行の当座預金に預け入れる割合である**法定準備率**の大小に依存する。

03 　正しい。なお，現在のわが国では，2016年1月より，金融機関が保有する**日銀当座預金**の一部についてマイナス金利を適用する**マイナス金利付き量的・質的金融緩和**を導入している。

04 　実質金利＝**名目金利÷物価**であることから，物価が上昇すると実質金利は低下する。これは，資金の貸し手からすれば，実質的に得られる金利収入が減ることを意味するので，資金の貸し手が損失を被る。このように，**インフレ**は借り手に有利に働く一方，**デフレ**は貸し手に有利に働く。

05 　日本銀行は認可法人であり，政府機関ではない。また，金融政策を担っているものの，財政政策は担当しない。さらに，**マネーストック**は従来マネーサプライと呼ばれていたもので，金融部門から経済全体に供給されている通貨の総称のことである。

06 公開市場操作とは，日本銀行が行う金融政策の一つであり，日本銀行が市中金融機関に対して資金を貸し出すときの金利を上下させることをいう。

地方上級・平23

 07 公定歩合操作とは，銀行が日本銀行に預けることを義務付けられている預金の割合である公定歩合を上下させることによって通貨量を調節しようとするもので，公定歩合を引き下げると市中銀行の企業への貸出しが増加する。

地方上級・平21

 08 公開市場操作とは，日本銀行が金融市場で国債や手形などの有価証券を売買することによって，直接的に通貨量を調節するものであり，国債や手形を買い上げると市中銀行の企業への貸出が減少する。

地方上級・平21

09 長期金融市場とは，1年以上の長期資金が取引される金融市場であり，長期金融市場にはコール市場や手形売買市場がある。

地方上級・平23

10 政府は，1990年代後半から外国為替取引の自由化，銀行と証券との業務の枠の見直しなどの金融制度の抜本的な改革を行ったが，これらの改革は，日本版ビッグバンと呼ばれる。

地方上級・平21

06 　**公開市場操作**とは，日本銀行が金融市場で有価証券を売買（**売りオペ・買いオペ**）することを通じて通貨量や金利を調整する金融政策のことである。

07 　**公定歩合操作**ではなく**預金準備率操作**に関する内容である。公定歩合とは，日本銀行が市中銀行に貸し出すときの利子率であり，公定歩合の引下げによって市中銀行へ貸出しする貨幣が増加する。なお，現在，公定歩合は基準割引率および基準貸付利率と呼ばれている。

08 　後半部分の記述が誤り。日銀が国債や手形を買い上げると，通貨量が増加し，銀行から企業への貸出が増加する。これを**買いオペ**という。反対に，国債や手形を金融市場で売却すると，通貨が日銀に吸収され，通貨量が減少することから，銀行から企業への貸出も減少する。これを**売りオペ**という。

09 　**長期金融市場**が1年以上の長期資金が取引される市場であることは正しいが，**コール市場**は1日（オーバーナイト）から1週間の超短期の金融市場である。また，手形売買市場は1週間から6か月の短期の金融市場であることから誤り。

10 　正しい。第2次**橋本内閣**において，フリー（市場原理が機能する自由な市場），フェア（透明で公正な市場），グローバル（国際的で時代を先取りする市場）の3つの原則が掲げられた。なお，橋本内閣は「日本版ビッグバン」のほか，**消費税率**の5％への引き上げ，財政構造改革法の制定等も行った。

01 □ □ □ 15歳以上人口は，労働力人口と非労働力人口に分けられる。失業率は労働力人口のうちの失業者の割合で表される。就職活動をあきらめる人が増えると，失業率が上昇する。

地方上級・平27

02 □ □ □ 求人数を求職者数で割った値が求人倍率である。求人倍率が1.0を下回っているとき，労働需要が労働供給を上回っており，労働力不足の状態にある。

地方上級・平27

03 □ □ □ 失業には，景気変動による循環的失業と，求人と求職のミスマッチによる構造的失業がある。ある産業が衰退したために失業した者が，別の産業で求められるスキルがないために就業できない場合，この失業者は構造的失業に含まれる。

市役所・平28

04 □ □ □ 最低賃金制度は，労働者の賃金の最低額を保証する制度である。政府が最低賃金を引き上げた結果として労働力人口が増えると，完全失業者は減少する。

市役所・平28

05 □ □ □ 日本の失業率は1980年代から1990年代にかけて1～2％で推移してきた。しかし，2000年代に入り，景気の悪化により失業率が上昇し，アメリカやフランスに比べても高い水準である。

地方上級・平27

解　説

01 失業率は，労働力人口（就業者と完全失業者の合計）に占める失業者の割合であるが，一定の期間，就職活動をしないと労働力人口ではなく**非労働力人口**に含められるため，就職活動をあきらめる人が増えると失業率は低下することになる。

02 求人数が労働需要量，求職者数が労働供給量に相当する。求人倍率が1.0倍を下回っているとき，労働需要が労働供給を下回っており，労働力が余っている状態にある。

03 正しい。就業できない要因が「求められるスキルがない」ことであるから，**構造的失業**に属する。ちなみに，就業できない要因が，景気循環の過程で発生する不況による場合，そうした失業のことを**循環的失業**という。

04 **最低賃金制度**の説明自体は正しい。一般に，労働の需要量は賃金が上昇するにつれて低下する（縦軸に賃金，横軸に労働需要量をとると，労働需要曲線は右下がりとなる）と考えられる。この状況で労働力人口が増加すると，労働市場では**超過供給**となることから，完全失業者は増える。

05 2000年代に入り，日本の失業率が上昇したのは正しいものの（過去最高は5.5％），アメリカやフランスはもちろん，他の主要先進国と比較しても，依然低い水準である。

06 ディマンド・プル・インフレーションとは，賃金や原材料費などの生産コストの上昇が要因となって物価を押し上げることをいう。

地方上級・平24

07 クリーピング・インフレーションとは，わが国では第二次世界大戦直後に見られた現象であり，物価が短期間で急激に数十倍にも上昇することをいう。

地方上級・平24

08 景気が好況時に継続的に物価が上昇することをスタグフレーションという。わが国の場合，デフレーションと不況が悪循環となるデフレスパイラルの現象が見られたことはあるが，スタグフレーションの現象が第二次世界大戦後から2019年までに見られたことはない。

国家一般職・平26改

よく出る 09 インフレが発生すると，貨幣価値が低下し，預貯金などの元本の価値が実質的に減少する。また，インフレ率が名目賃金の上昇率を上回ると，賃金は実質的に減少する。

市役所・平29

10 インフレ期待とは，人々が将来の物価上昇を予想することをさす。インフレ期待が発生すると，人々が消費を先延ばしすることから，企業の売上げや設備投資が減少し，物価は下がりやすくなる。

市役所・平29

06 コスト・プッシュ・インフレーションの説明である。ディマンド・プル・インフレーションとは，需要が供給を超過することで生じる物価上昇のことである。

07 ハイパー・インフレーションの説明である。クリーピング・インフレーションとは，年率1〜4％で慢性的に継続するインフレーションのことである。

08 スタグフレーションとは，語源が stagnation（不況）と inflation（物価上昇）であることから明らかなように，不況・景気停滞と継続的な物価上昇が併存する状態を意味する。日本は1970年代前半の第1次オイルショック期にスタグフレーションに陥ったことがある。

09 正しい。名目賃金を W，物価指数を P とすると，実質賃金は (W/P) と表される。これを変化分の式にすると，「実質賃金の上昇率＝名目賃金の上昇率－インフレ率」と書き表すことができる。

10 後半の記述が誤り。インフレ期待が発生すると，人々は，物価が上昇する前に消費（購入）しようと消費を前倒しするため（消費税率引上げ前の駆け込み需要など），企業の売上げや設備投資が増加し，物価は上がりやすくなる。

⑦ 国際経済学

01
☐☐☐

イギリスの経済学者リカードは,比較優位のある生産物に特化して,他財は貿易によって手に入れたほうが,双方の国にとって利益になるという比較生産費説を示した。
地方上級・平21

02
☐☐☐

ドイツの経済学者リストは,途上国もやがては工業国に発展する可能性を秘めているため,自由貿易により発展の芽を伸ばす必要があるとし,保護貿易を行う必要はないと主張した。
地方上級・平21

03
☐☐☐

国際収支は,一国の一定期間における対外経済取引の収支を示したものであり,経常収支,資本移転等収支,金融収支に大別され,統計上の誤差を調整する誤差脱漏も国際収支に含まれる。
地方上級・平30

04
☐☐☐

経常収支は,財,サービスの国際取引を示す「貿易・サービス収支」,政府援助や国際機関への分担金などの「第一次所得収支」,国際間の雇用者報酬と利子・配当金などの投資収益を示す「第二次所得収支」からなる。
地方上級・平30

05
☐☐☐

国際収支は,金融収支において,対外資産の増加がプラスに,対外負債の増加がマイナスに計上され,理論上,「金融収支十資本移転等収支一経常収支十誤差脱漏＝０」となる。
地方上級・平30

解　説

01 正しい。リカードは，イギリスとポルトガルの間での羅紗(クロス)とワインの交換を例に，**労働生産性の相違**が**比較優位構造**をもたらすことを説明した。

02 歴史学派の経済学者である**リスト**は，国内産業の保護・育成を目的に，保護貿易(**幼稚産業保護論**)を主張した。自由貿易を主張したのはリカードをはじめとするイギリス古典派経済学者である。

03 正しい。理論上，**国際収支**は長期的には均衡(要するにゼロ)になる。なお，**資本移転等収支**とは，日本政府が相手国に対して行うインフラ整備の援助等，対価の受領を伴わない固定資産の提供を表し，**金融収支**とは，金融資産にかかる居住者と非居住者間の債権・債務の取引状況を表す。

04 第一次所得収支と第二次所得収支の説明が逆である。かつては，わが国の経常収支黒字の多くは「貿易・サービス収支」が占めていたが，現在，わが国の**経常収支黒字**のほぼすべてが第一次所得収支によるものである。

05 **金融収支**は，対外金融資産負債の増減に着目するため，対外負債の増加はプラスに計上される。また，理論上，国際収支は「**経常収支＋資本移転等収支－金融収支＋誤差脱漏＝0**」となる。

国際収支は，かつては「経常収支＋資本収支＋外貨準備増減＋誤差脱漏＝0」で表され，古い過去問はこの古い定義式に基づいているよ。

06

外国通貨と自国通貨の交換比率のことを**外国為替相場**，銀行間で外貨取引を行う市場を**外国為替市場**という。外国為替相場は米国と各国の中央銀行間で決定されており，基軸通貨である米ドルと各国の通貨との交換比率が「1ドル＝100円」のように表される。

国家一般職・平28

07

円相場が上昇すれば，輸出品の外貨での価格が上昇して輸出が減る一方，輸入品の円での価格は安くなって輸入が増える。その結果，国内物価には引き上げの作用が働く。

警察官・平24

08

円高のとき，短期的に業績が上昇するのは，価格の上昇が製品数量の減少より遅いためである。

市役所・平20

09

変動相場制度で為替レートが円高ドル安になると，わが国の国内物価は安定・下落の方向に向かう。

警察官・平21

10

円安が進行すると，製品価格や資産の評価額に影響を与える。例えば，燃料や食料品の輸入品価格の変化を通じて日本の消費者物価は下落する。

地方上級・平28改

06 <u>外国為替市場</u>で行われる取引には，個人や企業が金融機関と行う取引（対顧客取引）と金融機関同士が直接または外為ブローカーを通じて行う取引（<u>インターバンク取引</u>）がある。また，<u>外国為替相場</u>は，外国為替市場での需要と供給のバランスによって決まるものであり，アメリカと各国の中央銀行間で決定されるものではない。

07 後半が誤り。一般に，自国通貨が**増価**すると，国内での自国財価格は変化せず，輸入財価格の低下が生じるため，国内物価には**引き下げ**作用が働く。

08 円高のとき，短期的に業績が上昇するのは，価格の上昇が製品数量の減少より早いためである。**為替レート**が変化すると輸出入財価格は直ちに変わるが，それが輸出入数量に影響を与えるまでにはラグが存在する。それゆえ，短期的には円高により貿易収支の黒字が拡大する（**Jカーブ効果**）。

09 正しい。**為替レート**が**円高ドル安**になると，わが国において**輸入財価格**は下落する。一方，**輸出財価格**については海外販売分は上昇する一方，国内販売分は不変である。ゆえに，国内物価は安定・下落の方向に向かう。

10 1ドル＝100円から120円のように為替レートが変化することを円安という。このとき，1ドルの外国製品の<u>円建て価格</u>が100円から120円に上昇することから，日本の消費者物価は上昇する。

8 財政の役割

▶財政の3機能

□【**資源配分機能**】…資源配分の効率性の確保（市場の失敗の是正）。

《**公共財**の供給》…国防，外交等の公共財は**非競合性**と**排除不可能性**を有するため，民間企業では供給が困難である。このようなサービスは，租税を財源として政府が供給する必要がある。

→□【**非競合性**】…ある人が消費しても他の人もその財を消費できる。

→□【**排除不可能性**】…対価を支払わない人を消費から排除できない。

《**価値財**の供給》…政府が積極的な価値を認める財については，政府が強制的に一定の消費量を確保する必要がある（例：政府による義務教育，学校給食等）。

《**外部性**への対処》…外部経済や外部不経済により，社会的便益や損失が市場価格に反映されないときは，過剰生産や過少生産などの非効率が生じる。このため，政府は課税や補助金（**ピグー的政策**）により，最適生産を実現させる。

《**費用逓減産業に対する規制**》…電力，水道などの費用逓減産業においては，自然独占が発生し，非効率が生じる。このため，政府は価格規制などを通じて，効率性を確保する。

□【**所得再分配機能**】…所得分配の公平性の確保。

《**最低生活水準の保障**》…憲法25条で保障された**生存権**に基づき最低限の生活水準を保障することは，国家の責務である。具体的には，**生活保護制度**が挙げられる。

《**過大な所得格差の是正**》…過大な所得格差が生じている社会は不安定である。このため，税制（累進課税）や社会保障制度を通じて所得格差の是正が行われる。

所得格差を表す指標としてジニ係数が挙げられます。所得格差が大きくなるほど，ジニ係数の値も上昇します。

□【**経済安定化機能**】…雇用の確保と物価の安定化。

→□**【裁量的財政政策（フィスカル・ポリシー）】**…好況期には景気の過熱を抑えるため，政府支出の縮小または増税を行い，不況期には景気の落込みを防ぐため，政府支出の拡大または減税を行う。

→□**【経済の自動安定化機能（ビルト・イン・スタビライザー）】**…累進所得税制度，失業保険制度などを設けることにより，自動的に景気変動を安定化させる。

▶**予算**

《予算の種類》…国の予算には，①**一般会計予算**，②**特別会計予算**，③**政府関係機関予算**の3つが存在し，いずれも**国会の議決**の対象である。相互に繰入れを行っているため，一国全体の予算規模は，重複分を差し引いた合計額である**純計**でみる。

□①**【一般会計予算】**…2019年度以降当初予算で100兆円超の規模。歳入全体に占める「租税及び印紙収入」は約6割程度（2019年度）。残りは公債金収入。歳出では，社会保障関係費が年々増加。

□②**【特別会計予算】**…国が特定の事業を行う場合，特定の資金を保有してその運用を行う場合，その他特定の歳入を以て特定の歳出に充て一般の歳入歳出と区分して経理する必要がある場合に限り設ける。
⇒特別会計の規模は，一般会計予算の約4倍と圧倒的に大きい。

□③**【政府関係機関予算】**…政府関係機関とは特別の法律により設立された法人であり，**資本金の全額**が国の出資である機関。

《予算の内容》…一般会計予算，特別会計予算，政府関係機関予算のそれぞれが下記の5つから構成。

□①**【予算総則】**…予算に関する総括的な事項のほか，公債発行の限度額などを明記。

□②**【歳入歳出予算】**…予算の本体。

□③**【継続費】**…工事，製造その他の事業で，完成に数会計年度を要するものについて，経費の総額及び毎年度の支出見込額を定め，あらかじめ**国会の議決**を経て，**5か年度以内**にわたり支出をするもの。**予算の単年度主義**の例外であり，特に必要な場合に限定して認められる。

→□【予算の単年度主義】…予算は，毎会計年度これを作成し，国会の議決を受けなければならない。

□④【繰越明許費】…歳出予算の経費のうち，その性質上または予算成立後の事由により会計年度内に支出が終わらない見込みがある場合，予め国会の議決を経て，翌会計年度に繰り越して使用する経費。

→□【会計年度独立の原則】…各会計年度の支出は，当該年度の収入によって賄わなければならない。繰越明許費はその例外の1つ。

□⑤【国庫債務負担行為】…事業，工事等の発注契約の締結は初年度に必ず行い，債務負担額の限度額等につきあらかじめ国会の議決を経て，事業等の進捗度合いに応じて，翌年度以降に全部または一部の支出をするもの。対象は特に限定されず年限の制約もない。

国庫債務負担行為は継続費と異なり，翌年度以降の支出権限は，当該年度の歳入歳出予算により付与される。

→継続費：**債務負担権限＋支出権限**　国庫債務負担行為：**債務負担権限**

▶暫定予算と補正予算

□【暫定予算】…何らかの理由で年度開始までに本予算が成立しない場合，成立するまでの必要な経費支出のために策定される予算。暫定予算も**国会の議決**を必要とし，本予算が成立すれば失効し，本予算に吸収される。

□【補正予算】…本予算の執行過程において，天災地変や経済情勢の変化等により，当初の予算どおりの執行が不可能ないし不適当な場合に，本予算の内容を変更するか，新たに予算を追加する場合がある。この予算を「補正予算」という。補正予算も**国会の議決**を必要とし，1会計年度に**2回以上編成**することも可能である。事実上，毎年度編成されている。

▶財政投融資

□【財政投融資】…国債の一種である**財投債**の発行などにより調達した資金等を用いて，民間金融では困難な長期資金の供給や，大規模・超長期のプロジェクトなどの実施を可能とする投融資活動。

□【財政投融資改革】…特殊法人等の肥大化・非効率化が大きな問題となり，2001年度より，新たな財政投融資制度を適用。

①郵便貯金・年金積立金の**預託義務の廃止**。

②財投機関の資金調達方法の改革。

> □財投機関である特殊法人等は，原則として自ら債券（**財投機関債**）を発行して調達。
>
> □直ちに財投機関債を発行することが困難な機関については，個別に

厳しい審査を経た上で，**政府保証債**(※)を発行することを限定的に認める。

□財投機関債や政府保証債を発行することが困難な機関については，政府が**財投債**の発行により調達した資金から融資。

※政策金融機関・独立行政法人等が公募するものの，政府が債務保証を行う債券

→財政投融資計画残高はピーク時(2000年度末：417.8兆円)の3分の1程度の水準にまで減少。

9 税と国債

▶**租税体系**…国が徴収する税金を**国税**，都道府県または市町村が徴収する税金を**地方税**という。また，課税ベース(課税対象)により租税を分類することもできる。

■主な租税の種類

	国	都道府県	市町村
所得	□所得税　□法人税 □復興特別所得税	□道府県民税 □法人／個人事業税	□市町村民税
消費	□消費税　□酒税 □たばこ税 □石油ガス税 □自動車重量税　□関税	□地方消費税 □道府県たばこ税 □自動車税	□市町村たばこ税 □入湯税 □軽自動車税
資産	□相続税・贈与税 □地価税(停止中)	□不動産取得税	□固定資産税 □都市計画税

この他，法律上の納税義務者と税負担者が一致する直接税と，両者が異なる間接税に分類される。

□【**直接税**】…所得税，法人税，相続税など。

□【**間接税**】…消費税，酒税，たばこ税など。

▶**国際比較から見たわが国の租税の特徴**

①**低い負担率**(租税負担率，国民負担率，潜在的国民負担率)。

→□【**国民負担率**】…租税負担率＋社会保障負担率

→□【**潜在的国民負担率**】…国民負担率＋財政赤字対 GDP 比

②**消費課税**の割合が低い。

③税収全体に占める**法人所得課税(国税＋地方税)**の割合が大きい。

	直接税の特徴	間接税の特徴
水平的公平	業種ごとに所得の把握率に格差が生じるため, 水平的公平は満たされない。	同じ消費額であれば同じ税負担となり, 水平的公平に優れている。
垂直的公平	所得控除など各個人の状況に応じたきめ細かな配慮が可能であり, 垂直的公平に優れている。	各個人の状況に応じた配慮が困難であり, 垂直的公平は満たされない。
税収の安定性	景気変動に応じて税収が変化しやすく, 不安定である。	景気変動の影響を受けにくく, 安定している。

▶国債（公債）制度

《国債の種類》

□**【普通国債】**… 国の収入となり国の経費を賄う。**建設国債**, **特例国債**, **復興債**及び**借換債**がある。将来の課税が償還財源。

□**【財政投融資特別会計国債（財投債）】**…財政投融資の財源として発行。償還や利払いは貸付先（財投機関）からの貸付回収金により行われるため, 普通国債とは区別され, 国及び地方の長期債務残高にも含まれない。

□**【政府短期証券】**… 国庫の日々の資金繰りを賄う。

■わが国の国債発行総額（単位：億円）

発行区分	2020年度（補正後）	2020年度（当初）
新規国債（建設・特例国債）	901,589	325,562
復興債	9,241	9,241
財投債	542,000	120,000
借換債	1,079,818	1,079,818
国債発行総額	2,532,648	1,534,621

《借換債と乗換え》

□**【借換債】**…国債の満期が到来しても, 財源不足により償還できない場合に, 償還財源を調達する目的で発行される国債。

□**【乗換え】**…日本銀行（日銀）による借換債の引受けのこと。

《国債発行の原則》

□**【建設国債の原則】**…公共事業等に限って公債発行を認める。財政法上, 建設国債以外の発行は禁止（**財政法4条**）。歳入不足が見込まれる場合は, 単年度立法に基づき**特例国債（赤字国債）**を発行。

□**【市中消化の原則】**…中央銀行引受けによる国債発行は禁止（**財政法5条**）。例外として, **乗換え**及び**政府短期証券**があるが, 発行額は国会の議決を

要する。

《国債の償還》

□【定率繰入れ】…60年間で全額を償還できるよう，前年度期首の国債発行残高の60分の1を繰入れ（**60年償還ルール**）。

 60年償還ルールの根拠は，国債発行の対象となる資産の平均的な効用発揮年数がおおむね60年であることにあります。

□【剰余金繰入れ】…一般会計決算剰余金の2分の1を下らない額の繰入れ。

□【予算繰入れ】…必要に応じて予算措置により繰り入れる。

▶公債負担をめぐる議論

ラーナー（新正統派）の公債論

【負担の定義】…「国全体の利用可能な資源（国富）の減少」

【将来世代への負担の転嫁】…内国債は将来世代への負担の転嫁は生じないが，外国債は償還時に利用可能な資源が減少するため，負担の転嫁が生じる。

ブキャナンの公債論

【負担の定義】…「取引の強制性」

【将来世代への負担の転嫁】…公債購入は個人の任意であるが，課税は強制的であるから，課税により公債償還を賄う将来世代への負担の転嫁が生じる。

モディリアーニの公債論

【負担の定義】…「生産力の低下（資本蓄積の減少）」

【将来世代への負担の転嫁】…公債は，課税に比べて民間の資本蓄積を減少させ，将来の生産力を低下させるため，将来世代への負担の転嫁が生じる。

ボーエン・デービス・コップの公債論

【負担の定義】…「総消費量（生涯消費量）の減少」

【将来世代への負担の転嫁】…将来世代のうち，公債を保有していない人は，課税の分だけ総消費量が減少するため，将来世代への負担の転嫁が生じる。

リカード・バローの中立命題

【負担の定義】…生涯消費の減少

【将来世代への負担の転嫁】

□【リカードの中立命題】…公債発行時の世代は，将来の増税に備えて自主的に貯蓄するため，租税の場合と比べて消費は増加しない。したがって，課税と公債発行は経済的効果の面では同じ（等価）。

□【バローの中立命題】…公債償還が世代を超えて行われる場合，公債発行時の世代は，将来世代の負担を予想して貯蓄を増やし，遺産をのこす。したがって，将来世代への負担の転嫁は生じない。

《高度成長期以降のわが国の財政の歩み》

> **昭和40年不況**により，補正予算で**歳入補填債**発行が盛り込まれる。
>
> ⇒翌年度より**建設公債**を発行。
>
> ⇒**均衡予算主義**の放棄。
>
> ⇒第一次石油危機後，**赤字公債（特例公債）** の発行増加。
>
> ⇒財政再建とバブル景気の結果,1990年度特例公債の発行ゼロ実現。
>
> ⇒バブル経済崩壊。
>
> ⇒主要先進国中最悪の財政状況へ。

□【**プライマリーバランス（基礎的財政収支）**】…「**公債金収入（新規の公債発行額）＝債務償還費＋利払費**」という関係式が成立する状況をプライマリーバランスの均衡といい,このとき,公債残高は利払費分だけ増加する。

　→「名目 GDP 成長率＝名目金利」ならば公債残高の対 GDP 比は一定。

　→「名目 GDP 成長率＞名目金利」ならば公債残高の対 GDP 比は低下。

10 地方財政

 地方財政の出題頻度は低いですが，面接，教養論文も考慮すると，地方公務員を目指す方には必須の内容です。

▶**地方財政計画**…**地方交付税法**7 条の規定に基づき，内閣によって毎年度国会に提出される地方公共団体全体の普通会計の歳入歳出額の見積り。規模に関して，かつては，国の一般会計をやや上回る傾向にあったが，2009年度以降は国の一般会計のほうが上回っている（2019年度地方財政計画：約89.6兆円…前年度比＋3.1％）。

▶**地方税**…地方公共団体が，その財源を調達するために，行政区域内の住民や企業から強制的に徴収する租税。地方の歳入のうち，地方税の割合は**4 割強**程度（2019年度：44.8％）。

□【**都道府県税**】…**事業税**，**道府県民税**，**地方消費税**，自動車税，軽油引取税，不動産取得税，道府県たばこ税など

□【**市町村税**】…**固定資産税**，**市町村民税**，**都市計画税**，市町村たばこ税，入湯税，事業所税など

▶**国から地方への主な財政移転**

□【**地方交付税**】…すべての地方公共団体の行政が滞らないように財源を保

障する機能(**財源保障機能**)と,地方相互間の財源過不足の調整を行い,均てん化を図る機能(**財源調整機能**)を有する,使途制限のない一般財源であり,財政力の弱い団体ほど地方交付税の比重が大きくなる。

→□【交付税の財源(交付税率)】…「所得税及び法人税の**33.1%**」,「酒税の**50%**」,「消費税の**19.5%(2020年度)**」,「地方法人税の**全額**」と,別途法定された各年度の加算額との合計額。

→□【普通交付税の算定方法】…「普通交付税額≒財源不足額=基準財政需要額−基準財政収入額」。基準財政需要額<基準財政収入額のときは不交付団体となる。都道府県レベルでの不交付団体は**東京都**のみ。

□【国庫支出金】…地方の特定の事業に対して交付される補助金等。使途の限定された特定財源に区分される。

▶**地方債**…かつては許可制(都道府県・指定都市が発行する場合は総務大臣,市町村が発行する場合は都道府県知事の許可が必要)。

⇒2006年度:許可制が廃止され,総務省との**事前協議制**へ移行(原則として国の同意がなくとも,議会に報告することで,起債が可能)。

⇒2012年度:**事前届出制**の導入(民間等資金債の起債に係る協議は不要。ただし,**実質公債費比率**が**18%以上**の団体等については,総務大臣等の許可が必要)。

⇒2016年度:公的資金の一部にも事前届出制度が導入。

 起債条件の変遷については,しっかり理解しておきましょう。

▶**地方分権一括法(2000年施行)**…**法定外普通税**(地方自治体が条例で独自に定める税)について,許可制度から同意を要する**協議制度**に変更。さらに,**法定外目的税**も創設。

□【機関委任事務の廃止】…かつて機関委任事務とされていた事務の大半は**自治事務**及び**法定受託事務**に再編。

→□【法定受託事務】…国が直接執行すべきであるが,事務処理の効率化の観点から地方が受託して行うもの。

→□【自治事務】…上記以外の事務。

01
同時に多数の人が利用できるとともに対価を支払わない人を利用から排除することが困難な財は公共財と呼ばれ，財政は，その供給を通じて，資源配分の機能を担っている。
地方上級・平20

02
財政の役割の1つである経済の安定化の機能には，財政制度に組み込まれているビルト・イン・スタビライザーがある。これは，不景気のときには減税や国債の発行により公共事業を増やして総需要を拡大させ，景気が過熱気味のときには増税や財政支出の削減により経済を安定させる制度をあらかじめ組み入れることによって，財政が自動的に景気を調整する機能である。
国家一般職・平29

03
財政政策の持つ資源配分機能の例として，外部性の是正がある。例えば，企業の生産活動において，企業自らが負担する費用が，他の経済主体も含めた社会全体の負担する費用を下回る場合には補助金が支給される。
市役所・平29

04
財政とは，国が単独で行う経済活動をいい，その機能には，資源配分，所得再分配，景気調整，金融調節，為替介入の5つがある。例えば，景気を立て直そうとする場合に，景気調整と資源配分を組み合わせた財政政策が行われるが，これをポリシー・ミックスという。
国家一般職・平29

解　説

01 正しい。ちなみに，「同時に多数の人が利用できる」という性質を消費の**非競合性**，「対価を支払わない人を利用から排除することが困難」という性質を消費の**排除不可能性**という。

02 **ビルト・イン・スタビライザー**は，累進課税制度や社会保障制度のような，制度があらかじめ組み込まれていることにより経済安定化機能を持つものであり，後半の記述はフィスカル・ポリシー（裁量的財政政策）の内容である。ただし，**フィスカル・ポリシー**は「あらかじめ組み入れる」ものではない。

03 企業の生産活動において，企業自らが負担する費用が他の経済主体も含めた社会全体の負担する費用を下回る，すなわち，**外部不経済**が存在するとき，当該企業に対して，補助金支給ではなく租税（**ピグー税**）を課すことで外部不経済を内部化するのが一般的である。

04 財政とは政府の経済活動の収支のことであり，国が単独で行う経済活動に限定されていない。財政の機能には，**資源配分**，**所得再分配**および**経済安定化**（景気調整）の3つがある。ポリシー・ミックスとは，複数の機能を組み合わせた政策ではなく，複数の政策（例えば財政政策と金融緩和政策）を組み合わせて実施することである。

05 国民全員が基本的な教育を受けることは，教育を受けた本人だけでなく社会全体に便益をもたらすことになるので，義務教育は資源配分機能を持つ。また，義務教育制度は，所得を将来得る機会を平等にする役割を持つため，所得再分配機能を持つ。

市役所・平29

06 所得再分配政策を実施する根拠の１つとして，例えば所得１万円の便益は，所得が少ない人よりも所得が多い人のほうが大きいことが挙げられる。

地方上級・平30

 07 所得再分配機能とは，資本主義経済では所得格差が発生するため，税制度や社会保障制度を通じて所得の均一化を図ることをいう。例えば，所得の多い人ほど一般に消費性向が高く，消費税による税負担の割合が重くなるという累進課税がこの機能の１つである。

国家一般職・平29

08 公的扶助の方法として現金給付と現物給付があるが，現金給付が不正受給を防止しやすいのに対して，現物給付は行政費用が低い。

地方上級・平30

 09 景気が悪化した際には，裁量的な財政政策により，景気の安定化が図られる。人々が所得の増加分を貯蓄に回す割合が高ければ，財政支出の増加や減税による景気刺激策効果は大きくなる。

市役所・平29

05 正しい。なお，義務教育や学校給食のような財を，価値財（メリット財）という。価値財とは，民間でも提供することは可能であるものの，消費者の選好とは別の判断基準から，政府が供給するのが望ましいと判断されるような財・サービスのことを指す。

06 逆である。一般に，所得1万円の便益は高所得者よりも低所得者のほうが大きい。このとき，高所得者から低所得者へ1万円を移転させると，高所得者の便益の減少分より低所得者の便益の増加分のほうが大きいので，社会全体の便益は大きくなる。よって，所得再分配政策は正当化される。

07 後半の累進課税の説明が誤り。一般に，所得が多い人ほど消費性向（所得に対して消費の占める割合）は低く，消費税による税負担の割合は軽くなる（逆進性）。なお，累進課税が所得再分配機能の1つという記述自体は正しい。

08 現金給付の場合，公的扶助の目的外に利用されることもありうるので，現金給付が現物給付より不正受給を防止しやすいとはいえない。一方，現物給付の場合，行政が給付する現物を用意したり，管理したりするための費用がかかるので，現物給付にかかる行政費用が現金給付にかかる行政費用より低いとはいえない。

09 所得の増加分を貯蓄に回す割合が高まると，一般に，所得の増加分を消費に回す割合，すなわち限界消費性向が低くなり，政府支出乗数は小さくなる。よって，一般に，財政支出の増加や減税による景気刺激策効果は小さくなる。

10 租税負担には**応能負担**と**応益負担**の考え方があるが，所得再分配政策の財源としては応益負担のほうが応能負担より優れている。
地方上級・平30

11 財政には，制度上，景気を自動的に安定させる機能がある。所得再分配機能が高い累進的な所得税は，消費税に比べて**景気安定化機能**が低い。
市役所・平29

12 **公共投資**の社会資本整備に，民間の資金やノウハウを活用する取組や公共投資の**費用対効果**を評価する取組は，景気安定化機能よりも資源配分機能を果たすことを目指す施策である。
市役所・平29

13 **自動安定化装置（ビルト・イン・スタビライザー）**とは，自動的に税収が増減したり，社会保障費が増減したりする機能である。例えば，景気の拡大期には，所得の増加に伴って個人消費が伸び，消費税による税収が増えることで積極的な財政政策を行わせ，景気を更に拡大させる。
国家一般職・平29

14 **裁量的財政政策（フィスカル・ポリシー）**とは，政府が公共支出や課税の増減を行うことで，有効需要を適切に保ち，景気循環の振幅を小さくして経済を安定させる政策である。例えば，不景気のときには，減税をしたり国債の発行によって公共事業を増やしたりする。
国家一般職・平29

10 応能負担とは各自の担税力に応じてその負担額を決定するという考え方であり、**応益負担**とは各自が受けたサービスの内容に応じて対価を支払うという考え方である。所得再分配政策の財源としては、応能負担のほうが応益負担より優れている。

11 所得再分配機能が高い累進的な所得税の下では、好景気(不景気)になり所得が増える(減る)と租税が増えて(減って)可処分所得の増加(減少)が抑制されることになるので、消費税に比べて**景気安定化機能**は高い。

12 正しい。**資源配分機能**とは、政府が道路、港湾、治山治水施設のような社会資本や、司法、国防(防衛)、消防、警察(治安維持)のような公共サービスなどの**公共財**を提供する役割のことを指す。

13 後半の記述が誤り。**自動安定化装置(ビルト・イン・スタビライザー)**とは、景気の拡大期には、所得の増加に伴って所得税税収が増えたり、消費税税収が増えたりして、個人消費などの総需要の伸びを抑制し、景気の過熱を抑制する機能である。

14 正しい。**裁量的財政政策(フィスカル・ポリシー)**は自動安定化装置(ビルト・イン・スタビライザー)とともに経済安定化機能を果たすために実施される。

15 1月1日から同年の12月31日までを一会計年度とし，その間の政府の収入と支出の活動のことを財政という。

警視庁・平29

---

 16 会計検査院が検査報告を内閣に行った後，内閣はそれと決算を国会に提出して，国会で審議を受ける。

市役所・平21

---

17 一般会計は，政府の一般行政にかかわる財政活動のための予算であり，その歳入は，主に租税，公債金収入によっている。また，一般会計の歳出のうち，国債費と地方交付税交付金等を差し引いた分が，政策的経費といわれる一般歳出であり，社会保障関係費，公共事業関係費などからなっている。

国税専門官・平23

---

18 特別会計は，特定の事業を行ったり，特定の資金を運用，管理するためのものであり，その規模は一般会計の約2割に相当し，第二の予算とも呼ばれている。特別会計の剰余金は，財政法により，翌年度の特別会計へ繰り入れること及び一般会計へ繰り入れることが禁止されている。

国税専門官・平23

15 会計年度とは，予算の収入と支出の対応関係を明らかにするために設けられた期間をいい，通常は1年間をもってその期間としている。また，会計年度は国ごとに異なり，日本の会計年度は4月1日から翌年の3月31日までである。

16 正しい。なお，決算に関して，一会計年度の予算の執行が完結した後，各省各庁の長は，**決算報告書**を作成し，翌年度の7月31日までに**財務大臣**に提出することが義務付けられている。

17 正しい。なお，一般会計当初予算には，この他「**基礎的財政収支（プライマリーバランス）対象経費**」という歳出項目があるが，これは，一般会計予算の歳出のうち，国債費以外の歳出部分に相当する。

18 **特別会計**は，国が特定の事業を営む場合，あるいは特定の資金を保有してその運用を行う場合，その他特定の歳入をもって特定の歳出に充て一般の歳入歳出と区分して経理する必要がある場合に限り法律をもって設けることができる会計である。その予算規模は一般会計予算よりもはるかに大きい。また，「第二の予算」と呼ばれているのは**財政投融資**である。

特別会計の剰余金は，翌年度の特別会計の歳入や一般会計の歳入に繰り入れることができるよ。

19
☐☐☐

わが国の予算は，一般行政に伴う財政活動の予算である一般会計と，政府関係機関や地方公共団体に対し，政策的な投融資のみを行うための予算である特別会計からなる。

地方上級・平20

20
☐☐☐

予算単年度主義とは，ある年の歳出はその年の歳入から賄わなければならないという，健全財政のための原則である。

市役所・平21

21
☐☐☐

繰越明許費とは，複数年に及ぶ事業に関し，その内容を記載し，国会へ提出して議決を得ることにより，支出が許されるものである。

市役所・平21

22
☐☐☐

年度途中で，本予算に追加や変更を行わざるを得ない場合に，国会の議決を経て修正された予算を暫定予算という。

警視庁・平29

23
☐☐☐

財政投融資は，郵便貯金や年金積立金により市場から集められた資金が，財務省を通して社会資本や生活環境の整備などに使われるものである。1997年に成立した財政構造改革法により，安定的な資金運用のため，これらの積立金における一定の割合の金額は，日本銀行に預託することが義務付けられた。

国税専門官・平23

19 <u>一般会計</u>は国の一般歳入歳出を整理する会計，<u>特別</u><u>会計</u>は国が特定の事業を営む場合，あるいは特定の資金を保有してその運用を行う場合，その他特定の歳入をもって特定の歳出に充て一般の歳入歳出と区分して経理する必要がある場合に限り，法律をもって設けることができる会計である。国の予算はこれらと<u>政府関係機関予算</u>から構成される。

20 会計年度独立の原則の内容である。<u>予算単年度主義</u>とは，予算は毎年作成しなければならないというものである。

21 <u>繰越明許費</u>とは，歳出予算のうち，その性質上または予算成立後の事由により年度内にその支出が終わらない見込みのあるものについて，あらかじめ<u>国会の議決</u>を経て，翌年度に繰り越して使用することができることとするものである。

22 <u>暫定予算</u>とは，何らかの理由で会計年度開始までに国会の議決が得られず本予算が成立しない場合に，本予算が成立するまでの間の必要な経費の支出のために編成される予算のことである。

23 <u>財政投融資</u>とは，国の信用に基づいて調達した有償資金を財源として，民間金融では困難な大規模・超長期プロジェクトの実施を可能とするための投融資活動である。2001年度の<u>財政投融資改革</u>により，郵便貯金や年金積立金の<u>預託義務</u>は<u>廃止</u>されている。

⑨ 税と国債

 01

租税負担額の国民所得に対する比率を<u>国民負担率</u>と呼び，租税負担額と社会保障負担額(公的年金や公的医療保険にかかる支払保険料)の合計の国民所得に対する比率を「<u>潜在的な国民負担率</u>」と呼ぶ。

国家専門職・平28

 02

わが国の税制は，第二次世界大戦前は<u>直接税中心</u>の税制であったが，戦後，高い累進税率が勤労意欲の妨げになる等の弊害が指摘され，<u>シャウプ勧告</u>により間接税中心の税制に改められた。 **地方上級・平20**

 03

累進的な課税制度では，年によって所得が変化する人と，所得が変化しない人では，生涯所得が同じでも，生涯を通じた税負担額に差が生ずる。 **地方上級・平30**

04

消費税は，納税義務者が企業，租税負担者が消費者の間接税である。しかし，価格の上昇によって消費量が減少する財については，租税負担を消費者に完全に転嫁できないので，納税義務者である企業も消費税の一部を負担する。 **地方上級・平29**

 05

<u>消費税</u>は間接税に分類され，消費税収は国税の間接税収入の大半を占める。消費税導入により国税収入に占める間接税収入の割合は上昇しており，近年の国の一般会計当初予算における間接税収入は直接税収入を上回った。 **地方上級・平29改**

01

租税負担額の国民所得に対する比率は**租税負担率**であり，租税負担額と社会保障負担額の合計の国民所得に対する比率が**国民負担率**である。また，「**潜在的な国民負担率**」は，国民負担に財政赤字を加えたものである。

02

わが国の税制は，第二次世界大戦前は酒税をはじめとする**間接税**中心の税制であったが，戦後，**シャウプ勧告**により直接税中心の税制に改められた。シャウプ税制勧告の理念は，恒久的，安定的な税制を確立し，**直接税**を中心に据えた税制を構築することであった。また，高い累進税率が勤労意欲の妨げになるとされているのは，所得税（直接税）である。

03

正しい。累進的な課税制度では，一度に多額の所得を得る人はその年において高い税率が適用されることから，**生涯所得**が同じでも，所得が変動しない人に比べて，生涯を通じた税負担額が大きくなる。

04

正しい。価格の上昇に伴う消費者と企業の税の負担割合は，需要と供給の**価格弾力性**の大きさに依存する。価格弾力性が大きいとは，価格変化に対して消費者あるいは企業が敏感に反応することを意味することから，価格弾力性が大きい経済主体ほど，課税の負担割合は小さくなる。

05

近年，**消費税率**引上げに伴い消費税収が国税の間接税収入の大半を占めるだけでなく，国税収入に占める間接税収入の割合が上昇していることは正しい。しかし，消費税率が10％である2020年度当初予算でみても，**間接税**収入は44.5％であり，依然，**直接税**収入のほうが大きい。

06
☐☐☐
日本では財政健全化が課題となっており，消費税率引上げの際に，税率引上げによる消費量の減少が大きいとされるぜいたく品に対しては軽減税率を適用すべきであるという考え方がある。 地方上級・平29

07
☐☐☐
日本の消費税に相当する付加価値税の標準税率を国際比較すると，スウェーデンなどの北欧諸国やフランス，ドイツは8～10％であり，日本の消費税率と同程度の水準となっている。 地方上級・平29

08 よく出る
☐☐☐
基礎的財政収支（プライマリーバランス）とは，歳入・歳出に，国債の発行による収入や国債費による支出を加えた収支をいう。政府はこれを黒字化するため，消費税率の引上げなどの税制改革も行っている。消費税率10％への引上げは，世界経済の不透明感などを考慮して2度延期され，2019年より実施されたが，消費税の軽減税率制度は2016年より前倒しして導入されている。 国家Ⅱ種・平23改

09
☐☐☐
国債発行は増税に比べて安易にできるが，さまざまな政策に必要な予算を確保しづらい。 地方上級・平25

10 よく出る
☐☐☐
国債の発行は財政法で原則禁止されているが，公共事業費及び国債償還費の財源に充てるため，国は特例法を制定し2001年度以降赤字国債を発行している。 地方上級・平21

06 後半の記述が誤り。日本で財政健全化が課題になっていることは正しい。消費税は逆進性を持つことから，**必需品**(税率が引き上げられても消費量の減少が小さい財)に対して**軽減税率**を適用すべきであるという考え方がある。

---

07 各国の**付加価値税**の標準税率を見ると，スウェーデンは25%，フランスは20%，ドイツは19%(2020年)となっており，いずれも日本の消費税率に比べて高い。

---

08 **基礎的財政収支(プライマリーバランス)**とは，国債発行による収入などを除く「歳入」から，国債の利払費と償還費を除く「歳出」を差し引いたものである。また，消費税率10%への引上げが2度延期されたことは正しいが，**軽減税率制度**の前倒し導入は行われていない。

---

09 国債発行が租税に比べて，政策に必要な予算を確保しづらいということはない。事実，収入の規模に関して，租税には限界がある一方，国債には**短期多収性**の特徴がある。

---

10 公共事業費，出資金及び貸付金の財源について，**国会の議決**を経た上で**建設国債**を発行することができる。さらに歳入の不足が見込まれる場合，**特例法**を制定して**特例公債(赤字国債)**を発行することができ，1994年度以降，毎年発行されている。

11 わが国が発行する公債である国債については，主として，公共事業，出資金及び貸付金の財源として発行される建設国債と，それ以外の歳出に充てられる特例国債の2つに区分され，いずれも財政法に基づき発行される。

国家専門職・平28

12 財政法上，赤字国債の発行は認められているが，建設国債の発行は原則禁止とされているため，政府は，毎年度，特例法を制定して建設国債を発行している。

地方上級・平27

13 財政法上，国債の新規発行は，公募入札方式によらず，日本銀行が引き受けることを原則としている。

地方上級・平27

14 わが国では，財政法により，社会保障費などを賄う特例国債（赤字国債）を除き，原則として国債の発行が禁止されている。わが国の歳入に占める国債発行額の割合は一貫して高まっており，政府長期債務残高は2019年度には対 GDP 比で3倍を超えた。

国家一般職・令1改

15 公債依存度とは，一般会計歳出総額のうち公債発行で賄われている割合を示すものであり，2020年度一般会計予算（第2次補正後予算）では50％台である。また，公債金の内訳をみると，特例公債のほうが建設公債を上回っている。

国家専門職・令1改

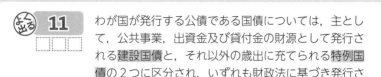

11 前半の建設国債に関する記述は正しい。**建設国債**は財政法を根拠として発行される一方，**特例国債**は単年度立法による法律（**特例法**）に基づき発行されることから後半の記述は誤り。

12 **財政法4条**では，赤字国債の発行は認めていないが，建設国債については発行が認められている。また，毎年度**特例法**を制定し発行しているのは建設国債ではなく**特例国債**である。

13 **財政法5条**では，公債の発行については日本銀行にこれを引き受けさせ，また，借入金の借入については，日本銀行からこれを借り入れてはならないと規定している。これを**市中消化の原則**という。

14 **財政法4条**では，国の歳出は公債または借入金以外の歳入をもってその財源としなければならないと規定しているが，**建設国債**については発行が認められている。また，**政府長期債務残高**は2019年度において対GDP比2倍強の水準にある。

15 正しい。新型コロナ対策により，2020年度一般会計予算における**公債依存度**は56.3％に達している。また，**公債金**の内訳をみると，**特例公債**は71.4兆円，**建設公債**は18.7兆円である。

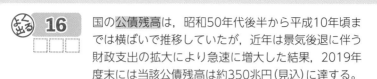

16 国の公債残高は，昭和50年代後半から平成10年頃までは横ばいで推移していたが，近年は景気後退に伴う財政支出の拡大により急速に増大した結果，2019年度末には当該公債残高は約350兆円（見込）に達する。

地方上級・平21改

17 1990年代はバブル崩壊，そして2000年代後半はリーマンショック後の不況に対し，政府が公共事業の拡大による景気対策を行ったため，最近では，建設国債残高は赤字国債残高よりもはるかに大きくなっている。

地方上級・平27改

18 国債残高の増加に伴い，国債の元利払いに充てられる経費である国債費が膨張し，他の施策に充てられるべき支出が圧迫されるという問題が生じている。

地方上級・平27

19 政府が国債を財源として支出を増やすと，家計の消費が大きく増加する。

地方上級・平25

20 プライマリーバランス（基礎的財政収支）は，国債発行額を除く税収等の歳入から，国債の利払いと償還費である国債費を除く歳出を差し引いた収支のことを意味し，財政健全化目標に用いられている指標である。

国家専門職・平28

16 国の**公債残高**は,「昭和50年代後半から平成10年頃まで」も「平成10年代」以降も一貫して増大しており, 2019年度末には898兆円程度になる見込みである。なお, 国及び地方の**長期債務残高**は1,100兆円を超える水準にある。

17 2020年度一般会計当初予算では, **建設国債**は約7.1兆円であるのに対し, **特例国債(赤字国債)**は25.4兆円を占めており, 赤字国債の発行が圧倒的に多い。この傾向はバブル崩壊の1990年代から続いており, 現在の国債残高も赤字国債のほうが圧倒的に大きい。

18 正しい。税収が増えても国債の元利払いに充てられる**国債費**が増加することで, 国債の利払いと償還費を除いた歳出(一般歳出)が圧迫されるという問題が生じている。

19 政府支出の増大は**乗数効果**を通じて家計の消費を増加させる効果を持つが, 家計が「国債の発行が将来の増税を意味する」と理解すると消費を減らす効果も存在することから, 正しいとはいえない。

20 正しい。**プライマリーバランス**が均衡しているとき, 公債金収入=(債務償還費+利払費)が成立し, 公債残高は利払費相当額だけ増加する。

現在, 政府は「新経済・財政再生計画(2018年6月策定)」に基づいて, 2025年度までに国・地方を合わせたプライマリーバランスの黒字化を財政再建目標として掲げているんだよ。

01 わが国の租税を課税ベースから分類した場合，所得課税，消費課税，資産課税等に分類できる。このうち所得課税の例としては，国税においては所得税，法人税，相続税等が挙げられ，地方税においては住民税，印紙税，酒税等が挙げられる。

国家専門職・平28

 02 地方交付税は，都道府県間の税収格差を是正し，公平な行政サービスの提供に資することを目的としている。したがって，各都道府県に配分される地方交付税は，その使途が特定の目的に限定されている。

市役所・平30

03 地方交付税は，東京都など交付されない地方公共団体もある。また，地方消費税は国税である消費税と合わせて10％となっている。

市役所・平30改

04 地方消費税は，これまで徴収総額を各都道府県数に同額ずつ配分していたが，2019年10月の消費税率引上げに伴い，この配分方法は廃止された。

市役所・平30改

解　説

01　後半の記述が誤り。<u>所得課税</u>の例としては，国税においては所得税，法人税等が挙げられ，地方税においては住民税，事業税等が挙げられる。また，相続税と印紙税は国税で<u>資産課税</u>等に分類され，酒税は国税で<u>消費課税</u>に分類される。

02　後半の記述が誤り。<u>地方交付税</u>は，その使途が特定されない一般財源であり，所得税，法人税等，国税収入の一定割合を財源としている。使途が限定されている国から配分される代表的な財源は<u>国庫支出金</u>である。

03　正しい。都道府県レベルでの不交付団体は<u>東京都</u>のみである（2019年度における市町村レベルでの<u>不交付団体</u>は85団体）。また，都道府県税である<u>地方消費税</u>は，課税消費税額の78分の22が徴収される（標準税率の場合）。すなわち，10％の消費税のうち2.2％分が地方消費税となる。

04　各都道府県に納付された地方消費税収を，各都道府県の「消費に相当する額」に応じて清算する仕組みとなっている。また，2019年10月の消費税率引上げに伴い，<u>軽減税率制度</u>が導入されたものの，地方消費税の配分方法に関する変更はなされていない。

11 日本経済

▶戦後復興期

《前期の特徴》…GHQ による経済の民主化。日本政府による傾斜生産方式。

□【**GHQ 戦後改革**】…経済の民主化・非軍事化

→□【**財閥解体**】…持株会社整理委員会(1946年), **独占禁止法**(1947年)⇒公正取引委員会設置。

過度経済力集中排除法(1947年12月公布)⇒分割対象指定は300社以上だが, 実際に分割されたのはごくわずか。

→□【**農地改革**(第1次, 第2次)】…自作農の激増⇒日本農業零細化

→□【**労働民主化**】…労働三法(労働組合法, 労働関係調整法, 労働基準法)

□【**傾斜生産方式**】…1947年, 石炭や鉄鋼など基幹産業に重点融資。

□【**復興金融金庫**】…1947年設立⇒傾斜生産方式向けに復金債発行⇒日銀引受⇒**復金インフレ**

《後期の特徴》…冷戦の激化と占領政策の変化。経済民主化から経済自立化へ。

□【**経済安定九原則**】…1948年, GHQ が財政赤字の克服と復興インフレ収束のために発した指令。均衡予算の達成, **シャウプ税制改革**など。

□【**ドッジ・ライン(緊縮財政)**】…1949年, 経済安定九原則の具体化。1ドル=360円の単一為替レートの設定。インフレは収束したが深刻な不況に(**安定恐慌**)。

□【**朝鮮戦争**】…1950〜53年。**特需景気**⇒景気回復⇒独立回復へ

□【**国際収支の天井**】…特需ブーム後の国際収支危機。原材料などの輸入が急増し, 経常収支が赤字となり, 外貨準備高が減少し, 金融引き締め策が行われ, 景気が後退。

傾斜生産方式から特需景気までの流れは, 順序を入れ替えて出題されるので気をつけましょう。

▶高度成長期…実質 GDP 成長率が年平均で約10%を上回る。

《**神武景気**》…1954〜57年。民間設備投資が景気回復の最大の牽引役に。

高度成長期における各景気の順番と特徴は押さえておきましょう。近年はバブル崩壊以降の出題頻度が高まっています。また，ブレトン・ウッズ体制→スミソニアン体制→変動相場制という通貨システムの変遷，地域経済統合および EU 経済は要注意です。

>>

「**もはや戦後ではない**」(1956年度『経済白書』)

□【関税と貿易に関する一般協定(**GATT**)加盟】…1955年。

□【**なべ底不況**】…1957年，神武景気の反動として起こるが，早期に回復。

《**岩戸景気**》…1958〜61年。

□【エネルギー革命(中東大油田開発)】…石炭産業が衰退。

□【**国民所得倍増計画**】…1960年，池田勇人内閣が策定。「10年間で国民所得を2倍にする」(年率7.2％で10年間)

□【**消費革命**】…消費者の生活様式が急激に変化すること。

□【**設備投資ブーム**】…「**投資が投資を呼ぶ**」(1960年度版・1961年度版『経済白書』)

□【**貿易自由化の推進**】…貿易自由化計画大綱(1960年)

□【**三種の神器**】…耐久消費財(**電気冷蔵庫**，**電気洗濯機**，**白黒テレビ**)が急速に普及。

□国際収支の天井により景気後退。

《**オリンピック景気**》…1962〜64年。

□【**建設投資ブーム**】…1964年のオリンピックに向けて，首都高速道路，名神高速道路，東海道新幹線などの建設が行われる。

□【**経済協力開発機構(OECD)**加盟】…経済先進国の仲間入り。

《昭和40年不況》…1964〜65年。

□【**日銀特融**】…取り付け騒ぎが起きた山一證券への無担保・無制限の特別融資が実行される。

→□【**特例国債(赤字国債)**】…1965年度の補正予算で戦後初の特例国債(赤字国債)発行。

→□【**建設国債**】…1966年度より現在まで継続して発行。

《**いざなぎ景気**》…1965〜70年。

□【**戦後最大**の景気拡大期】…実質経済成長率は平均11％台で，日本経済の黄金時代。

□国際収支の天井が解消…技術導入で国際競争力が向上し，輸出額が増大。**経常収支**が**黒字基調**へ転換。

□【3Cの普及】…「**3C**（**クーラー**，**自家用車**，**カラーテレビ**）」とよばれる耐久消費財の普及。

→1968年に国民総生産（GNP）が資本主義世界で第2位となる。

> ■高度成長の影（水俣病など四大公害病に代表される公害問題）
> ⇒1967年…**公害対策基本法**
> ⇒1968年…大気汚染防止法
> ⇒1971年…環境庁（現・環境省）設置

▶**安定成長期**…実質GDP成長率平均4〜5％

《1970年代》…ニクソン・ショックと第1次石油危機

□【**ニクソン・ショック**】…1971年8月。アメリカの新経済政策と金ドル兌換停止。

□【**スミソニアン体制**】…1971年12月。スミソニアン会議で，1ドル＝360円から308円へ切上げ。**固定相場制**へ。

□【**変動相場制**】…1973年2月。スミソニアン体制の崩壊。円高（1ドル＝308円から280円台へ）が進行。

□【第1次石油危機】…1973年12月。第4次中東戦争が勃発し，石油輸出国機構（OPEC）が原油価格を4倍に引き上げる。

→□【狂乱物価】…田中角栄内閣の「**日本列島改造計画**」による地価・物価の高騰，金融緩和による過剰流動性に加え，第1次石油危機による原油価格の高騰が重なる。

□【戦後初の**マイナス成長**】…1974年。実質GDP成長率マイナス0.5％。

□【**赤字国債の大量発行**】…1975年。不況対策のため，赤字国債（**特例国債**）大量発行（1989年まで毎年発行）。

□【第2次石油危機】…1979年。第1次に比べ日本への影響は少なかった。

《1980年代》…貿易摩擦と国際協調

□【日米通商協議開催（**自動車摩擦**）】…1980年。日米貿易摩擦の激化。

□【第2次臨時行政調査会答申】…1982年。**国鉄**，**電電公社**，**専売公社**の民営化を答申。

□【**プラザ合意**】…1985年。国際協調による**ドル高是正**。**円高不況**へ。

□【バブル経済（景気）】…1986年から発生。経常収支黒字の累積と低金利が

バブル景気の発端がプラザ合意にあることを確認しましょう。

要因。株式・土地への投機が過熱し，株価や地価が上昇（資産インフレ）。

- □【ルーブル合意】…1987年。ドル価値維持の協調政策を再確認。しかし，米国の経常収支は改善せず（1988年：１ドル＝約120円まで円高進行）。
- □【一般消費税３％】…1989年４月に導入。
- □【株価過去最高値】…1989年12月。日経平均株価38,915円。

▶バブル崩壊後

- □【バブル経済崩壊】…1991年。深刻な長期デフレ不況の時代（**平成不況**）に。公定歩合の引下げ
- □【GATT ウルグアイ・ラウンド】…1993年。**コメ**の関税化・部分開放が決定。
- □【消費税率５％へ引上げ】…1997年。駆け込み需要の反動。
  - →□【金融危機】…この頃，拓銀の経営破綻，山一證券の自主廃業等，金融機関の倒産が相次ぎ，日本経済を直撃。
- □【改正日銀法】…1998年４月。中央銀行の金融政策の独立性を確保。
- □【金融再生法・金融早期健全化法】…1998年10月。金融再生法は金融機関の破綻後の処理策，金融早期健全化法は破綻前の処理策を規定。
- □【財政構造改革法凍結】…1998年12月。景気回復を優先。
- □【ゼロ金利政策】…1999年２月導入（2000年８月解除）。無担保コール翌日物金利を実質０％に近づける。
- □【大手銀行15行に資本増強】…1999年３月。金融再生委員会，金融早期健全化法に基づき，経営危機にある金融機関15行へ資本増強。
- □【量的緩和政策】…2001年３月導入（2006年３月解除）。日銀による金融緩和政策の１つ。
- □【小泉政権誕生】…2001年4月。郵政民営化等の**構造改革**が始まる。
- □【リーマン・ショック】…2008年９月。日経平均株価，26年ぶりの安値を記録する大暴落。
- □【アベノミクス】…2012年12月。第２次安倍政権で実施された一連の経済政策。「大胆な金融政策」，「機動的な財政政策」，「民間投資を喚起する成長戦略」の３本の矢で構成。
- □【量的・質的金融緩和政策】…2013年4月。日銀は２年間をめどに物価上昇率２％を目指す。

近年は，バブル経済崩壊から量的緩和金融政策までの過程について出題される傾向にあります。

12 国際経済

▶ IMF・GATT 体制

《固定相場制から変動相場制へ》

□【ブレトン・ウッズ協定】…1944年。第2次世界大戦後の世界通貨体制の指針を決定。

> ■ブレトン・ウッズ協定の主な内容
> ①国際基軸通貨を**ドル**とし，各国通貨はドルを通じて金とリンクする。
> ②**国際通貨基金**(IMF)，**国際復興開発銀行**(IBRD，世界銀行)の設立。
> ③為替安定のため各国が努力する。

→□【IMF】…加盟国は，金ドル本位制に基づく固定相場制(1ドル=360円)を採用。

→□【世界銀行】…IMF 加盟国の戦後復興長期資金の供与が目的。現在は，途上国の経済開発のための融資が主たる目的。

□【ニクソン・ショック】…1971年。アメリカ大統領ニクソンが行った金とドルの兌換停止。固定相場制が崩れる。

□【スミソニアン協定】…1971年。ドルの切下げ(1ドル=308円)。新レートでの**固定相場制**が再建。1973年までしか続かず。

□【変動相場制】…1973年。各国が固定相場制から変動相場制へ移行。

《変動相場制移行後の主な金融危機》

□【欧州通貨危機】…1992年。ポンド危機とも呼ばれる。イギリス・ポンド，イタリア・リラが売り圧力により欧州為替相場メカニズム(ERM)から離脱。

□【メキシコ通貨危機】…1994年。メキシコ・ペソが売り圧力により急落し，中南米諸国へ波及。割高な為替レート，財政赤字，政情不安，短期資本流入などが要因。

□【アジア通貨危機】…1997年。**タイ・バーツ**の暴落が引き金。

> ■アジア通貨危機の発生過程
> タイ，マレーシア，シンガポールなどの金融自由化(1990年代)
> ⇒各国は**資本移動**を自由化しながら，**固定為替相場制**を維持。
> ⇒経常収支赤字を賄うための短期資金が各国に流入。過剰な設備投資や不動産投資。
> ⇒**タイ・バーツ**暴落と各国(特にタイ，韓国，マレーシア，インド

> ネシア，フィリピン）の経済混乱。

□【ロシア通貨危機】…1998年。主要輸出品である原油価格の低迷から，通貨ルーブルの暴落，短期外債の償還不能（デフォルト）を起こした。財政赤字，アジア通貨危機後の需要不足による原油安が要因。

□【リーマン・ショック】…2008年。2007年夏以降，サブプライム住宅ローン問題を契機に発生したアメリカ住宅市場の混乱が金融市場全体の不安定化へと拡大し，大手投資銀行のリーマン・ブラザーズが経営破綻。世界金融危機へと拡大した。

□【欧州債務危機】…2010年。2009年10月の**ギリシャ**政権交代による国家財政の粉飾決算の暴露から始まる。欧州全体に波及した経済危機。

《貿易の世界体制…GATT から WTO へ》

□【関税および貿易に関する**一般協定（GATT）**】…1948年発効。

> **■ GATT 3原則…自由・無差別・多角**の原則
> ①自由…自由貿易を推進するため，関税・非関税障壁を撤廃。
> ②無差別…加盟国が相互に同等の条件で貿易を行う。
> ③多角…貿易上の問題は，二国間ではなく多国間の交渉で解決する。

□【**ウルグアイ・ラウンド**交渉】…1986〜94年。農業の自由化，サービス・知的所有権分野のルール作成等。

□【**世界貿易機関（WTO）**】…1995年成立。GATT を発展的に継承。

▶**1990年代以降の経済統合**…主な自由貿易協定（FTA）と経済連携協定（EPA）

□【**欧州経済領域（EEA）**】…1994年発足。スイスを除く欧州自由貿易連合（EFTA）加盟国と欧州連合（EU）加盟国の間で発足。関税を撤廃し，人・モノ・サービス・資本の移動が自由。

□【**北米自由貿易協定（NAFTA）**】…1994年発足。**アメリカ**，**カナダ**，**メキシコ**の3か国が結んだ自由貿易協定。人口，および GDP 規模で欧州経済地域（EEA）を上回る。労働力移動は限定的で，ローカルコンテント（現地調達率）規制がある。

□【**ASEAN 自由貿易地域（AFTA）**】…1993年発足。ASEAN10か国（インドネシア，マレーシア，フィリピン，シンガポール，タイ，ブルネイ，ベトナム，ミャンマー，ラオス，カンボジア）による地域経済統合体。

□【**南米南部共同市場（MERCOSUR）**】…1995年発足。アルゼンチン，ブラジル，パラグアイ，ウルグアイの4か国が加盟。

□【環太平洋経済連携協定(TPP11)】…2018年。交渉に参加した12か国のうち，アメリカを除くTPP協定署名11か国の間で発効。

□【経済連携協定(EPA)】…<u>自由貿易協定(FTA)</u>を軸としつつ，労働力の移動，知的財産権の保護など，幅広い経済分野での連携を目指す。

　→□【日シンガポール・EPA】…2002年発効。日本で初めてのEPA。

　→□【日ASEAN・EPA】…2008年発効。日本で初めての広域EPA。

　→□【日EU・EPA】…2019年発効。日本とEUは，世界人口の約1割，貿易額の約4割(EU域内を除くと約2割)，GDPの約3割を占める経済的パートナー。

▶アメリカ経済

《レーガン政権(1981〜89年)の経済政策》…「小さな政府」を目指す。

□【レーガノミックス】…レーガン大統領が行った経済再建策。

> ■レーガノミックスの主な政策
> ①減税によって供給力強化を図るサプライサイド・エコノミックス。
> ②インフレ抑制のためマネーサプライを重視するマネタリズム。
> ③規制緩和政策の推進(⇒90年代の産業構造転換をもたらす)。
> ④高金利・ドル高政策(強いドル＝強いアメリカ)。

□【双子の赤字】…財政赤字の急拡大と経常収支の悪化。

　→□【貿易赤字(経常収支赤字)】…民間貯蓄率の低下とともに高金利・ドル高の金融政策ともあいまって，貿易・経常収支が急速に悪化。

□【プラザ合意】…1985年合意。ドル高是正。

□【ブラックマンデー】…1987年。過去最悪の株価大暴落。

《クリントン政権(1993〜2001年)》…戦後最長の景気拡大期

□【財政赤字の解消】…1998年。財政収支が黒字転化(〜2001年)。

□【ITバブル崩壊】…2000年。景気後退。

▶欧州連合(EU)…EU成立と通貨統合の歴史

□【欧州石炭鉄鋼共同体(ECSC)】…1952年発足。フランス，西ドイツ，イタリア，ベルギー，オランダ，ルクセンブルクの6か国が参加。

□【欧州経済共同体(EEC)】…ECSCの6か国が1957年に<u>ローマ条約</u>を締結し，1958年発足。

□【欧州原子力共同体(EURATOM)】…ローマ条約により1957年発足。

□【欧州共同体(EC)】…1967年，ECSC，EEC，EURATOMを統合。

□【「トンネルの中のスネーク」制度】…1972年。<u>固定相場制</u>。

□【共同フロート制へ移行】…1973年。域内では固定相場制，域外の通貨に

対しては**変動相場制**。「**トンネルから出たスネーク**」と呼ばれた。

□**【欧州通貨制度(EMS)】**…1979年発足。域内では**欧州通貨単位(ECU)**を中心とした固定相場制を採用し、域外の通貨に対しては従来通りの変動相場制をとる。

  →□**【欧州通貨危機】**…1992年。**イギリス**、**イタリア**がEMSから脱退(イタリアは後に復帰)。

□**【マーストリヒト条約】**…1993年発効。ECから**欧州連合(EU)**へ。

  →□**【マーストリヒト基準】**…一般政府財政赤字対GDP比を3%以内、累積債務対GDP比を60%以内にするよう決定。

□**【欧州中央銀行(ECB)】**…1998年発足。

□**【経済通貨同盟(EMU)】**…1999年発足。EU11か国で共通通貨**ユーロ**が導入される(イギリス、デンマーク、スウェーデンは不参加、ギリシャは2001年に参加)。

□**【中東欧諸国やバルト3国などの加盟】**…2004年。10か国がEU加盟。

□**【リスボン条約】**…2009年発効。EU大統領、EU外相などを新設。

■ EU加盟国の拡大(2020年5月)

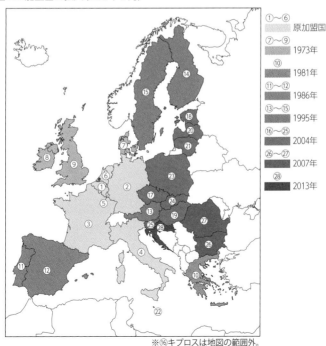

①〜⑥	原加盟国
⑦〜⑨	1973年
⑩	1981年
⑪〜⑫	1986年
⑬〜⑮	1995年
⑯〜㉕	2004年
㉖〜㉗	2007年
㉘	2013年

※⑯キプロスは地図の範囲外。

1967 原加盟国	①ベルギー, ②ドイツ(加盟時西ドイツ), ③フランス, ④イタリア, ⑤ルクセンブルク, ⑥オランダ
1973	⑦デンマーク, ⑧アイルランド, ⑨イギリス(2020年離脱)
1981	⑩ギリシャ
1986	⑪ポルトガル, ⑫スペイン
1995	⑬オーストリア, ⑭フィンランド, ⑮スウェーデン
2004	⑯キプロス, ⑰チェコ, ⑱エストニア, ⑲ハンガリー, ⑳ラトビア, ㉑リトアニア, ㉒マルタ, ㉓ポーランド, ㉔スロバキア, ㉕スロベニア
2007	㉖ブルガリア, ㉗ルーマニア
2013	㉘クロアチア

13 経済・金融・経営用語

▶経済指標

□【国内総生産(GDP)】…国内で一定期間に生み出されたすべての財・サービスの付加価値の合計。日本の GDP は約550兆円。

□【国民総所得(GNI)】…ある国の国民が一定期間に生み出した付加価値の合計。

GNI=GDP +海外からの要素所得の受取−海外への要素所得の支払

□【ストック】…ある時点における貨幣や設備など財貨の蓄積量。国債残高,外貨準備高,マネーストックなど(↔フロー)。

→□【フロー】…一定期間における国民経済の流れの量を示す数値。国民所得,国際収支など。

□【消費者物価指数(CPI)】…消費者が購入するモノやサービスなどの物価の動きを表す統計指標。このうち,生鮮食料品を除く指数を**コア CPI**,生鮮食品及び石油・石炭・天然ガスなどエネルギーを除く指数を**コアコアCPI** という。

□【有効求人倍率】…企業の求人数をハローワークに登録している求職者で割った値。求職者１人に対して,何人の求人があるかを表す。

□【プライマリーバランス】…基礎的財政収支。「利払費および債務償還費を除いた歳出」と「公債金収入以外の歳入」の収支のこと。

▶金融分野

□【マネーストック(マネーサプライ)】…日本銀行や金融機関以外の経済主体が保有する貨幣の合計額。

□【当座預金】…手形や小切手の支払いに使われる預金。普通預金とは異なり,銀行が破綻した場合においても全額保護される。

□【直接金融】…企業が株式や債券などを発行して，投資家から資金を直接調達する方法。

□【間接金融】…企業が金融機関からの融資により資金調達する方法。

□【政府開発援助(ODA)】…開発途上国に対して先進国の政府が行う経済援助。日本が開発途上国を直接支援する二国間援助と国際機関を通じて支援する多国間援助がある。

□【デフォルト(債務不履行)】…債券の発行者が経済破綻等により，債券の元利払いや償還ができなくなる状況に陥ること。

□【リスケジューリング】…債務返済の繰り延べ。金融機関への返済が苦しくなってきたときに，返済可能な計画に変更すること。

▶経営分野

□【コーポレート・ガバナンス(企業統治)】…経営陣の不正等をチェックすることを目的とした企業統治。

□【企業の社会的責任(CSR)】…企業の社会的責任。法令遵守，人権や社会公正への配慮・貢献等，企業が果たすべき広範な責任。

□【自己資本比率】…自己資本÷(自己資本＋他人資本)で求められる株式会社の安定さを表す指標。他人資本とは銀行等から借りた資金を指す。

□【日経平均株価】…東京証券取引所第一部上場銘柄から選定された225銘柄を用いて算出される指標。

□【ストックオプション】…株式会社の役員や従業員が自社株をあらかじめ定められた価格(権利行使価格)で買い入れることができる権利。

□【ヘッジファンド】…投資家から資金を集めてハイリスク・ハイリターンの金融商品を運用する投機的性格の強い投資信託。

□【マネジメント・バイ・アウト(MBO)】…企業の経営陣が既存株主から自社株式を取得し，オーナー経営者になる行為。

□【株式公開買付け(TOB)】…対象企業の発行済株式を買付期間や価格，買付予定株数などを公表して，株式市場外で既存株主から買付けること。

□【三角合併】…対象会社を合併するにあたって，消滅会社の株主に対して，対価として，存続会社の株式ではなく，存続会社の親会社の株式を対象会社の株主に交付して行う合併。日本では2007年に解禁された。

地方公務員及び警察官試験では，GDPなどの経済指標や株式会社などの経営用語が出題されます。

経済

日本経済と国際経済

01
☐☐☐

1940年代後半には，石炭・鉄鋼などの基幹産業の生産増強を図るため傾斜生産方式を採用したことにより，深刻なデフレーションが発生したが，拡張財政政策であるドッジ・ラインの実施によって，不況から脱却した。
地方上級・平20

02
☐☐☐

連合国軍最高司令官総司令部 (GHQ) が行った農地改革では，自作農を抑制し，地主・小作関係に基づく寄生地主制が採られた。一方，労働改革については民主化が期待されていたが，財閥の反対により労働基準法を含む労働三法の制定は1950年代初めまで行われなかった。
国家一般職・平30

03
☐☐☐

1950年に勃発した朝鮮戦争はアメリカ軍の特需を生み，わが国経済は好景気を迎えたが，このために激しいインフレが起こり，わが国政府はシャウプ勧告に基づき，ドッジ・ラインと呼ばれた緊縮予算を組むことでインフレを抑制した。
国税専門官・平23

 04
☐☐☐

わが国は，1955年頃から，神武景気，岩戸景気等の好景気を経験したが，輸入の増加による国際収支の悪化が景気持続の障壁となっており，これは国際収支の天井と呼ばれた。また，高度経済成長期の1960年代半ばに，わが国は経済協力開発機構 (OECD) に加盟した。
国家一般職・平30

解　説

01　戦後の深刻な供給能力不足と需要膨張によるインフレを背景に，**傾斜生産方式**が導入されたが，インフレは収まらず，需要引締め型の<u>ドッジ・ライン</u>が実施されたことでインフレは収束した。しかしその反面，日本経済は深刻な不況局面に陥った。

02　第1次，第2次と2度にわたる**農地改革**では，地主・小作関係に基づく寄生地主制を解体し，自作農の存立が促された。また，**労働三法**とは労働基準法，労働組合法，労働関係調整法のことであり，いずれも1940年代に制定された。

03　<u>ドッジ・ライン</u>は，傾斜生産方式によるインフレに対して1949年に実施された一連の施策であり，<u>シャウプ勧告</u>（直接税中心税制の構築を勧告）もその一環である。ドッジ・ラインはインフレ収束に貢献した一方，わが国経済を深刻な不況に陥れたが，1950年に勃発した朝鮮戦争がアメリカ軍の**特需**を生み，わが国経済は不況から脱却した。

04　正しい。**国際収支の天井**とは，好況により輸入が増えると国際収支が悪化し，そのために金融を引き締めると景気が後退するという景気変動のことをいい，わが国が国際収支の天井から脱却したのは，<u>いざなぎ景気</u>の頃である。

経済

日本経済

05 わが国は，第二次世界大戦後は変動為替相場制をとっていたが，経済が安定化した1955年以降は1ドル＝360円の固定為替相場制となった。その後，1971年にドル・ショックが起きると，円は1ドル＝380円に切り下げられた後，変動為替相場制に移行した。

国税専門官・平23

06 1960年代初頭に池田内閣は実質国民総生産を10年間で2倍にする国民所得倍増計画を発表したが，実際にはこの計画は達成できなかった。　地方上級・平20

07 1965年から1970年にかけては「いざなぎ景気」と呼ばれる戦後最長の好景気を迎え，この間の平均経済成長率は7％程度に達し，高度成長期の平均的な経済成長率を上回った。この好景気も第1次石油危機によって終焉に向かった。　国税専門官・平23

08 わが国では，1950年代半ばから1970年代初めにかけて，実質国民総生産が平均して年率30％で成長したが，第1次石油危機により成長率は低下し，景気停滞（スタグネーション）とデフレーションが同時に進行するスタグフレーションに直面した。

国家専門職・平29

09 1970年代末に発生した第2次石油危機は，狂乱物価といわれるほどの物価上昇を引き起こし，実質経済成長率は，戦後初めてマイナスを記録した。

地方上級・平20

05 第二次世界大戦後のわが国では，1ドル＝360円の**固定為替相場制**が長く続いたが，1971年のドル・ショック（**ニクソン・ショック**）によりブレトン・ウッズ体制は崩壊した。同年12月の**スミソニアン協定**では，1ドル＝308円に切り上げられたのち，わが国は1973年に**変動為替相場制**に移行した。

06 1960年に**池田内閣**の下で発表・実行された，10年間で国民所得を倍増するという**国民所得倍増計画**は，年率10％を超える成長を実現し，所得倍増は実際に達成された。

07 **いざなぎ景気**の平均経済成長率は10％を超えていた。また，**第1次石油危機**が，わが国に狂乱物価と呼ばれる激しいインフレとともに，翌年に戦後初のマイナス成長をもたらし，高度成長期を終焉させたのは事実だが，いざなぎ景気とは関係ない。

08 わが国では，1950年代半ばから1970年代初めにかけて，実質国民総生産が平均して年率10％以上で成長したが，1973年の第1次石油危機により成長率は低下し，景気停滞（スタグネーション）とインフレーションが同時に進行する**スタグフレーション**に直面した。

09 1970年代末の**第2次石油危機**ではなく，1973年の第1次石油危機に関する記述である。なお，第2次石油危機でも物価は上昇したが，比較的短期間に沈静化し，実質経済成長率も2％台に落ち込んだものの，マイナス成長とはならなかった。

10

1973年の第1次石油危機はわが国の経済に不況をもたらしたため，翌年には経済成長率が戦後初めてマイナスとなった。また，第2次石油危機に際しても省エネルギー技術の開発が進まず，国際競争力でおくれを取ったため，貿易赤字が大幅に拡大していった。

国家一般職・平30

 11

1980年代半ばのプラザ合意がもたらした急激な円安は，日本経済をスタグフレーションに直面させたが，政府の金融引き締め政策や技術革新などによって内需主導型経済への構造転換が進んだ。　地方上級・平20

 12

地価や株価が本来の価値を超えて高騰したバブル経済は，1990年代初頭に崩壊し，多額の不良債権が発生した結果，破綻したり経営危機に陥る金融機関も現れ，金融システムに対する不安が生じた。

地方上級・平20

13

1980年代末のバブル景気の後，1990年代には，政府の地価抑制政策などをきっかけに，長期にわたり資産価格や消費者物価の大幅な上昇が見られるとともに，景気の停滞に見舞われた。1990年代の企業は，金融機関からの融資条件の緩和を背景に積極的に人材雇用を行ったため，失業率は低下傾向で推移した。

国家一般職・平30

14

政府は1993年にコメの部分開放に合意し，国内消費量の一定割合を最低輸入量（ミニマム・アクセス）として輸入することを受け入れたため，現在も関税化によるコメの輸入自由化には踏み切っていない。

地方上級・平29

10 後半の記述が誤り。**第2次石油危機**によって日本の貿易収支の黒字幅は急減したが，省エネルギー技術の開発促進により国際競争力が高まり，1981年には**貿易収支**の黒字幅は急増した。第1次石油危機に関する記述は正しい。

11 1985年の**プラザ合意**で急激に円高が進んだ結果，日本経済はいわゆる**円高不況**を迎えた。これを受けて，日本経済は内需主導型経済成長への政策転換を迫られるとともに，金融資本市場の自由化を要求され，**公定歩合**を当時の過去最低水準にまで引き下げることを通じて，金融緩和が進行した。

12 正しい。いわゆる**平成不況**の内容である。**バブル崩壊**により，金融機関は多額の不良債権を抱えるだけでなく，その額も**デフレ**の進行による地価下落とともに膨張していった。この膨張する不良債権が1990年代後半に**金融危機**をもたらし，北海道拓殖銀行，山一證券など多くの金融機関を経営破綻や自主廃業へと追い込んだ。

13 1990年代には，**不動産融資総量規制**により，長期にわたる資産価格や消費者物価の大幅な下落，すなわち**デフレーション**が見られるようになった。また，1990年代の企業は，金融機関の貸し渋りや貸し剥がしなどもあって雇用を悪化させ，2001年にはわが国の**失業率**は過去最高の5.5%にまで上昇した。

14 後半の記述が誤り。**GATT ウルグアイ・ラウンド**において，**コメの部分開放**を受け入れたわが国は，関税化によるコメの輸入自由化を1999年より行っている。ちなみに，2020年4月現在の基本税率は1kg当たり402円である。

15 わが国では，バブル経済崩壊後の1990年代から景気の低迷が続き，第二次世界大戦後初めてマイナス成長を経験した。2008年のリーマン・ショック直後には，日本経済がデフレーションの状態にあるとの政府見解がバブル経済崩壊後初めて示された。

国家専門職・平29

16 日本銀行は，物価の安定を図ることを通じて国民経済の健全な発展に資することを理念として金融政策を運営している。2013年に日本銀行として持続可能な物価の安定と整合的と判断する物価上昇率を示した「物価安定の目標」を新たに導入した。

国家専門職・平26

17 日本銀行が金融政策を実施するに当たっては，政府との連携を強化する必要があるとして，2013年に日本銀行法が改正され，最高意思決定機関である政策委員会には政府代表委員が参加することとされた。

国家専門職・平26

15 わが国の経済が，バブル経済崩壊以降，景気低迷が続いたのは事実だが，第二次世界大戦後初めてマイナス成長を経験したのは1974年である。また，日本経済が「緩やかなデフレ」状態であることを政府が初めて公式に認めたのは2001年3月のことであり，リーマン・ショックの頃ではない。

16 正しい。2013年4月に，日本銀行は金融政策決定会合で「量的・質的金融緩和」の導入を決定した。この緩和政策は当初，2%の物価安定目標を2年程度のうち，できるだけ早期に達成するまで継続するとしていたが，現在では，具体的な時期については明記されていない。

17 1997年に日本銀行法が改正され，政策委員会に政府代表委員（議決権なし）が入っていた旧来の制度は廃止され，政策委員会の金融政策決定会合には政府の代表者〔財務大臣又は経済財政政策担当大臣（又はそれぞれが指名する職員）〕が出席し，経済金融情勢の認識等について意見を述べることができると変更された（議決権はない）。

過去の出題傾向から，日本経済については，「高度成長期→2度のオイルショック→プラザ合意→バブル経済」の流れを押さえておくとわかりやすいよ。

01

1929年の世界恐慌後，各国が金本位制を維持できなくなった経緯から，1944年のブレトン・ウッズ協定では，金に代わってドルを国際貿易の基軸通貨とし，ドルと金との兌換は認めないが，各国通貨とドルの間で一定の安定的な交換比率を設定した固定為替相場制を導入した。　　　　　　　　　　　　　　**国税専門官・平22**

02

1944年のブレトン・ウッズ協定により，為替レートの安定，為替制限の撤廃による国際収支の不均衡の調整を目的とする機関として，世界銀行に代わり国際通貨基金(IMF)が設立された。IMF は国際収支の赤字が続く途上国などに対する，経済開発のための長期資金の融資も行っている。　　　　　　　　**国税専門官・平22**

03

国際復興開発銀行(IBRD)は，アムステルダム条約に基づき，第二次世界大戦後の経済復興と開発のための資金供与を目的に設立され，復興完了後は発展途上国の経済成長のための融資機関となった。

　　　　　　　　　　　　　　　　　　　地方上級・平24

よく出る 04

1971年のスミソニアン協定では，円切上げなど各国通貨の平価調整が行われたが，その後も国際通貨情勢が安定せず，主要各国が変動為替相場制に移行したことから，1976年のキングストン合意では，変動為替相場制を正式に承認した。　　　　　　　　**国税専門官・平22**

05

第二次世界大戦後の1945年に ITO が設立されたが，ITO は1995年に WTO へと改組された。

　　　　　　　　　　　　　　　　　　　地方上級・平20

解　説

01　第二次世界大戦後の<u>ブレトン・ウッズ体制</u>では，1944年のブレトン・ウッズ協定によりアメリカのドルを基軸通貨とした**固定為替相場制**(金ドル本位制)が導入されたが，この制度の下では，金1オンス＝35ドルと定められ，ドルと金との兌換が認められた。

02　後半の記述が誤り。**IMF**は国際収支が悪化した国に対する短期資金の融資を行っている。ちなみに，途上国などに対する経済開発のための長期資金の融資を行っているのは**世界銀行**(国際復興開発銀行：IBRD)である。

03　**国際復興開発銀行**(IBRD：世界銀行)は，ブレトン・ウッズ協定の下で，第二次世界大戦からの復興と開発途上国における生産設備および生産資源の開発を目的に設立された国際機関である。ちなみに，アムステルダム条約とは，1999年に発効した，EUの基本条約に大幅な変更を加えた条約である。

04　正しい。スミソニアン協定では，多国間通貨調整によるドル価値の切下げにより，**固定相場制**の維持が図られた。しかし，その後もドルに対する信頼は低下し続け，固定相場制を維持することはますます困難となり，**スミソニアン体制**が崩壊した1973年に主要国は**変動為替相場制**へ移行した。

05　世界貿易機関(WTO)へ発展的に改組されたのは，1948年に発足した**関税および貿易に関する一般協定(GATT)**である。**国際貿易機構(ITO)**は，第二次世界大戦中からその設立が試みられたが，交渉が難航し，ITOを柱とした貿易体制は実現しなかった。

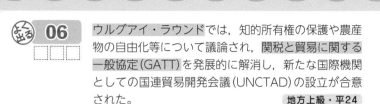

06 ウルグアイ・ラウンドでは，知的所有権の保護や農産物の自由化等について議論され，関税と貿易に関する一般協定(GATT)を発展的に解消し，新たな国際機関としての国連貿易開発会議(UNCTAD)の設立が合意された。

地方上級・平24

07 経済協力開発機構(OECD)は,1995年に設立された，開発途上国や先進国にかかわらず，150以上の国と地域が加盟する国際機関であり，加盟している国・地域間で，自由にモノやサービスの貿易ができるようにするためのルールを定めている。

国家専門職・平27

08 世界貿易機関(WTO)は,1961年に設立された，ヨーロッパを中心にわが国を含めた30か国以上の先進国が加盟する国際機関であり，加盟国経済の安定成長，国際貿易の安定的発展，開発途上国への援助促進などを目的としている。

国家専門職・平27

09 経済連携協定(EPA)とは，国・地域間での輸出入に係る関税の撤廃・削減，サービス業を行う際の規制の緩和・撤廃等を含んだ包括的な国際協定であり，2020年3月現在，わが国と同協定を締結した国の例として，シンガポール，マレーシア等が挙げられる。

国家専門職・平27改

10 北米自由貿易協定(NAFTA)は，アメリカ及びカナダの2か国間の自由貿易協定のことで，関税の撤廃や労働力移動の自由化等を目指している。

地方上級・平26

06 関税と貿易に関する一般協定(GATT)を発展的に解消して設立されたのは世界貿易機関(WTO)である。**国連貿易開発会議(UNCTAD)**は,発展途上国の経済開発促進と南北問題の経済格差是正のために国際連合が設けた会議である。

07 経済協力開発機構(OECD)ではなく,**世界貿易機関(WTO)**に関する記述である。WTO は GATT を前身とするが,罰則規定に関して,前者は**ネガティブ・コンセンサス方式**(全加盟国が反対しない限り実施できる),後者は**コンセンサス方式**(全加盟国が賛成しない限り実施できない)という違いがある。

08 世界貿易機関(WTO)ではなく,**経済協力開発機構(OECD)**に関する記述である。OECD は,米国による戦後の欧州復興支援策である**マーシャル・プラン**の受入れ体制を整備するために,1948年にパリに設立された欧州経済協力機構(OEEC)が発展的に改組されたものである。

09 正しい。わが国は,1990年代まで **EPA** をどの国とも締結してこなかったが,2002年に**シンガポール**との間で EPA を締結して以降,2020年3月現在,21か国・地域との間で18の EPA を署名・発効済みである。

10 **NAFTA** は,アメリカ,カナダ,メキシコの3か国による協定であり,財と資本の自由移動は進めるが労働力の自由移動は認めていない。

NAFTA の3か国間の貿易に関していえば,アメリカはいずれの国とも貿易赤字の状態にあるよ。

11 □□□ アジア太平洋経済協力(APEC)は,1967年に成立した,アジアの11の国・地域間における,貿易と投資の自由化,経済・技術協力等を基本理念とした経済協力の枠組みであり,米国もオブザーバーとして参加している。
国家専門職・平27

12 □□□ アメリカのニクソン大統領が,金とドルとの交換停止を発表したことにより世界経済が大混乱に陥ったニクソン・ショックを経て,先進諸国は,スミソニアン協定により,固定為替相場制から変動為替相場制に移行した。
地方上級・平24

13 □□□ レーガン政権の下で拡大したアメリカの貿易赤字に対応するため,先進5か国蔵相・中央銀行総裁会議(G5)が開かれ,ドル高を是正することで一致したルーブル合意が成立し,この合意に基づき各国が為替市場に協調介入を行った。
地方上級・平24

14 □□□ 1985年のプラザ合意では,レーガノミックス政策から発生したアメリカ合衆国の財政と経常収支の赤字(双子の赤字)の影響によるドル安を是正するため,各国が協調して対応することを決定し,その結果,短期間に急激なドル高・円安が進行して,日本の輸出が急速に拡大した。
国税専門官・平22

15 □□□ 1952年に発足した欧州石炭鉄鋼共同体(ECSC)は,1958年に名称を欧州経済共同体(EEC)と変え,さらに1967年に欧州共同体(EC)となった。
警視庁・平26

11 APEC は1989年にオーストラリアのホーク首相の提唱で創設された，アジア太平洋地域の21の国と地域が参加する経済協力の枠組みである。また，アメリカは参加国でありオブザーバーではない。

12 ニクソン・ショックを受けて，1971年にスミソニアン協定の下で，ドル価値を切り下げることで固定相場の維持が図られたが長続きしなかった。その後，主要国が変動為替相場制へ移行することにより，スミソニアン体制は崩壊した。

13 プラザ合意の内容である。ルーブル合意は，プラザ合意後の急激なドル安の動きを抑えようとした1987年の主要国蔵相・中央銀行総裁会議（G7）の合意である。当時ドル安により，アメリカはインフレ発生の懸念が強まり，日本と西欧諸国にも景気停滞の兆候が表れていた。

14 プラザ合意では，レーガノミックス政策により拡大したアメリカ合衆国の双子の赤字（財政支出赤字と経常収支赤字）の影響によるドル高を是正するために先進各国が外国為替市場に協調介入することが決定された。その結果，急激な円高・ドル安が進行して，日本は円高不況に陥った。

15 1952年に欧州石炭鉄鋼共同体（ECSC）が発足したことは正しいが，欧州経済共同体（EEC）は1957年に調印されたローマ条約により，1958年に発足したものである。この条約では，EEC のほか欧州原子力共同体（EURATOM）も設立された。これら3機構が統合再編され，1967年に発足したのが，欧州共同体（EC）である。

16 欧州共同体(EC)の加盟国は1992年に<mark>マーストリヒト条約(欧州連合条約)</mark>に調印し，翌年，<mark>欧州連合(EU)</mark>が発足した。

警視庁・平26

17 欧州連合(EU)では1999年から加盟各国の通貨の流通を停止し，単一通貨である<mark>ユーロ</mark>に切り替えた。

警視庁・平26

 18 <mark>東南アジア諸国連合(ASEAN)加盟国において，2000年代初頭にインドネシアの通貨であるルピアの暴落</mark>をきっかけに，タイ，マレーシア等の国々でも通貨の急落が発生した。このアジア通貨危機の影響で加盟国経済は大きな打撃を受けたが，国際通貨基金(IMF)や世界銀行，日本等の金融支援を受けながら，外需に依存した加盟国の景気は輸出の増加により回復し，各国通貨は安定を取り戻した。

国家Ⅱ種・平13改

16 正しい。マーストリヒト条約において，単一通貨ユーロの発行と3つの柱(欧州共同体，共通外交・安全保障政策，警察・刑事司法協力)の導入が規定された。また，通貨統合参加基準(マーストリヒト基準)が設けられた。

17 1999年にユーロが導入されたことは正しいが，EU加盟国すべてが対象ではない。現在，EU加盟国(27か国)のうちユーロを導入しているのは19か国であり，デンマーク，スウェーデンなどは自国通貨を用いている。

18 前半部分が誤り。アジア通貨危機は，1997年にタイ・バーツが暴落したことをきっかけにして，インドネシアの通貨ルピアの暴落などへ波及して生じた危機である。なお，後半の IMF・世銀・日本等の金融支援を受けることで経済が回復し，通貨が安定したとする記述は正しい。

よく出る **01**

GDPとは，国内外を問わず，国民が一定期間内に生産したすべての財・サービスの総額である。

警察官・平22

02

生産国民所得は，分配国民所得及び支出国民所得のいずれとも一致する。

警察官・平27

03

ストックとは，国内総生産などのように，ある一定期間における経済活動の量を示すものをいい，ある特定時点における財貨の蓄積量を示すものをフローという。

地方上級・平23

04

当座預金とは，小切手あるいは手形により，いつでも支払いが行われる預金のことをいう。

警察官・平28

05

直接金融とは，企業や政府が必要な資金を，金融機関からの借入れで調達する方法をいう。

警察官・平28

よく出る **06**

マネーサプライとは，日本銀行や金融機関などの経済主体が保有する通貨量のことをいい，その大きさや回転の速さは，景気変動や物価に大きな影響を与えている。

地方上級・平23

解 説

01 総生産額に関する記述である。この総生産額から中間生産額を差し引いたものを**国民総所得 (GNI)** といい, GNI から「海外からの純所得」を差し引いたものを**国内総生産 (GDP)** という。

02 正しい。なお, 問題文のように, 国民所得が生産面, 分配面, 支出面のいずれとも一致することを, **三面等価の原則**という。

03 内容が逆である。ある一定期間における経済活動の量を示すものを**フロー**といい, ある特定時点における財貨の蓄積量を**ストック**という。

04 正しい。当座預金は企業や個人事業主の業務用に使用される口座である。なお, 金融機関が破綻したとき, 預金保険制度によって, 当座預金の預入金は全額保護される。

05 **間接金融**の説明である。**直接金融**とは, 株式や社債発行を通じて, 必要な資金を市場で直接調達する方法をいう。わが国の金融システムは間接金融に偏っていたが, 近年, 大企業を中心に直接金融の割合が高まっている。

06 **マネーサプライ**とは, 日本銀行や金融機関を除いた経済主体が保有する通貨の合計額のことをいうが, 現在, 日本銀行の統計では**マネーストック**と表記されている。後半の記述は正しい。

07 ヘッジファンドとは，投資家から資金を集めてハイリスク・ハイリターンの金融商品を運用する投機的性格の強い投資信託のことをいい，この投機的資金の流出入が各国での通貨危機の原因になった。

地方上級・平23

08 コーポレート・ガバナンスとは，企業の経営が破綻した場合に国が当該企業に資本を注入し国有化することをいい，わが国においてもコーポレート・ガバナンスの適用例が存在する。

地方上級・平22

09 企業の社会的責任 (CSR) とは，企業には社会貢献活動に取り組む責務があることをいい，私企業に関してCSR が問われることはなく，専ら公企業が対象となる。

地方上級・平22

10 ODA とは，先進国が発展途上国に対して行う資金・技術提供であり，わが国では，日本貿易振興機構 (JETRO) が一元的に実施している。

地方上級・平28

11 先進国の金融機関が，累積債務問題が表面化した債務国に対して，金利や元本の支払いを遅らせる債務返済繰延べを，デフォルトという。

地方上級・平26

07 正しい。ヘッジとは,「避ける」という意味であり,相場が一方向(上昇または下落)に動いたときのみ利益が出る通常の投資信託と異なり, <u>ヘッジファンド</u>は,先物取引や信用取引などを積極的に活用することで相場の変動に関係なく利益を得ようとする点に特徴がある。

08 <u>コーポレート・ガバナンス</u>とは,経営陣の不正等をチェックすることを目的とした企業統治(方法)のことである。

09 <u>企業の社会的責任(CSR)</u>とは,法令遵守,人権や社会公正への配慮・貢献など企業が果たすべき広範な責任のことであり,もっぱら私企業が対象である。

10 <u>ODA</u>とは,政府開発援助のことであり,日本が開発途上国を直接支援する二国間援助と国際機関を通じて支援する多国間援助の2つがある。また,日本のODAは,日本貿易振興機構(JETRO)によって一元的に実施されていない。

11 先進国の金融機関が,累積債務問題が表面化した債務国に対して債務返済を繰り延べることを「<u>リスケジューリング</u>」という。一方,<u>デフォルト</u>とは,債券の発行者が経営破綻等により,債券の元利払いや償還ができなくなる状況に陥ることをいう。

経済

経済・金融・経営用語

08の問題文にある実質国有化の事例は, りそなホールディングス, 日本航空等が挙げられるよ。

12
発展途上国間における，産油国や経済成長を遂げた国と資源も乏しく開発も著しくおくれた国との間の経済格差による諸問題を，南北問題という。

地方上級・平26

13
日本経済の指標として日経平均株価があるが，これは地方の証券取引所を含めたすべての上場企業の株価である。

市役所・平30

14
企業集中の形態として，カルテル，トラスト及びコンツェルンがあり，わが国では企業集中による価格支配が行われないよう公正取引委員会が独占禁止法に基づいて監視を行っている。

地方上級・平22

15
企業の内部留保は資産運用に充てて利子収入を得たり，資金の調達などに充てられている。資金調達を銀行借り入れでなく内部留保で賄えば，利子率が上昇しても資金調達の機会費用は増加しない。

地方上級・平28

16
BIS 規制とは，不良債権に関する国際規制のことをいい，BIS 規制では，純資産に対する不良債権の割合の上限について，国際業務を行っている銀行と国内業務だけの銀行とを別に定めている。

地方上級・平21

12 発展途上国間における経済格差による諸問題を「南南問題」という。これに対し，南北問題とは，先進国と発展途上国における経済格差のことをいう。

13 前半の記述は正しい。日経平均株価とは，東京証券取引所第一部上場銘柄から選定された225銘柄を用いて算出される指標である。

14 正しい。カルテルは，企業同士が独占を目的に行う価格・生産計画・販売地域等の協定。トラストは，同一業種の企業同士による資本結合。コンツェルンは，同種又は異種の産業部門における複数の企業が株式所有等により結合する形態である。

15 後半部分が誤り。内部留保とは，企業の純利益から，税金，配当金，役員賞与などの社外流出分を差引いた残りで，企業の儲けの蓄えのことである。利子率の上昇は，資産運用をした場合の収益が増加することから，内部留保の機会費用も増加する。

16 BIS 規制（バーゼル合意）とは，国際業務を行う銀行の自己資本比率に関する国際統一基準であり，自己資本比率8％以上と定められている。自己資本比率とは，総資産に占める資本金や引当金などの内部資金（自己資本）の割合である。

経済

経済・金融・経営用語

財政政策・金融政策をめぐる主張

●古典派とケインズ派

	古典派	ケインズ派
物価・賃金	**伸縮的**	**硬直的**(下方硬直性)
需要と供給	**【セイの法則】** 供給は自らの需要を創出	**【有効需要の原理】** 総需要が総供給を決定
消費	**【クズネッツ型消費関数】** 平均消費性向一定	**【ケインズ型消費関数】** 平均消費性向逓減
投資	**新古典派投資理論**	**投資の限界効率論**
財政政策	無効	有効
金融政策	無効(貨幣数量説)	有効(流動性のわな等を除く)
労働市場	**完全雇用**の達成	**非自発的失業**の存在
経済成長	**【新古典派成長理論】** ・資本と労働の代替性あり ・最適成長の安定的実現	**【ハロッド・ドーマーモデル】** ・資本と労働の代替性なし ・不安定性原理

●マネタリスト…代表的学者:フリードマン,フェルプス

消費	**【恒常所得仮説】**消費は, 現在から将来までに平均的に稼ぐことのできる可処分所得である**恒常所得**の大きさに依存。
財政・金融政策	・短期にはケインズ主義的裁量政策の有効性を認めるが, 長期にはその効果はなくなると主張(短期:**有効**, 長期:**無効**)。 ・公債の資産効果, **自然失業率仮説**

●合理的期待形成仮説…代表的学者:ルーカス,サージェント

ケインズ主義的裁量政策に関して, 長期はもちろん, 短期においてもその政策効果はないと主張(短期:**無効**, 長期:**無効**)。

●リアル・ビジネス・サイクル理論…代表的学者:キドランド,プレスコット

①実物的要因(特に技術革新などの生産性ショック)が景気に大きな影響を及ぼす。
②財政政策は, 短期には有効だが, 長期には元の水準に戻る。
③金融政策は, 景気に影響を与えない(**無効**)。

社会

上・中級公務員試験
**一問一答
スピード攻略**
社会科学

人口・社会保障

1 人口問題・少子高齢化

▶人口に関する理論

□**【人口爆発】**…人口が急激に増加する現象。第二次世界大戦後、アジアやアフリカ、南アメリカなどの**発展途上国**で起こっている。医学や公衆衛生の進歩・普及によって死亡率が低下する一方、出生率が高い水準で推移し続けたことによる。

□**【人口転換理論】**…人口の増減の型が経済社会の発展に伴い、多産多死型から多産少死型へ、さらに**少産少死型**へ移行するという理論。

□**【マルサス】**…著書『**人口論**』において、人口は等比数列(幾何級数)的に増加するが、食糧は等差数列(算術級数)的にしか増加しないため、人口を規制しないと食糧不足から貧困と悪徳が発生すると説いた。

□**【人口ピラミッド】**…性別・年齢別に人口構成を表したグラフ。その国の発展に従って、一般に**富士山型→つりがね型→つぼ型**へと移行する。

▶日本の人口ピラミッドの変化

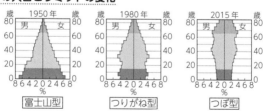

▶わが国の人口

□**【総人口】**…第二次世界大戦後、一貫して増加してきたが、2000年代に入ると伸びが鈍化するようになった。2005年には戦後初めて前年を下回り、以降、小幅な増減を繰り返しながら、**減少傾向**で推移している。

□**【合計特殊出生率】**…一人の女性が生涯に産む子どもの数の平均値。2005年に**1.26**と過去最低を更新した後、微増・横ばい傾向にあり、2018年は1.42となった。人口維持に必要な水準である**人口置換水準**(おおむね2.1)を下回り、先進諸国の中でもかなり低い水準にある。

□**【年少人口】**…15歳未満の人口のこと。2018年は約1542万人で、総人口に占める割合は**12.2%**と前年に引き続き過去最低となった。

学習のポイント: 人口については，少子化が問われることが多く，統計数値や対策について確認しておきましょう。社会保障制度は，社会保険が重要で，特に公的年金制度の出題がよく見られます。

▶少子化対策

□**【育児・介護休業法】**…子育てや介護を行う男女労働者に対して，仕事と家庭の両立を支援するため，1992年に施行(当時は育児休業法)。

□**【育児休業】**…子どもが**満1歳**になるまで。例外的に1年間の延長が可能。2010年からは，父母がともに取得する場合，1歳2か月までの間に1年間育児休業を取得可能とする**パパ・ママ育休プラス制度**が導入。

□**【育児休業取得率】**…2018年度に**女性82.2%**，**男性6.16%**となり，男性は1996年度の初回調査以来，過去最高となった。

□**【介護休業】**…2週間以上の期間にわたり常時介護を必要とする状態にある対象家族を介護するための休業。対象家族1人につき**通算93日**まで，**3回**を上限として分割して取得することが可能である。

□**【認定こども園】**…保護者の仕事の有無にかかわらず，就学前の子どもを受け入れ，**教育・保育**を一体的に行う施設。一定の機能を備え認定基準を満たす施設は，都道府県等から認定を受けることができる。

□**【待機児童】**…**認可保育施設**に入所申請を行っているにもかかわらず，定員超過などで入所できない子どものこと。全国に約1万7000人いる。認可施設に入れなかったものの待機児童に含まれない**隠れ待機児童**も多い。

□**【幼児教育・保育の無償化】**…2019年10月から，**3〜5歳児の全世帯**と0〜2歳児の住民税非課税世帯を対象に，幼稚園，認可保育所，認定こども園の費用が無償化された。認可外施設等の費用については，市区町村が認定した世帯を対象に一定額が補助される。

▶わが国の高齢化

□**【高齢化率】**…総人口に占める**65歳以上**人口の割合。2018年は**28.1%**と，前年に引き続き過去最高となった。

□**【後期高齢者人口】**…**75歳以上**の人口のこと。2018年における総人口に占める割合は14.2%。

補足します: 日常的に介護される必要がなく，自立して元気で過ごせる期間のことを健康寿命といいます。平均寿命との差が，男性は約9年，女性は約12年あります。

社会

人口・社会保障

2 社会保障

▶日本の社会保障制度

□【社会保障制度】…国がすべての国民に健康で文化的な最低限度の生活を保障するための諸施策のこと。日本国憲法25条の**生存権**を根拠として，第二次世界大戦後，本格的に整備・拡充された。

▶日本の社会保障制度の概要

社会保険	年金	厚生年金, 国民年金
	医療	健康保険, 国民健康保険, 船員保険, 各種共済組合
	雇用	雇用保険
	労災	労働者災害補償保険
	介護	介護保険
社会福祉		児童福祉, 老人福祉, 母子福祉, 身体障害者福祉, 知的障害者福祉, 精神障害者福祉　など
公的扶助		生活保護, その他の社会手当
公衆・環境衛生	医療	健康増進対策, 難病・感染症対策　など
	環境	生活環境整備, 公害対策, 自然保護　など

□【公衆・環境衛生】…国民の健康維持・増進を目的として，感染症やがんの予防，生活環境の整備などを行うもの。主に担当する機関として**保健所**や**公立病院**が全国各地に設置されている。

▶社会福祉

□【社会福祉】…児童，高齢者，母子家庭，障害者などの生活を支援するため，福祉施設や福祉サービスを提供するもの。**福祉六法**(生活保護法，児童福祉法，老人福祉法，母子及び父子並びに寡婦福祉法，身体障害者福祉法，知的障害者福祉法)に基づき，主として**公費負担**によって賄われている。

□【バリアフリー】…障害者や高齢者などが社会生活をしていく上で障害となるものを取り除くという考え方。**物理的**な障壁だけでなく，社会的・制度的・心理的な障壁も対象とする。

□【ノーマライゼーション】…年齢や障害の有無にかかわらず，すべての人が人間として普通の生活を送るため，**ともに生きる社会**こそ，正常であるという考え方のこと。

□【ユニバーサルデザイン】…施設や製品をだれにとっても利用しやすくデザインするという考え方。バリアフリーの取組とあわせて推進することが求められている。

□【ダイバーシティ】…人種や性別などを問わず，障害者や高齢者などをす

べて包括し，それぞれの多様性を価値として生かす考え方。

▶公的扶助

□【**公的扶助**】…生活に困窮するすべての国民に対して，生活費などを給付して最低限度の生活を保障するもの。**生活保護法**に基づき，以下の**8種類**の扶助が，**全額公費負担**によって行われる。

保護の種類	内容	給付方式
①<u>生活扶助</u>	食費,衣類費,光熱費など日常生活に必要な費用	現金
②<u>住宅扶助</u>	家賃,地代,住宅補修などの費用	現金
③<u>医療扶助</u>	病気やけがの治療に必要な費用	現物
④<u>介護扶助</u>	介護が必要なときの費用	現物
⑤<u>教育扶助</u>	義務教育を受けるために必要な学用品費	現金
⑥<u>出産扶助</u>	出産のための費用	現金
⑦<u>生業扶助</u>	就労に必要な技能の修得等にかかる費用	現金
⑧<u>葬祭扶助</u>	葬祭のための費用	現金

□【生活保護法】…日本国憲法25条の生存権保障を具体化した法律。基本的な原理として，**国家責任の原理**，**最低生活保障の原理**，**無差別平等の原理**，**補足性の原理**の4原理が定められている。

生活保護は，本人の収入，年金，親族からの援助などを活用しても最低限度の生活水準を維持できない場合に，その不足分を補う形で支給されます。これを「保護の補足性の原理」といいます。

□【**ミーンズテスト**】…保護の要否判定の際に行われる**資力調査**。最低限度の生活維持のために活用できる所得や資産などの経済状態を確認するものである。

□【**申請保護の原則**】…保護は申請に基づいて行われるという原則。保護の申請ができるのは，本人，その扶養義務者またはその他の同居の親族。

□【**水準均衡方式**】…生活保護の給付額を，一般世帯の支出動向を反映する形で決定する方式。一般世帯の支出が増減した場合には，それに合わせて生活保護の給付額も増減される。

□【**生活困窮者自立支援法**】…生活保護受給に至る前に自立支援策の強化を目的とする法律。2015年施行。福祉事務所設置自治体に対し，**自立相談支援事業**の実施や**住居確保給付金**の支給を義務付けている。

□【**相対的貧困率**】…貧困線(世帯の等価可処分所得を順に並べた中央値の半分)に満たない世帯員の割合のこと。数値が高いほど，経済格差が広がっていることを意味する。

▶年金保険

□【社会保険】…あらかじめ保険料を積み立てておき，病気やけが，老齢，失業などで必要になった場合に給付されるもの。**年金保険**，**医療保険**，**介護保険**，**労働者災害補償保険**，**雇用保険**の５つがある。

□【国民皆保険・国民皆年金】…すべての国民が医療保険と年金保険に加入していること。**1961年**に実現した。

□【国民年金（基礎年金）】…**20歳以上60歳未満**の全国民が加入する年金。保険料や年金給付額は，所得によらず同一である。

 被用者（サラリーマンなど）の被扶養配偶者は，国民年金の第３号被保険者とされ，保険料を支払う必要はありません。その年金給付の財源は，被用者年金の被保険者全体の保険料拠出によって賄われています。

□【厚生年金】…国民年金に**上乗せ**する形の年金。民間のサラリーマンや公務員を対象とし，保険料や年金給付額は所得に応じて決められる。

□【年金の給付】…保険料納付済期間（受給資格期間）が**10年以上**ある者が**65歳**に達したときから給付される。60〜64歳での繰り上げ（減額）給付，66〜70歳以降での繰り下げ（増額）給付を選択することも可能。

□【マクロ経済スライド】…そのときの**社会情勢**（現役人口の減少や平均余命の伸び）に合わせて，年金の給付水準を自動的に調整するもの。

□【学生納付特例制度】…**20歳**以上の学生に対して，申請により在学期間中の国民年金保険料の納付が**猶予**される制度。10年間は追納が可能で，猶予期間分の保険料に応じて将来の年金給付額は減額される。

□【年金の財源方式】…現役世代に自分で積み立てた年金を将来自分が受け取る**積立方式**と，その時点の現役世代がその時点の高齢者の年金を負担する**賦課方式**がある。現在は基本的に**世代間扶養の賦課方式**で運営。

□【GPIF】…国民年金と厚生年金の積立金の管理・運用を行う独立行政法人。年金積立金は従来，**国内債券**が中心であったが，2014年以降は国内・外国の株式や債券に幅広く**分散投資**して運用されている。

▶医療保険

□【医療保険】…病気やけがをした場合に，医療サービスが一部負担で受けられるもの。サラリーマンとその家族が加入する**健康保険**と自営業者や高齢者（後期高齢者医療制度該当者は除く）が加入する**国民健康保険**に大別される。

□【自己負担割合】…原則**3割**。小学校就学前までと70歳以上75歳未満は**2割**，75歳以上は**1割**（70歳以上で現役並み所得者は３割）。

□**【後期高齢者医療制度】**…原則として**75歳以上**の高齢者（後期高齢者）を対象とした制度。医療機関にかかった場合の自己負担割合は**1割**（現役並み所得者は3割）。

□**【高額療養費制度】**…高額な医療費の負担を軽減するための制度。医療機関や薬局の窓口で支払った額が，暦月（月の初めから終わりまで）で一定額を超えた場合，その超えた金額が支給される。

□**【国民医療費】**…保険診療の対象となりうる傷病の治療に要した費用。近年，国民所得（NI）に対する割合は**10%**を超えている。

▶介護保険

□**【介護保険制度】**…**介護保険法**に基づき市区町村・広域連合が運営する社会的介護支援制度。**40歳以上**のすべての国民が加入し，40歳以上65歳未満は第2号被保険者，**65歳以上**は**第1号被保険者**に区分される。

□**【要介護（支援）認定】**…介護サービスを受けるにあたり，必要とされる認定。**介護認定審査会**の審査判定結果に基づき，「**要支援1・2**」「**要介護1〜5**」と認定されると，その度合いに応じてサービス利用が可能。

□**【自己負担割合】**…原則**1割**。高額所得者は2割（特に高い者は3割）。

▶障害者関連

□**【障害者総合支援法】**…**障害者自立支援法**に代わり制定。2013年施行。従来の身体障害者，知的障害者，精神障害者に加えて，難病患者も対象とする。サービスにかかった費用は負担能力に応じて支払う（**応能負担**）。

□**【障害者雇用促進法】**…事業主に対し，雇用する労働者に占める障害者の割合が一定率（**法定雇用率**）以上になるよう義務付ける法律。法定雇用率は**民間企業2.3%**，国・地方公共団体2.6%と定められている。

 法定雇用率達成の事業主には障害者雇用調整金や報奨金などが支給される一方，法定雇用率未達成の事業主からは不足人数分に応じた納付金が徴収されます。

▶世界の社会保障制度

□**【イギリス】**…1601年に世界初の公的扶助となる**エリザベス救貧法**，1830年代に**新救貧法**が制定。1942年の**ベバリッジ報告**に基づき，第二次世界大戦後，「**ゆりかごから墓場まで**」といわれる均一拠出・均一給付を原則とする体系的な社会保障制度が構築された。

□**【ドイツ】**…宰相**ビスマルク**が，1880年代に疾病保険法，労働者災害保険法，老齢・疾病養老保険法の制定による3つの**社会保険**を世界で初めて導入。同時に社会主義者鎮圧法を制定し社会主義者の弾圧も行ったことから，「**アメとムチ**」の政策と呼ばれた。

① 人口問題・少子高齢化

01
日本の総人口は減少傾向で推移しており，2015年には初めて1億2,000万人を下回った。

地方上級・平29

02
東京圏（東京都・神奈川県・埼玉県・千葉県）の人口は増加傾向で推移しており，日本の総人口の4分の1以上を占めている。

地方上級・平29

03
総世帯数は増加傾向で推移しているが，一般世帯数を世帯人員別にみると，二人世帯，三人世帯，単独世帯の順に多い。

地方上級・平29

04
1人の女性が一生の間に平均して何人の子どもを出産するかを示す合計特殊出生率は，わが国では2004年に初めて人口を維持するための水準を下回った。

地方上級・平22

05
日本では少子化が進んでいるが，2018年の合計特殊出生率は1.8で，欧米諸国と比べるとまだ高い状態である。

地方上級・平27改

01 日本の総人口は**減少傾向**で推移しているが，1億2,000万人を上回る。総人口は第二次世界大戦後，一貫して増加してきたが，2000年代に入ると伸びが鈍化し，2005年には戦後初の減少となった。

02 正しい。東京圏の人口は3,661万人(2019年)と増加傾向で推移している一方，地方では人口が減り続け，**過疎化**や高齢化が進行している。また，大阪府などの大都市圏の中心部でも人口は減っている。

03 一般世帯数を世帯人員別にみると，**単独世帯**，**二人世帯**，**三人世帯**の順に多い(2015年)。世帯人員が2人以下の世帯はいずれも増加しているのに対し，3人以上の世帯はいずれも減少している。

04 わが国の**合計特殊出生率**が人口を維持するための水準(人口置換水準，約2.1)を初めて下回ったのは**1974**年のことである。2004年の合計特殊出生率は**1.29**にまで低下した。

05 2018年の合計特殊出生率は**1.42**であり，欧米諸国と比べて低い水準にある。少子化の背景には，**未婚化**や**晩婚化**，**晩産化**の進行，出産に対する価値観の変化などが挙げられる。

社会

人口問題・少子高齢化

日本の人口は，15歳未満，15〜64歳人口は減少しているけど，65歳以上の人口は増加しているよ。高齢化率の推移をみると，1950年以前は5％前後で推移していたけど，その後は上昇が続いているんだ。

06 ☐☐☐ 日本では1990年に合計特殊出生率が1.0を下回った。0～14歳の人口についてもすでに全人口の10％を切っている。　市役所・平27

07 ☐☐☐ 2010年に改正育児・介護休業法が施行され，妻だけでなく夫にも育児休業が認められるなど，男性の育児参加を促進する制度が導入された。　国家一般職・平24

08 ☐☐☐ 男性労働者の育児休業取得率は10％を上回るようになっているが，女性労働者との間には現在もなお大きな格差がある。　市役所・平30

09 ☐☐☐ 子育て支援を充実させるために，今までの幼稚園と保育所の枠を取り払い，すべて認定こども園として一本化することが義務づけられた。　地方上級・平27

10 ☐☐☐ 保育所入所待機児童をゼロにするために，国および地方公共団体において対策が実施され，2013年には全国で目標が達成された。　市役所・平27

11 ☐☐☐ 平成27年国勢調査人口等基本集計結果によると，わが国の総人口に占める65歳以上人口の割合はドイツ，イタリアよりも高いが，総人口に占める15歳未満人口の割合はこれらの国よりも低い。　国家専門職・平29

12 ☐☐☐ 65歳以上人口の割合（高齢化率）を見ると，東京都・愛知県では10％未満と低い水準にあるが，福岡県，沖縄県では30％超と高い水準にある。　地方上級・平29

06 日本の**合計特殊出生率**は低いものの，1.0を下回ったことはない。また，0〜14歳の人口（年少人口）についても近年12〜13％台であり，全人口の10％を下回ったことはない。

07 育児・介護休業法では，当初から育児休業を取得する権利が**男女労働者**に認められていた。2010年の改正法施行に際しては，男性の育児参加を促進するため，**パパ・ママ育休プラス**などが導入された。

08 男性労働者の育児休業取得率は近年上昇傾向にあるものの，10％は上回っていない。女性労働者の育児休業取得率は80％を超えているのに対し，男性労働者のそれは6％ほどで，大きな格差がある。

09 認定こども園として一本化することが義務づけられたわけではない。**認定こども園**とは，保護者の仕事の有無にかかわらず，就学前の子どもを受け入れ，**教育・保育**を一体的に行う施設である。

10 国や地方公共団体でさまざまな対策がとられているが，待機児童ゼロの目標は達成されていない。**待機児童**とは，認可保育施設に入所申請を行っているが，定員超過などで入所できない子どものこと。

11 正しい。わが国の総人口に占める65歳以上人口の割合は26.6％で，ドイツやイタリアを上回った。また，15歳未満人口の割合は12.6％で，ドイツやイタリアを下回った。

12 65歳以上人口の割合を見ると，東京都と愛知県は比較的低い水準にあるが，それでも20％を上回っており，10％未満の都道府県は存在しない。また，**沖縄県**は全国で最も低い水準にある。

01
☐☐☐
ユニバーサルデザインとは，施設や製品をだれにとっても利用しやすくデザインするという考え方を指し，バリアフリーの取組とあわせて推進することが求められている。
国税専門官・平23

02
☐☐☐
ノーマライゼーションとは，障害のある人を専門の施設等において保護し，教育や訓練の機会を提供して，障害のない人と同様の社会生活を営むことができるようにするという考え方を指す。
国税専門官・平23

 03
☐☐☐
生活保護は，生活扶助，住宅扶助，医療扶助，介護扶助の４種類の扶助からなり，すべて現物給付ではなく金銭給付となっている。
市役所・平27

04
☐☐☐
生活保護は職権主義をとっており，福祉事務所のケースワーカーや市町村の民生委員によって生活困窮者として認められれば，自動的に給付が開始される。
市役所・平27

05
☐☐☐
生活保護は生活保障の最後の砦として設けられているため，その給付額は一般世帯の支出動向とは連動せず，絶対的な水準として定められている。
市役所・平28

01 正しい。**バリアフリー**とは，高齢者や障害者が社会生活をしていく上で障壁となるものを取り除くという考え方を指す。ユニバーサルデザインは，すべての人を対象としている。

02 ノーマライゼーションとは，高齢者や障害者なども健常者と同じ生活を行おうという考え方。すべての人が人間として普通の生活を送るため，ともに生きる社会こそ，正常であるという考え方を指す。

03 生活保護は，生活扶助，教育扶助，住宅扶助，医療扶助，介護扶助，出産扶助，生業扶助，葬祭扶助の**8種類**の扶助からなる。医療扶助と介護扶助は現物給付で，その他の扶助は金銭給付とされている。

04 生活保護は申請主義をとり，本人等からの申請を受けて市町村長等が認めたときに，はじめて給付が開始される。ただし，差し迫った状況の場合は，申請を待たずに**市町村長等**が職権で開始を決定できる。

05 生活保護の給付額は，一般世帯の支出動向を反映する形で決定されており，一般世帯の支出が増減した場合には，それに合わせて生活保護の給付額も増減される。これを水準均衡方式という。

生活保護は，本人の収入，年金，親族からの援助などを活用していても最低限度の生活水準を維持できない場合に，その不足分を補う形で支給されるんだ。これを「保護の補足性の原理」というよ。

06 子どもの貧困率とは，17歳以下の子どものうち，所得が平均の半分を下回る世帯で暮らし，健康的な生活を送ることのできない子どもの割合を指し，WHOが各国の状況を公表している。　**国家専門職・平27**

07 自営業者や農業者等が国民年金制度に加入することで，「国民皆年金」が実現した。　**市役所・平21**

08 国民年金は20歳以上60歳未満のすべての国内居住者に加入義務があり，保険料や年金給付額が所得によらず同一であるのが基本である。　**市役所・平29**

09 自営業者の被扶養配偶者は国民年金の第3号被保険者に該当し，保険料を支払う必要はない。　**市役所・平21**

10 民間のサラリーマンと公務員はもともと同一の被用者年金制度に加入していたが，近年の制度改革で公務員のみを対象とする共済年金制度が新設されることになった。　**地方上級・平29**

11 年金の完全支給開始年齢は，国民年金が65歳，厚生年金が60歳である。　**市役所・平21**

12 老齢年金を受給するためには，一定の加入期間（受給資格期間）が必要とされるが，公的年金の財源を安定させるために，近年の法改正で受給資格期間が10年以上から25年以上に延長された。　**地方上級・平29改**

06 <u>子どもの貧困率</u>とは，17歳以下の子どものうち，相対的貧困の状態にある者の割合（**相対的貧困率**）を指す。また，経済協力開発機構（OECD）が加盟各国の状況を公表している。

07 正しい。1958年に**国民健康保険法**，1959年に**国民年金法**が制定され，国民全員が健康保険証をもつ**国民皆保険**と，国民全員が，本人または家族としていずれかの年金制度に加入する国民皆年金が実現。

08 正しい。国民年金に対して**厚生年金**は，国民年金を基礎年金とした上乗せ分を担う年金で，民間のサラリーマンや**公務員**を加入対象とし，保険料や年金給付額は所得に応じて決められる。

09 国民年金の**第3号被保険者**とされているのは，被用者（サラリーマンや公務員）の**被扶養配偶者**である。第3号被保険者は保険料の支払い義務はないが，年金の受給権を与えられている。

10 従来，民間のサラリーマンと公務員は，それぞれ厚生年金，共済年金という別個の被用者年金制度に加入していた。しかし，2015年に**共済年金**が廃止され，**公務員**も厚生年金に加入することになった。

11 年金の完全支給開始年齢は，国民年金，厚生年金ともに**65歳**である。ただし，厚生年金については，支給開始年齢を60歳から65歳へと段階的に引き上げている最中である。

12 近年の法改正により2017年8月以降，老齢年金を受け取るための受給資格期間が25年以上から**10年以上**に短縮された。これにより，無年金者の救済がある程度進むと期待されている。

13 学生は所得がないものとみなされ，国民年金に加入した後も保険料の納付を免除される。学生時代に納付を免除された期間は保険料を納付したものとみなされ，年金給付額は減額されない。

市役所・平29

14 徴収された年金保険料のうち，年金給付に充てられなかった部分は年金積立金として運用されるが，安全な資産運用という観点から，その投資先は国内債券に限られている。

地方上級・平29

よく出る 15 高齢化の進展に伴い国民医療費が増加していることから，医療機関の窓口における公的医療保険の自己負担割合が，患者本人の年齢に関係なく3割に統一された。

市役所・平28

16 75歳以上の高齢者を対象として後期高齢者医療制度が設けられており，その財源の3割は被保険者本人から徴収された保険料によって賄われている。

市役所・平20

17 国民医療費には，国民の健康増進および予防に要した費用，国立病院の建設費用，国立研究機関における研究費，正常な妊娠・分娩に要した費用なども含まれる。

市役所・平28

18 介護保険制度の被保険者は第1号被保険者と第2号被保険者に区分されているが，このうち65歳以上の高齢者は第2号被保険者に該当する。その保険料は個人の所得等に応じて決定されている。

市役所・平23改

13 学生については在学中の保険料の納付が猶予される**学生納付特例制度**が設けられているが，猶予であって免除ではない。10年以内に保険料を追納しなければ，将来受け取る年金額は減額される。

14 年金保険料の投資先は国内債券に限られているわけではなく，国内外の債券，株式等を一定割合組み入れた**分散投資**が行われている。年金財政上必要な利回りを最低限のリスクで確保するためである。

15 医療機関の窓口における公的医療保険の自己負担割合は，原則として**3**割であるが，小学校就学前までと70歳以上75歳未満は**2**割，75歳以上は1割（70歳以上で現役並み所得者は3割）。

16 **後期高齢者医療制度**では，必要な財源の1割が被保険者本人から徴収された保険料によって賄われる。その他，5割が公費，4割が各医療保険制度からの**後期高齢者支援金**によって賄われる。

17 国民医療費には，保険診療の対象となり得る**傷病の治療**に要した費用が計上される。健康増進や予防等に要した費用，国立病院の建設費用，正常な妊娠・分娩に要した費用などは含まれない。

18 65歳以上の高齢者は**第1号被保険者**に該当し，40歳以上65歳未満の公的医療保険加入者が第2号被保険者に該当する。また，保険料は世帯の所得等に応じて決定されている。

> 国民医療費は，その年度内の医療機関等における保険診断の対象となり得る傷病の治療に要した費用を計上したもので，国民に必要な医療を確保していくための基礎資料として重要な指標となるんだ。

よく出る 19
□□□□
介護保険の給付に当たっては，市町村が要介護認定を行い，給付の必要度を決定する。保険給付に当たり，本人には自己負担も求められるが，その割合は全国一律に定められている。 市役所・平23改

20
□□□□
わが国の公的介護サービスは，2000年の介護保険制度の導入により，利用者と介護サービス事業者との契約による制度から，行政側がサービスの内容を決める措置制度に変わった。 地方上級・平22

21
□□□□
障害者自立支援法の改正により，サービスを受けた際の負担分について，従来は応能負担だったものが応益負担に変更され，サービスの利用額にかかわらず本人が原則1割負担するものとされた。 市役所・平22

22
□□□□
事業主は，雇用者の1.8％以上を障がい者としなければならないが，現在の実雇用率はすでに3％台に達している。 市役所・平24

23
□□□□
障がい者雇用について，法定雇用率の未達成の事業主からは納付金が徴収され，一定水準を超えて障がい者を雇用している事業主には報奨金等が支給される。 市役所・平24

24
□□□□
イギリスでは1830年代に新救貧法が成立し，貧民救済の水準は，最下級の労働者の生活水準以下に抑えるべきだとする原則が明確に打ち出された。 市役所・平23

19 正しい。**介護認定審査会**の審査判定結果に基づき，「**要支援1・2**」あるいは「**要介護1〜5**」と認定されると，その要支援度・要介護度に応じて在宅サービスや施設サービスを受けることができる。

20 介護保険制度の導入により，措置制度から利用者と介護サービス事業者との**契約**による制度に変わった。これにより，利用者の選択の自由および契約当事者としての権利が保障されることとなった。

21 改正により，2012年から福祉サービスの費用の1割を支払う応益負担から負担能力に応じた**応能負担**に転換された。なお，障害者自立支援法に代わり**障害者総合支援法**が2013年に施行された。

22 事業主は，雇用者の2.3%以上を障がい者としなければならない。また，民間企業における障がい者の実雇用率（実際に雇用されている者の割合）は，近年2%前後であり，3%台には達していない。

23 正しい。法定雇用率未達成の事業主から徴収する**納付金**は，罰則といった性格のものではなく，**報奨金**や**障害者雇用調整金**の原資として障がい者雇用を促進する目的で使用される。

24 正しい。イギリスでは，1942年の**ベバリッジ報告**に基づき，第二次世界大戦後「**ゆりかごから墓場まで**」といわれる均一拠出・均一給付を原則とする体系的な社会保障制度が構築された。

市役所採用試験の頻出テーマは「社会保障」「労働問題」「環境問題」などです。日ごろからニュースをチェックして，『速攻の時事』などで知識を整理しておこう。

環境・資源

❸ 環境問題

▶地球温暖化

□【地球温暖化】…石油・石炭などの**化石燃料**の大量消費により，大気中の**温室効果ガス**の濃度が増加し，地球の平均気温が上昇する現象。海面水位の上昇や氷河の融解，洪水・干ばつなどの異常気象，また異常気象に起因する農作物の減少といった被害をもたらす。

 温室効果ガスとは，地表から放射された熱（赤外線）を一部吸収し，地表を暖めるはたらきをする気体のことです。二酸化炭素のほか，メタン，亜酸化窒素，フロン，六フッ化硫黄などがあります。

□【気候変動枠組条約（地球温暖化防止条約）】…温室効果ガスの濃度を安定化させる枠組みを規定した条約。1992年に採択され，その後，国連環境開発会議（**地球サミット**）で署名が開始された。同条約に基づき1995年から毎年，気候変動枠組条約締約国会議（**COP**）が開催されている。

□【京都議定書】…地球温暖化防止のための国際ルール。1997年に**京都**で開催されたCOP 3で採択された。**先進国**に対して温室効果ガス排出量を削減することを義務づけた。

□【パリ協定】…2020年以降の新たな地球温暖化対策の枠組み。世界の平均気温上昇を産業革命前から**2℃未満**に抑えることを目指す。**途上国**を含むすべての加盟国に対し，温室効果ガスの排出削減目標を策定・提出することを義務づけている。

▶パリ協定と京都議定書の比較

	パリ協定	京都議定書
目的	産業革命前からの気温上昇を**2℃未満**に抑え，1.5℃未満にするよう努力する	大気中の温室効果ガスの濃度を安定させる
対象国	197か国・地域	先進の38か国・地域
長期目標	今世紀後半に温室効果ガスの排出量を実質**ゼロ**にする	なし
目標の達成義務	なし	目標未達成なら**罰則**

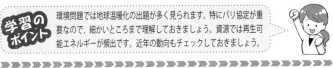

▶酸性雨

□【**酸性雨**】…自動車の排ガスや工場の排煙に含まれる**硫黄酸化物** (SO_x) や**窒素酸化物** (NO_x) が大気中で化学反応を起こし，pH5.6以下の雨や雪，霧として降下する現象。**森林の枯死**，湖沼や河川の魚類の死滅，遺跡・石像・建造物の腐蝕などをもたらす。

□【**長距離越境大気汚染条約**】…国境を越えた酸性雨による被害の進行を防止するための条約。ヨーロッパ諸国を中心にアメリカやカナダなど計49か国が加盟。

□【**東アジア酸性雨モニタリングネットワーク**】…酸性雨の被害が東アジア地域でも問題となったことから，2001年より本格稼働を開始。日本，中国，韓国，インドネシアなど計13か国が参加。

▶オゾン層の破壊

□【**オゾン層の破壊**】…**フロン**等が成層圏にあるオゾン層を破壊することで，オゾン層に吸収されていた有害な**紫外線**の地上への到達量が増加する現象。**皮膚がん**や白内障の増加，生態系の変化などが懸念されている。

□【**フロン**】…フッ素と炭素の化合物の総称。かつて，エアコンや冷蔵庫の冷媒，電子部品の洗浄剤，殺虫剤の噴射剤などとして用いられていた。

□【**モントリオール議定書**】…「**オゾン層保護のためのウィーン条約**」に基づき，フロンの具体的な生産削減などの規制措置を定めた議定書。特に破壊力の強い**特定フロン**の生産・消費は先進国では1995年末までに全廃された。

□【**オゾンホール**】…オゾン層のオゾン濃度が極端に少なくなる現象。オゾン層に**穴**があいたような状態になる。

▶その他の地球環境問題

□【**砂漠化**】…乾燥地域や半乾燥地域で土地の生産力が低下し，植生がなくなる現象。地力の限界を超えた過放牧や過耕作，薪炭材の過剰伐採，気候変動などが主な原因とされている。**砂漠化対処条約**が1994年に採択。

□【**熱帯林の減少**】…地球の生態系に重要な役割を果たしている熱帯林が減少する現象。土壌の流出による荒地の拡大，熱帯動植物の減少，二酸化炭素の増加による**地球温暖化の加速**などをもたらす。

社会

環境・資源

▶環境問題に関する条約

□【ラムサール条約】…正式名称は「特に**水鳥の生息地**として国際的に重要な湿地に関する条約」。1975年発効。国際的に重要な湖や沼などの湿地を保全することにより，そこに生息，生育する動植物を保護することを目的とする。日本の登録湿地は計52か所（2020年4月）。

□【ワシントン条約】…正式名称は「**絶滅のおそれのある野生動植物**の種の国際取引に関する条約」。1975年発効。輸入国と輸出国が協力して野生動植物の**国際取引**を規制することにより，絶滅のおそれのある野生動植物の保護を図ることを目的とする。

ワシントン条約では，生きている動物だけでなく，動物の皮や牙など体の一部や，それらを利用した加工品も規制の対象とされています。

□【ロンドン条約】…正式名称は「廃棄物その他の物の投棄による**海洋汚染**の防止に関する条約」。1975年発効。陸上において発生した廃棄物等の海洋投棄及び洋上廃棄による海洋汚染の防止を目的とする。

□【バーゼル条約】…正式名称は「**有害廃棄物**の国境を越える移動及びその処分の規制に関するバーゼル条約」。1992年発効。有害廃棄物の国際移動を規制することにより，環境汚染を防止することを目的とする。

□【生物多様性条約】…生物の多様性の保全，生物資源の持続可能な利用などを目的とした条約。1993年発効。生物の多様性を**生態系**，**種**，**遺伝子**の3つのレベルでとらえ，遺伝子の利用に関しては，資源利用による利益を資源提供国と資源利用国が公正かつ公平に配分することなどを求めている。2010年には第10回締約国会議（COP10）が**名古屋市**で開催され，2014年に**名古屋議定書**が発効した。

□【水俣条約】…正式名称は「**水銀**に関する水俣条約」。熊本市・水俣市で開催された国連環境計画（UNEP）の会議で採択され，2017年に発効。「公害の原点」とされる**水俣病**を教訓として名づけられ，水銀の**採掘**や**輸出入**などを規制し，水銀による環境汚染や健康被害を防ぐことを目的とする。

国際自然保護連合（IUCN）では，絶滅の危機に瀕している世界の野生生物のリストである「レッドリスト（絶滅のおそれのある種のレッドリスト）」を作成しています。一方，日本の環境省が作成している「絶滅のおそれのある野生生物の種のリスト」も，レッドリストとよばれています。

▶環境問題に関する国際会議

□【国連人間環境会議】…1972年にスウェーデンの**ストックホルム**で開催。国連主催による環境についての初の国際会議で，「**かけがえのない地球**」をスローガンとした。

□【国連環境開発会議（地球サミット）】…1992年にブラジルの**リオデジャネイロ**で開催。「**持続可能な開発**」を基本理念とし，「環境と開発に関するリオ宣言」及び具体的な行動計画である「**アジェンダ21**」が採択された。

□【環境開発サミット】…「持続可能な開発に関する世界首脳会議」のこと。2002年に南アフリカ共和国の**ヨハネスブルグ**で開催。環境と開発の両立のための対策を盛り込んだ「ヨハネスブルグ宣言」が採択された。

□【国連持続可能な開発会議（リオ＋20）】…2012年にブラジルの**リオデジャネイロ**で開催。環境保護と経済成長を両立させる**グリーン経済**の理念を盛り込んだ成果文書「我々の望む未来」が採択された。

□【持続可能な開発】…将来の世代の欲求を満たしつつ，現在の世代の欲求も満足させる範囲内で，地球環境を利用し開発していこうとする理念のこと。

▶わが国の環境に関する法律

□【循環型社会形成推進基本法】…資源を循環させて環境への負荷を減らす社会システムを構築していくことを目的とする法律。2001年施行。ゴミ処理やリサイクルの取組の優先順位を定めるとともに，**拡大生産者責任**と排出者責任という観点を明確に打ち出している。

□【拡大生産者責任】…生産者が生産，流通，消費，リサイクル，処分を通じて，その製品の環境への影響につき責任を負うべきという考え方。

□【容器包装リサイクル法】…家庭ごみの多くを占める容器包装類のリサイクルを促進するための法律。2000年完全施行。ビン，ペットボトル，プラスチック等の容器・包装廃棄物について，消費者に分別排出，市町村に分別回収，事業者にリサイクルを義務づけている。

□【家電リサイクル法】…不要となった家電製品について，製造業者に再商品化，小売業者に回収，消費者に**リサイクル料金**の負担を義務づけた法律。2001年施行。対象となるのは，**エアコン**，**テレビ**（ブラウン管式，液晶・プラズマ式），**冷蔵・冷凍庫**，**洗濯・衣類乾燥機**の４品目。

□【自動車リサイクル法】…資源の有効利用と不法投棄防止を目的として，製造業者や輸入業者に使用済み自動車の適正処理を義務づけた法律。2005年施行。**リサイクル料金**は車の所有者が**購入時**に支払う。

□【小型家電リサイクル法】…使用済み小型電子機器等に含まれるアルミ，

貴金属，レアメタルなどをリサイクルするために制定された法律。2013年施行。**市町村**が回収の主体となり，回収品目も市町村ごとに決定する。

□**【環境影響評価法（環境アセスメント法）】**…発電所やダム，高速道路など大規模な開発を行う際，周辺の環境に及ぼす影響について**事前に調査，予測，評価**し，その結果を公表することを義務づけた法律。1999年施行。評価への対策を講じることにより，環境への影響を回避，縮小することを目的とする。

▶環境関連用語

□**【カーボン・ニュートラル】**…大気中の**二酸化炭素**の増減に影響を与えないという考え方のこと。植物は，成長過程で光合成により二酸化炭素を吸収しており，焼却してもライフサイクル全体でみると大気中の二酸化炭素を増加させず，増減はゼロとみなされる。

□**【カーボン・オフセット】**…日常生活や経済活動において削減の努力をしても排出される二酸化炭素を，**植林**や**森林保護**の推進などによってその排出量の全部又は一部を埋め合わせようとする考え方。

□**【カーボン・フット・プリント】**…製品の原材料調達から廃棄・リサイクルに至るまでのライフサイクル全体を通して排出される温室効果ガスの量を，二酸化炭素に換算して表示する仕組み。

□**【ゼロ・エミッション】**…ある産業の製造工程から出る廃棄物を別の産業の原料として利用することにより，廃棄物の排出（エミッション）をゼロにする**循環型産業システム**の構築を目指すもの。

□**【フードマイレージ】**…食料が消費者に届くまでに使ったエネルギーを「食料の総重量×輸送距離」で計算したもの。

都市部の気温が郊外よりも高い状態になることをヒートアイランド現象といいます。これは，人工物や人工排熱の増加等により，地表面の熱収支が変化することによって起こるとされています。

④ 資源・エネルギー問題

▶再生可能エネルギー

□**【再生可能エネルギー】**…自然界で起こる現象から取り出すことができ，**永続的に利用可能**な，枯渇することのないエネルギーのこと。地球温暖化につながる二酸化炭素をほとんど排出しないため，**クリーンなエネルギー**として注目されているが，導入費用が高い，発電量が不安定といった問題点がある。

太陽光発電	太陽電池(半導体素子)を利用し,太陽の光エネルギーを直接電気に変換する発電方法。
風力発電	風の力で風車を回し,その回転運動を発電機に伝えて電気を起こす発電方法。
水力発電	高所から流れ落ちる河川などの水を利用して,水車を回し,その回転運動を発電機に伝えて電気を起こす発電方法。
地熱発電	地中のマグマを熱源とし,坑井から噴出する天然蒸気を用いてタービンを回し,電気を起こす発電方法。
バイオマス	化石資源を除く,動植物に由来する有機物を利用する発電方法。カーボン・ニュートラルという特性をもつ。

□【固定価格買取制度】…再生可能エネルギーによってつくられた電気を,国が定めた固定価格で電気事業者が買い取ることを義務づけた制度。2012年開始。買い取りに要する費用は,原則として電気を使う国民が電気の使用量に応じて賦課金の形で負担することになっている。

▶その他の資源

□【メタンハイドレート】…メタンガスと水が結晶化した天然ガスの一種。火をつけると燃えるため「燃える氷」ともよばれている。低温高圧の海底下や凍土下に存在し,日本近海にも多く分布するとされている。

□【シェールガス】…地下深くにある頁岩層と呼ばれる固い泥岩層から取り出される天然ガスのこと。これまで技術的に採掘が困難だったが,アメリカで水圧破砕技術が確立され採掘コストが大幅に低下したことから,開発しやすくなった。同じように頁岩層から取り出される石油のシェールオイルも,アメリカではすでに生産が本格化している。

□【レアメタル】…希少金属のことで,埋蔵量が少なかったり,純粋な物を取り出すことが経済的・物理的に困難であることから,流通量が少ない金属の総称。レアメタルのうち,一部の元素(希土類元素)はレアアースとよばれ,世界の生産量の9割以上を中国が占める。

レアメタルには,ニッケル,プラチナ(白金),マンガン,クロムなど31種類があります。携帯電話や薄型テレビ,自動車などの製造に欠かせない素材として,近年,需要が急伸しています。

□【都市鉱山】…都市部で大量に廃棄される家電製品などに含まれている有用な金属資源を鉱山に見立てて表した言葉。

01 地球温暖化の影響により，氷河の融解，平均海水面の下降，局地的な豪雨などの現象が生じている。

地方上級・平25

02 世界の二酸化炭素の国別排出量を見ると，1位がアメリカ，2位が中国となっており，この2か国だけで世界全体の二酸化炭素排出量の約20％を占めている。

地方上級・平30

 03 2020年以降の新しい温暖化対策の枠組みを定めたパリ協定では，先進国と途上国の両方に，温室効果ガス排出量の削減目標を5年ごとに作成し提出することが義務づけられた。

市役所・平28

04 地球全体の気温は年々上昇しているが，パリ協定では世界の平均気温上昇について数値目標が定められていない。

地方上級・平30

05 2015年，温室効果ガスの排出量を規制するための新たな枠組みとしてパリ協定が採択された。「各国の平等な責任」をうたい，先進国と途上国に対して，一律の規制内容と数値目標を定めている。

市役所・平29

解　説

01 平均海水面の下降ではなく**上昇**。地球温暖化の影響によって，グリーンランドなどの極域や高緯度地方の氷河が融解している。局地的な豪雨や干ばつなどの**異常気象**も，地球温暖化の影響とみられている。

02 世界の**二酸化炭素**の国別排出量は，１位が**中国**，２位が**アメリカ**となっており，この２か国だけで世界全体の二酸化炭素排出量の約40％を占めている。日本はインド，ロシアに次いで５番目に多い(2019年)。

03 正しい。パリ協定は，先進国にのみ温室効果ガスの削減目標を課していた**京都議定書**とは異なり，**途上国**も含めたすべての加盟国に対して，削減目標の**策定・提出**を義務づけている。

04 パリ協定では世界の平均気温上昇について数値目標が明確に定められている。**産業革命前**からの気温上昇を**2℃未満**に抑え，1.5℃以下に抑える努力をするという目標が掲げられている。

05 パリ協定では「**共通だが差異ある責任**」という原則が打ち出され，一律の規制内容や数値の目標は定められていない。取組の内容や数値目標は各国の自主的な判断に委ねられている。

社会

環境問題

地球温暖化の影響で，海洋ではサンゴの白化や破壊も進んでいる。サンゴは水温が30℃程度を超えた状態が長く続くと，体内に共生して酸素や栄養分を供給するプランクトンが失われて白化するんだ。

06 2020年以降の新しい温暖化対策の枠組みを定めた**パリ協定**では，削減目標を達成しない国に対しては，**罰則**を適用すると定められた。

市役所・平28

07 **パリ協定**は中国とインドが批准しておらず，**アメリカ**のトランプ政権も国内経済への影響を考慮して**離脱**を表明しているため，現在も未発効の状態にある。

地方上級・平30

08 人体に有害な紫外線を上空で吸収するはたらきをもつ**オゾン層の破壊**が世界的に進んでいる。オゾンの減少を食い止めるため，二酸化炭素排出量の削減が急務となっている。

国税専門官・平22

09 地球温暖化の影響によって，温帯地方を中心に**森林破壊**が進んでおり，特にヨーロッパ地域では大都市地域の水源の枯渇が深刻化している。

地方上級・平20

10 **熱帯林の減少**が大きな問題とされてきたが，違法伐採の取締強化や植林活動が功を奏し，南アメリカや東南アジアの熱帯林の面積は増加している。

地方上級・平29

11 **ワシントン条約**は，野生動物の国際取引の規制を輸出国と輸入国が協力して実施することにより，捕獲を抑制して絶滅のおそれのある野生動物の保護を図ることを目的としている。

国家専門職・平24

06 パリ協定では，削減目標を達成できなかったとしても罰則が適用されることはない。長期目標は掲げられているが，具体的な削減目標数値の設定は各国の自主的な判断に委ねられている。

07 パリ協定には中国やインドなどの途上国，アメリカも批准したため，2016年11月に発効した。アメリカのトランプ政権は批准した後，2019年11月に離脱を正式に通告した。

08 オゾンの減少を食い止めるため急務とされているのは，フロン（フッ素と炭素の化合物）排出量の削減である。二酸化炭素排出量の削減が急務とされているのは，地球温暖化防止のためである。

09 逆である。森林破壊によって地球温暖化が進む。森林破壊の原因は，過剰伐採，過剰放牧，焼畑農業などとされている。森林破壊は主に熱帯地方で進んでおり，熱帯雨林の減少が顕著にみられる。

10 熱帯林の減少は現在も続いており，特に南米やアフリカでは減少面積が大きい。森林面積が増加しているのは，中国やインド，ベトナムを中心とした温帯林であり，その背景には植林活動の活発化がある。

11 ワシントン条約の正式名称は「絶滅のおそれのある野生動植物の種の国際取引に関する条約」。野生動物だけでなく，植物も保護の対象としている。1973年に採択され，日本は1980年に批准した。

社会

環境問題

地球温暖化の進行について評価報告書を発表している「気候変動に関する政府間パネル（IPCC）」は，2007年にアル・ゴア元アメリカ副大統領とともに，ノーベル平和賞を受賞したよ。

245

12 ワシントン条約では，野生動植物種について，絶滅のおそれの程度に応じて附属書Ⅰ，Ⅱ，Ⅲの3区分に分類し，国際取引の規制が行われている。

国家専門職・平30

13 絶滅のおそれのある野生動植物の種の国際的な移動は，ワシントン条約による規制の対象とされており，生きた動植物だけでなく，体の一部（皮や牙など）やその加工品も，取引が制限される。　地方上級・平29

14 生物多様性条約においては，締約国は遺伝資源の利用から生じる利益を当該資源の提供国と公正に配分するための措置を講じることなどが定められている。

国家専門職・平24

15 2016年にわが国で開催された生物多様性条約の締約国会議では，10年間で生物多様性の損失を止めるため，緊急の行動を起こす目標を盛り込んだ名古屋議定書が採択された。　国家専門職・平30

16 水俣病などの水銀被害を経験したわが国は，国際的な水銀対策の交渉の進展に貢献してきており，2013年に熊本市・水俣市で行われた外交会議において，水銀に関する水俣条約が採択された。　国家一般職・平30

17 水俣条約は，鉱山からの水銀の産出や水銀使用製品の製造を即時禁止とする一方，水銀の輸出入は特段の制限なく認めている。　市役所・平28

18 現在，途上国での水銀の利用は減少傾向にあるが，先進国での利用は逆に増加しており，健康被害の拡大が懸念されている。　市役所・平28

12 正しい。**ワシントン条約**は，輸入国と輸出国が協力して，ワニ，ゾウ，ゴリラをはじめとする野生動植物の**国際取引**を厳しく規制することにより，絶滅のおそれのある野生動植物の保護を目指している。

13 正しい。**ワシントン条約**の規制対象は，生きている野生動植物のほか，その卵や種子，野生動植物を利用した**加工品**(はく製，衣料品，装飾品，漢方薬，化粧品などを含む)などとされている。

14 正しい。生物多様性条約は，生物の多様性を**生態系**，**種**，**遺伝子**の３つのレベルでとらえ，遺伝子の利用に関しては，資源提供国と利用国との間での利益の公正かつ公平な配分を求めている。

15 2016年の生物多様性条約の締約国会議はメキシコの**カンクン**で開催された。わが国で生物多様性条約の締約国会議が開催され，名古屋議定書が採択されたのは2010年のことである。

16 正しい。水銀に関する水俣条約(**水俣条約**)とは，水銀や水銀化合物の人為的排出による環境汚染や健康被害を防ぐために，水銀の採掘や使用に加え，輸出入なども含めた包括的な管理を定めた条約である。

17 **水俣条約**において，鉱山からの水銀の産出や水銀使用製品の製造が即時禁止されたという事実はない。この条約により，水銀を使った製品の製造や輸出入が制限されることになった。

18 先進国では，水銀に対する規制が進んでいるため，利用は減少している。これに対して，途上国では規制が緩やかであるため，**金採掘場**などを中心に水銀が利用され続けており，健康被害が拡大している。

19 2016年，国連環境計画(UNEP)がレッドリストを更新し，オオムギなどの作物の近縁種やキリンなどが絶滅危惧種と評価された。
国家専門職・平30

20 家電リサイクル法では，冷蔵庫，テレビ，エアコンの3品目が対象。回収・再資源化の義務は各メーカー等に課され，廃棄時に必要な輸送料は消費者が，リサイクル料金は各メーカーが負担する。
国税専門官・平20

21 自動車リサイクル法では，使用済み自動車の不法投棄を予防するため，車検時に車の所有者に税金としてリサイクル費用を納めさせて，廃車時の費用負担を生じさせないようにしている。
国税専門官・平20

22 資源有効利用促進法に基づき，家庭用のパソコンの回収・再資源化の義務は各メーカー等に課され，PCリサイクルマークの付いているものは，消費者の負担なしに，各メーカー等が引き取る。
国税専門官・平20

23 微小粒子状物質(PM2.5)が中国大陸等から越境飛散し，人体への悪影響が懸念されている。しかし，現在のところ政府はPM2.5に関する規制基準や指針等を定めていない。
地方上級・平27

24 都心部の気温が郊外よりも高い状態になるヒートアイランド現象が顕著になっている。これは，人工物や人工排熱の増加等により地表面の熱収支が変化することによって起きるものである。
国税専門官・平22

19 <u>レッドリスト</u>は国際自然保護連合(IUCN)によって作成・更新されている。国連環境計画(UNEP)も生態系の管理をその役割の一つとしているが，レッドリストを作成・更新しているわけではない。

20 <u>家電リサイクル法</u>では，<u>冷蔵・冷凍庫，テレビ，エアコン，洗濯・衣類乾燥機</u>の4品目が対象。また，回収の義務は小売業者，再資源化の義務は各メーカーに課され，リサイクル料金は消費者が負担する。

21 自動車リサイクル法では，リサイクル費用は車の所有者が<u>購入時</u>に納めることになっている。なお，製造業者や輸入業者には，使用済み自動車の適正処理が義務づけられている。

22 正しい。<u>PCリサイクルマーク</u>のないパソコンについては，パソコンメーカーが有償で回収・リサイクルを行う。2013年からは<u>小型家電リサイクル法</u>に基づくパソコンの回収・再資源化も開始された。

23 <u>微小粒子状物質(PM2.5)</u>に関して，人の健康を保護する上で維持することが望ましい基準として，2009年に「微小粒子状物質による大気の汚染に係る環境基準について」が環境省から告示された。

24 正しい。<u>ヒートアイランド現象</u>は，都心部で気温上昇や局地的豪雨を引き起こしている。対策として，公園や屋上・壁面の<u>緑化</u>，建物や自動車からの<u>排熱削減</u>などを進める地方自治体も増えている。

よく出る 01

太陽光，風力，バイオマス，メタンハイドレートなどによるエネルギーは，環境にやさしく発電効率が高い再生可能エネルギーと呼ばれ，わが国全体の発電電力量の約20％近くを占める。 **国家一般職・平27**

02

地熱発電は，地中に蓄えられた地熱エネルギーを蒸気や熱水などのかたちで取り出し，タービンを回して発電する方式である。簡易な設備で発電が可能なため，開発コストは比較的安い。 **国家専門職・平25**

03

風力発電は，風の力で風車を回し，その回転運動を発電機に伝えて発電する方式である。発電コストが高く，エネルギー変換効率が低いが，クリーンエネルギーとして注目されている。 **国家専門職・平25**

04

バイオマス発電は，植物由来の生物資源を直接燃焼させて発電を行うもので，発電時に CO_2 が発生せず，大気中の CO_2 を増やさないとされている。こうした性質をカーボンオフセットという。 **国家専門職・平25**

05

太陽光発電は，シリコン半導体などに光が当たると電気が発生する現象を利用し，太陽の光エネルギーを太陽電池で電気に変換する発電方法である。送電設備のない山岳地などでも活用できる。 **国家専門職・平25**

06

電気事業者は，太陽光，風力，水力，地熱，バイオマスなどの再生可能エネルギー源を用いて発電された電気を，固定価格で一定期間買い取らなければならない。 **地方上級・平25**

解 説

01 メタンハイドレートはメタンを主成分とする化石燃料で，再生可能エネルギーではない。再生可能エネルギーは発電効率が高いとはいえず，わが国全体の発電電力量に占める割合も10%ほどにすぎない。

02 地熱発電は，地下の熱資源を活用するため，調査や開発などの開発コストは高くならざるを得ない。なお，地熱発電の設備には簡易なものもあれば，大規模なものもあり，設備コストは一様ではない。

03 風力発電は，エネルギー変換効率が高い。ただし，強風の吹く地域は限定されており，しかも風力はしばしば不安定であることから，わが国ではあまり普及していない。

04 バイオマス発電でも CO_2 は発生するが，もともと光合成で植物内に取り入れられたものなので，大気中の CO_2 の総量を増やすことはない。カーボンオフセットではなくカーボン・ニュートラルである。

05 正しい。わが国では，補助金の支給や固定価格買取制度の実施などを通じて再生可能エネルギーによる発電の促進が図られているが，なかでも期待を集めたのは太陽光発電である。

06 正しい。2012年から再生可能エネルギー固定価格買取制度が導入され，電気事業者は再生可能エネルギー源を用いて発電された電気を，国の定めた価格で一定期間買い取ることが義務づけられた。

> 日本には地熱発電所が31か所あって，火山帯や地熱帯がある東北地方と九州地方に多いんだよ。

07

2012年，再生可能エネルギー固定価格買取制度(FIT)が実施され，太陽光，地熱，風力などについて買取が始まったが，このうち最も多く買取されたのは風力であった。
地方上級・平28

08

2012年に再生可能エネルギー固定価格買取制度が実施されたが，買取価格は一般の電力小売料金に上乗せされていることから，国民負担軽減が必要とされた。
地方上級・平28

09

天然ガスの一種であるメタンハイドレートは，日本近海の広い範囲で埋蔵が確認されており，採掘も進んで現在ほぼ商業ベースにのっている状況である。
地方上級・平26

10

いわゆるシェール革命とは，海底のシェール層に閉じ込められた天然ガスや石炭を取り出すことが技術革新によって可能になり，世界のエネルギー需給や経済に大きな影響を及ぼすことである。
国家一般職・平27

11

近年，シェールガスの開発がアメリカやカナダで進んでおり，これらの国で対日輸出が許可されたことから，輸入先のさらなる多様化が期待されている。
地方上級・平26

12

ガソリンを使わない燃料電池車は，使用する燃料電池では水素と酸素を反応させて水を生成する際に発生する熱エネルギーを利用しており，二酸化炭素を排出しない自動車として注目されている。
国家一般職・平24

07 最も多く買い取られたのは太陽光。その背景には，電気事業者に全量買取が義務づけられていたこと，買取価格が他より割高に設定されていたことなどがある。現在は買取価格の引下げが進められている。

08 正しい。固定価格買取制度では，再生可能エネルギー源を用いて発電された電力の買取に要した費用を，電気事業者が電力小売料金に上乗せする形で国民が負担することになっている。

09 メタンハイドレートは商業化されていない。日本では，2013年に世界で初めて海底のメタンハイドレートからガスの取り出しに成功したが，現在は商業化を目指して新たな生産技術の開発が進んでいる。

10 石炭ではなく石油である。地下深くにあるシェール層（頁岩層）と呼ばれる硬い泥岩層から取り出される天然ガスをシェールガス，同じようにシェール層から取り出される石油をシェールオイルという。

11 正しい。シェールガスと同様にシェールオイルもアメリカではすでに生産が本格化している。経済的に掘削が困難と考えられていたシェール層の開発が2006年以降進められ，生産が本格化した。

12 正しい。燃料電池車は二酸化炭素や窒素酸化物などを排出しないクリーンなエネルギーを利用するため期待を集めているが，燃料補給のためのインフラ整備などが今後の課題となっている。

> 日本は2003年まで世界最大の太陽光発電導入国だったんだ。その後，ドイツや中国で導入が進み，2015年時点では中国，ドイツに次ぐ世界第3位の累積導入量となっているよ。

5 労働問題

▶労働基準法

□【労働時間】…週40時間，1日8時間以内。ただし，従来は，会社と労働者の代表が同法36条に基づく協定（三六協定）を結び，行政官庁に届け出れば，事実上，無制限に残業することが可能となっていた。

□【年次有給休暇の計画的付与制度】…年次有給休暇のうち5日を超える部分について，労使協定の定めに従って計画的に有給休暇を割り振ることができる制度。

□【年次有給休暇5日取得義務】…年10日以上の年次有給休暇が付与されている労働者に対して，毎年5日については，使用者が時季を指定して取得させる必要がある。2019年より実施。

企業は業種・業態にかかわらず，また，正社員，パートタイム労働者などの区分なく，一定の要件を満たしたすべての労働者に対して，年次有給休暇を与えなければなりません。

▶働き方改革関連法により新たに設けられた制度

残業時間の上限規制	原則「月45時間，年360時間」。繁忙期でも「単月100時間未満」とし，年間上限は「720時間」。上記に反した場合には，6か月以下の懲役あるいは30万円以下の罰金。
高度プロフェッショナル制度	年収1,075万円以上の一部専門職（金融ディーラーやコンサルタントなど）について，残業時間や休日・深夜の割増賃金といった労働時間の規制から外し，成果に応じて賃金を支払う制度。健康・福祉確保措置が企業に義務づけられている。
同一労働・同一賃金	正社員であるか，非正規社員（パートや有期雇用労働者，派遣労働者）であるかを問わず，同じ業務や成果には同額の賃金を支払うという原則。
勤務間インターバル	終業時刻から次の始業時刻までの間に一定時間の休息を設ける制度。企業の努力義務とされている。

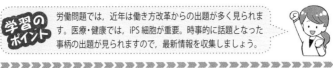
▶その他労働関係法

□【男女雇用機会均等法】…職場での男女平等を目指し，募集・採用，配置・昇進等についての差別を禁止する法律。改正により2007年からは**男女双方**に対する差別の禁止に拡大。さらに，**間接差別**の禁止，男性に対する**セクシュアル・ハラスメント**も含めた対策を講じることが義務化された。

補足
します
間接差別とは，性別には関係のない中立的な取扱いであっても，結果として男女間に不均衡を生じさせる性差別のことをいいます。

□【高齢者雇用安定法】…高齢者の安定した雇用の確保や雇用機会の平等化を促すための法律。定年を65歳未満としている事業主に対し，65歳までの**定年引上げ**，定年後の65歳までの**継続雇用制度**の導入，**定年廃止**，のいずれかの措置の導入が義務づけられている。また，2013年の法改正では，継続雇用制度の対象者が「希望者全員」に変更された。

□【労働契約法】…労働契約についての基本的なルールについて定めた法律。改正により，**有期労働契約**が5年を超えて反復更新された場合，期間の定めのない無期労働契約に転換できるようになり，最高裁判例として確立された「**雇止め法理**」が法定化された。

□【パワハラ防止法】…改正労働施策総合推進法。職場における**パワーハラスメント**（パワハラ）を防ぐことを目的とする法律。2019年成立。パワハラを，①優越的な関係を背景にした言動で，②業務上必要かつ相当な範囲を超えた言動で，③労働者の就業環境が害されることと定義し，これらを「行ってはならない」と明記。企業に対して，相談窓口の設置など防止策をつくり運用するよう義務づけている。

□【女性活躍推進法】…女性が職業生活において，その希望に応じて十分に能力を発揮し，活躍できる環境を整備することを目的とする法律。従業員301人以上の大企業と国・地方公共団体に対し，自社の女性の活躍に関する状況把握・課題分析（女性の**管理職比率**や**採用比率**など），数値目標を盛り込んだ**行動計画**の策定・公表を義務づけている（従業員300人以下の企業は努力義務）。

社会

労働・医療

▶労働に関する用語

□**【裁量労働制】**…実際の労働時間に関係なく，労使であらかじめ合意した時間を働いたとみなして賃金が支払われる制度。専門業務型裁量労働制と企画業務型裁量労働制がある。

□**【フレックスタイム制】**…一定の期間についてあらかじめ定めた総労働時間の範囲内で，労働者が日々の始業・終業時刻，労働時間を自ら決めることのできる制度。業務と生活との調和(**ワーク・ライフ・バランス**)を図りながら効率的に働くことができる制度とされている。

□**【テレワーク】**…情報通信技術を活用した，場所や時間にとらわれない柔軟な働き方。働く場所によって，自宅利用型テレワーク(**在宅勤務**)，**モバイルワーク**，施設利用型テレワーク(サテライトオフィス勤務など)の3つに分けられる。モバイルワークとは，顧客先や移動中において，パソコンや携帯電話を使う働き方である。

▶労働事情

□**【労働力人口】**…15歳以上の働く意思と能力をもつ者(就業者と完全失業者を合わせたもの)。

□**【完全失業者】**…①仕事がなく少しも仕事をしなかった，②仕事があればすぐ就くことができる，③仕事を探す活動や事業を始める準備をしていた，という3つの条件を満たす者。

□**【完全失業率】**…完全失業者数を労働力人口で割った値。

□**【非正規雇用者】**…パートタイマー，アルバイト，派遣労働者，契約社員など，正規雇用以外の雇用者。

□**【フリーター】**…15～34歳の男性または未婚の女性(学生を除く)で，パート・アルバイトとして働く者，及びその希望者(一般的に使用される「フリーター」という用語に厳密な定義はない)。

□**【ニート】**…15～34歳の非労働力人口のうち，通学も家事も行っていない者。

□**【所定内労働時間】**…事業所の就業規則で定められた労働時間数。企業規模が小さいほど長くなる傾向にある。

□**【労働組合の推定組織率】**…雇用者数に占める組合員数の割合。大企業ほど高く，中小企業では低い。

□**【雇用のミスマッチ】**…企業の求人内容と，求職者の能力や求職者が求める仕事内容などにずれが生じている状態のこと。

□**【M字型カーブ】**…女性の労働力率を年齢階級別にみた場合に，**30歳代後半**を底として描く曲線のこと。近年はM字部分の底となっている年齢階級が上昇し，M字カーブの底が浅くなって，台形に近づきつつある。

6 医療・健康

▶医療・健康に関する法律・制度

□【臓器移植法】…脳死を「人の死」と認め，脳死者からの臓器提供を可能にする法律。2010年施行の改正法により，脳死になった場合，本人があらかじめ拒否の意思表示をしていない限り，本人の意思が不明でも家族の同意があれば臓器移植を行うことが可能となった。また，従来は15歳以上だった年齢制限が撤廃され，**0歳**からの臓器提供も可能となった。

□【改正薬事法】…薬事法（現・医薬品医療機器等法）は，医薬品や医薬部外品，化粧品，医療機器に関する運用などについて定めた法律。2014年に施行された改正法では，一般用医薬品の**インターネット販売**が原則として認められることになった。

□【医薬品医療機器等法】…薬事法が大幅に改正されたことに伴い改称された法律。従来，医薬品と医療機器に分かれていた承認の仕組みに，再生医療製品を加え，有効性が推定され安全性が確認されれば条件付きで**早期に承認**する制度が導入された。

□【がん対策基本法】…日本人の死因で最も多いがん対策を目的として，国・地方公共団体の責務を明確にし，基本的施策，対策の推進に関する計画の策定などを定めた法律。同法に基づき，2017年度から6年間の数値目標や重点課題を掲げた**がん対策推進基本計画**が策定された。予防，医療の充実，がんとの共生が3本柱。現在30〜40%台にとどまっているがん検診の受診率を50%に引き上げるという目標を掲げた。

□【予防接種法】…伝染のおそれがある疾病の発生・蔓延を予防するための法律。予防接種の対象となる疾病や，接種の対象となる年齢，予防接種の実施法などを明記。一部の疾病について，**定期予防接種**を受けることを**努力義務**として定めている。

 予防接種が必要とされる疾病（A類疾病）には，結核，破傷風，ポリオ（急性灰白髄炎），麻疹などがあります。インフルエンザには，接種努力義務はありません。

□【健康増進法】…国民の健康の増進を図るための措置を講じ，国民保健の向上を図るための法律。**受動喫煙**による健康被害を防ぐことを目的として改正され，病院や学校，行政機関は，2019年7月から敷地内禁煙となった。2020年4月からは，飲食店のほか，ホテルや企業なども原則として屋内禁煙となった。

社会

労働・医療

□【健康日本21】…「21世紀における国民健康づくり運動」のことで, 国民, 企業等に健康づくりの取組を浸透させていき, 一定程度の時間をかけて健康増進の観点から理想とする社会に近づけることを目指す運動。2000年に開始された。2013年度からは「健康日本21(第二次)」が開始され, 健康寿命の延伸や生活習慣病の発症予防等が目標に掲げられている。

□【特定健康診査】…**40〜74歳**の全国民を対象として, 年1回実施される健康診査。**メタボリック・シンドローム(メタボリック症候群)**に着目したもので, 生活習慣病の発生や重症化を予防することを目的としている。その結果に基づいて行われる保健指導を**特定保健指導**といい, 企業の健康保険組合や国民健康保険を運用する市町村などにその実施が義務づけられている。

▶医療事情

□【iPS 細胞】…ヒトの皮膚細胞などの**体細胞**に遺伝子操作を加えてつくる, 神経・骨・内臓などさまざまな細胞や組織に分化する能力をもつ**万能細胞**。患者本人の細胞から培養できるため, 分化した組織や臓器を移植した場合, **拒絶反応**が起こらないとされている。**再生医療**への利用のほか, 難病の原因解明, 薬の有効性・副作用の評価などへの活用について期待されている。

 2014年には, 患者自身の皮膚細胞から作製したiPS細胞を目の細胞に分化させて移植する手術が, 2018年には, iPS細胞由来の脳の神経細胞の移植も実施されました。

□【ES 細胞】…動物の発生初期の**受精卵(胚)**から細胞を取り出し, それを培養することによって作製する細胞。受精後に分割が進んだ受精卵(胚)を破壊してつくるため**倫理的な問題**があり, また, 移植した場合に拒絶反応が起こる場合がある。

□【混合診療】…保険の適用される**保険診療**と, 保険が効かない**保険外診療(自由診療)**を組合せたもの。現在は, 一部の高度先進医療などを除いて原則として認められていない。そのため, 一部でも保険外診療を受けた場合, すべての診療が保険外診療の扱いとなり, 患者は**医療費全額**を自己負担することになっている。

 混合診療については, 2016年に患者申出療養制度が創設され, 患者が新しい治療や投薬などを希望する場合, 一定の条件の下で混合診療が認められることになりました。

□【オンライン診療】…**遠隔医療**のうち，医師がパソコンやスマートフォンなどの情報通信機器を使って，患者の診察及び診断を行い，診断結果の伝達や処方などの診療行為を**リアルタイム**で行うこと。離島などの遠隔地に住む患者や病院に行くことが難しい患者にとって，メリットが大きい。2018年４月から一定の条件を満たす場合**公的医療保険**の対象となった。

□【ジェネリック医薬品(後発医薬品)】…先発医薬品(新薬)の特許が切れた後に販売される，**先発医薬品**と同じ有効成分，同じ効能・効果をもつ医薬品のこと。研究開発に要する費用が低く抑えられるため，**薬価が安い**ことから，患者負担の軽減や医療保険財政の改善が期待されている。政府は「2020年９月までに使用割合を**80%**とする」という目標を掲げている。

□【ドラッグ・ラグ】…海外で開発・発売された**新薬**が，厚生労働省で承認され国内で使えるようになるまでの**時間差**のこと。この解消に向けて，医薬品の開発から承認を世界と同時に行うための国際共同治験の促進，審査体制強化による承認審査期間の短縮，効率的な治験の実施による治験期間の短縮などの対策がとられている。

□【遺伝子治療】…治療用の**遺伝子**を組み込んだ細胞を患者の体内に導入して，病気に関わる遺伝子の働きを抑えたり，病気を治療したりすること。治療法のないハンチントン病や筋ジストロフィーなどの難病や，がん，エイズなどの治療に期待されている。

□【ゲノム医療】…DNA に含まれる**遺伝情報全体**であるゲノムを網羅的に調べ，その結果をもとにして，より効率的・効果的に病気の診断と治療などを行うこと。がん患者の細胞の遺伝子を調べて患者ごとに最適な治療法を探る「**がんゲノム医療**」のための体制整備が進められている。

□【代理出産】…**体外受精**によって得られた受精卵を第三者の女性の子宮に移植したり，夫の精子による**人工授精**によって第三者の女性に出産してもらったりすること。わが国では，合法化されておらず，厚生労働省や学会も禁止の方針を打ち出している。

□【安楽死】…死期が迫った患者を苦痛から解放するため，本人や家族の意思に基づいて，延命治療をやめる「消極的安楽死」，薬物などを使って死を早める「積極的安楽死」がある。後者については，わが国では合法化されていない。

□【危険ドラッグ】…覚醒剤や麻薬と類似の有害性が疑われる指定薬物のこと。2014年の医薬品医療機器等法(旧薬事法)の改正により，販売等停止命令の対象となる物品を拡大するなど，取締りを強化した。

01
2018年，働き方改革関連法が成立し，1か月の残業時間の上限が原則100時間とされた。

国家一般職・令1

02
わが国では2018年に労働基準法が改正され，年次有給休暇の計画的付与制度が創設された。これは，企業が休暇取得日を指定して割り振ることや時間単位で取得させることを禁じるものである。

国家一般職・令1

03
わが国は，以前はパートタイム労働者には年次有給休暇が認められていなかったが，2015年，「年次有給休暇に関する条約」の批准にともない，一定の条件の下，年次有給休暇を付与することが企業に義務づけられた。

国家専門職・平28

 04
高度プロフェッショナル制度(いわゆるホワイトカラー・エグゼンプション)とは，労働時間ではなく成果に対して賃金を支払う労働時間制度であり，企業内の管理職を対象としている。

国家専門職・平28

 05
働き方改革関連法により勤務間インターバル制度が新設された。残業時間が100時間を超えた月の翌月に適用される緊急措置として終業から始業までの間に一定時間の休息を設けるものである。

国家一般職・令1

06
2018年，キッズウィークが導入された。これは，地方公共団体が，公立学校の夏休みなどに合わせて，その地域に居住する住民や事業所に適用される祝日を設定するものである。

国家一般職・令1

解　説

01 労働基準法の，いわゆる「**36協定**」を見直し，時間外労働の上限を原則として「**月45時間，年360時間**」と規定。繁忙期でも「**単月100時間未満**」とし，年間上限を「**720時間**」とした。

02 2018年の労働基準法改正により創設されたのは，**年次有給休暇5日取得義務**。年次有給休暇の計画的付与制度は，有給休暇の低い消化率を上げるために1987年の労働基準法改正時に設けられた。

03 わが国は「年次有給休暇に関する条約（ILO第132号条約）」を批准していない。ただし，労働基準法の規定に基づき，一定の要件を満たすすべての労働者への**年次有給休暇**の付与が企業に義務づけられている。

04 **高度プロフェッショナル制度**は，企業内の管理職を対象としているわけではない。年収1,075万円以上の一部専門職（金融ディーラーやコンサルタントなど）を対象としている。

05 **勤務間インターバル制度**は，勤務終了後，一定時間以上の「休息時間」を設ける制度で，残業時間が100時間を超えた月の翌月に適用される緊急措置ではない。2019年4月から，勤務間インターバルを設けることが企業の**努力義務**として規定された。

06 **キッズウィーク**は祝日を設定するものではない。地方公共団体が公立学校の夏休みなどの一部を別の時期に分散させ，**長期休暇期間**とは異なる時期に土日等と合わせて大型連休を設定するものである。

07 男女雇用機会均等法では，男性労働者のみを募集するといった直接差別は禁止されているが，いわゆる間接差別は禁止されていない。
市役所・平19

08 厚生年金の受給開始年齢が65歳以上に引き上げられたことにより，企業には65歳までの雇用の継続が法的に義務づけられた。
市役所・平26

09 女性活躍推進法が制定され，一部の企業に，管理職に占める女性の割合の公表や女性の活躍に向けた行動計画の策定などが義務づけられた。
市役所・平30

10 フレックスタイム制とは，実際の労働時間に関係なく，労使であらかじめ合意した時間を働いたとみなして賃金が支払われる制度である。
国家専門職・平28

11 テレワークとは，情報通信技術を活用した，場所や時間にとらわれない柔軟な働き方であり，在宅勤務，サテライトオフィス勤務，モバイルワークなどの形態がある。
国家専門職・平28

12 わが国の労働統計上，家の近くで短時間働けるパートの職を探している専業主婦は，完全失業者に分類される。
市役所・平18

13 経済全体で企業の求人数が求職者数を上回っても，企業と求職者の間のミスマッチが拡大すれば，失業率は低下しにくい。
市役所・平30

07 男女雇用機会均等法では，いわゆる**間接差別**も禁止されている。間接差別の例として，労働者の募集または採用に当たって，労働者の身長や体重，体力を要件とするものなどが挙げられる。

08 法的に義務づけられていない。定年を65歳未満としている事業主に対し，高齢者雇用安定法において，**定年の引上げ，継続雇用制度の導入，定年の廃止**のいずれかが義務づけられている。

09 正しい。**女性活躍推進法**は，**従業員301人以上の大企業**と国・地方公共団体に対し，自社の女性の活躍に関する状況把握・課題分析，数値目標を盛り込んだ行動計画の策定・公表を義務づけている。

10 **裁量労働制**に関する記述である。**フレックスタイム制**とは，一定の期間についてあらかじめ定めた総労働時間の範囲内で，労働者が日々の始業・終業時刻，労働時間を自ら決めることのできる制度。

11 正しい。**モバイルワーク**は，車内やカフェなどにおいて，情報通信技術（ICT）を活用して働く**テレワーク**の一つ。時間や場所を問わず仕事ができるが，情報漏洩などのリスクは高まる。

12 正しい。労働統計上，**完全失業者**に分類されるのは，①仕事がなく仕事に従事していないが，②仕事があればすぐ就くことができ，③仕事を探していた，という3つの条件を満たす者である。

13 正しい。**雇用のミスマッチ**とは，企業の求人内容と，求職者の能力や求める仕事内容などにずれが生じている状態のこと。求職者がその仕事に適さない場合，雇用は増えないので，失業率も低下しない。

14 わが国の労働組合組織率は1949年に過去最高を記録し，55.8％となったが，その後は低下傾向で推移している。

市役所・平23改

15 わが国では産業別労働組合が一般的であるが，近年，推定組織率が減少を続けていることから，労働者を組織しやすい企業別労働組合の結成例が増えている。

市役所・平19

16 わが国の時間当たりの労働生産性は，OECD 加盟国中で最も低いが，理由として，わが国の平均年間総実労働時間が直近の10年で増加し，OECD 加盟国中で最も長くなったことが考えられる。

国家専門職・平28

17 女性の年齢階級別労働力率は M 字型カーブを描くとされているが，M 字の「谷」の部分が浅くなる傾向にあり，25〜29歳の労働力率は約50％に上昇している。

市役所・平30

18 男女雇用機会均等法の施行以降，男女別の賃金格差は拡大する傾向にあり，また，正規雇用率を見ると，男女の格差は依然として解消していないことが明らかである。

市役所・平26

19 管理的職業従事者に占める女性の割合を国際比較してみると，わが国の数値はアメリカ，イギリス，スウェーデンよりは低いが，ドイツ，シンガポール，韓国よりも高い。

市役所・平30

14 正しい。わが国の労働組合組織率は長期的に**低下傾向**で推移しており，労働組合に加入している労働者は6人に1人程度という状況にある。この背景には，非正規雇用者の増加などが挙げられる。

15 わが国では**企業別労働組合**が一般的である。企業別労働組合は，欧米にみられる横断的な産業別・職業別労働組合と比較すると，労使協調が図られやすいという特徴がある。

16 わが国の時間当たりの**労働生産性**は低い水準にあるが，OECD加盟国中で最低ではない。また，平均年間総実労働時間は直近の10年では減少しており，OECD加盟国中で最長ではない。

社会

労働問題

17 M字の「谷」の部分は浅くなる傾向にあるが，**25～29歳**は女性の労働力率が最初のピークに達する時期であり，近年80％を超えている。M字型カーブの「谷」の底は**35～39歳**である。

18 男女別の賃金格差は長期的にみると**縮小傾向**にある。しかし，女性の**非正規雇用**は半数を超えるのに対し，男性は約2割にとどまっていることから，男女の格差は解消されていない。

19 管理的職業従事者に占める女性の割合を国際比較してみると，わが国の数値は韓国よりは高いが，ドイツ，シンガポールよりも低くなっており，国際的に**低い水準**にある。

01
☐☐☐ 2010年の改正臓器移植法の施行により，本人の意思が不明であっても，家族の同意があれば脳死による臓器移植を行うことが可能となった。

地方上級・平23

02
☐☐☐ 2014年の薬事法の改正により，後発医薬品を含む一般用医薬品のインターネット販売が認められることとなり，その販売に際しては「電子お薬手帳」の交付が条件となっている。

国家一般職・平28

03
☐☐☐ わが国では，新薬の発見から承認にかかる時間が長く，ドラッグ・ラグとよばれる社会問題が生じていたが，2014年の医療法の改正により，承認審査期間は1年を上限とすると定められた。

国家一般職・平28

04
☐☐☐ 2000年に入り，わが国における死因の第1位が悪性新生物（がん）となったことから，がん対策推進基本計画の中で，がん検診の受診が20歳以上の成人に対して義務づけられることになった。

国家一般職・平28

05
☐☐☐ 予防接種法は，一部の疾病について，公衆衛生の観点から，定期予防接種を受けることを努力義務として定めている。

市役所・平29

06
☐☐☐ 「健康日本21」とは，国民，企業等に健康づくりの取組を浸透させていき，一定程度の時間をかけて，健康増進の観点から，理想とする社会に近づけることを目指す運動である。

国家一般職・平27

解 説

01 正しい。**改正臓器移植法**には，臓器提供の年齢制限（従来は15歳以上）の撤廃，親族（親子および配偶者）への臓器の優先提供，虐待で死亡した児童からの臓器提供の防止なども盛り込まれた。

02 2014年の薬事法の改正により，一般用医薬品のインターネット販売が原則として認められることになったが，その販売に際して「**電子お薬手帳**」の交付が条件とされたという事実はない。

03 新薬の承認審査について定めている法律は，医療法ではなく**医薬品医療機器等法（旧薬事法）**である。医薬品医療機器等法においても，新薬の承認審査期間の上限を1年とする規定は設けられていない。

04 **悪性新生物（がん）**は，1981年以降，わが国における死因の第1位である。また，**がん対策推進基本計画**でがん検診の受診が20歳以上の成人に対して義務づけられることになった事実はない。

05 正しい。重症化するおそれのある感染症の予防やまん延防止のため，**予防接種**が必要とされる病気（A類疾病）について，国民は予防接種を受けるように努めなければならないとされている。

06 正しい。「**健康日本21**」は，2000年開始の「21世紀における国民健康づくり運動」のこと。2013年度からは「健康日本21（第二次）」が開始され，健康寿命の延伸等が目標に掲げられている。

医療・健康

07 メタボリック症候群の予防を目的として，40歳から74歳までの全加入者を対象に健康診査を受診させることが医療保険者(国民健康保険など)に義務づけられている。　地方上級・平20

08 2008年から，60歳以上の者を対象に「特定健康診査」が行われてきたが，2013年から，生活習慣病全般の早期予防のために「特定保健指導」制度に変更された。　国家一般職・平27

09 iPS 細胞を用いて臓器等を再生する研究が進められているが，iPS 細胞は受精卵を壊して作製しなければならないことから，倫理上の批判も加えられている。　地方上級・平23

10 2014年，世界で初めて皮膚細胞から作製した iPS 細胞を目の細胞に分化させて移植する手術が行われた。iPS 細胞は患者自身の細胞を利用するため，拒絶反応を回避できるとされている。　国家一般職・平28

11 増大する社会保障費を抑制するため，政府は後発医薬品(ジェネリック医薬品)の利用を推進しており，その数量シェアについて目標数値も定めている。　市役所・平28

12 混合診療とは，公的医療保険が適用される保険診療と患者が自己負担で受ける自由診療を併用した診療のことであり，2016年4月からは全面解禁されている。　市役所・平28

07 正しい。メタボリック症候群の予防を目的とした健康診査を**特定健康診査**という。メタボリック症候群とは，一定以上の腹囲に加えて，高血圧・高血糖・高脂血症などの症状が重複した状態の内蔵脂肪型肥満。

08 特定健康診査は**40歳以上**の者を対象としている。また，**特定保健指導**は特定健康診査の結果に基づいて必要度に応じた保健指導が行われるもので，制度が変更されたわけではない。

09 **iPS細胞**(人工多能性幹細胞)は，皮膚細胞などの体細胞から作製するため，倫理上の問題は生じないとされている。受精卵を壊して作製するのは **ES細胞**(胚性幹細胞)である。

10 正しい。2014年に実施された，**iPS細胞**を目の細胞に分化させて移植する手術は，2019年4月に安全性が確認された。また，2018年には iPS細胞由来の**脳の神経細胞**の移植も実施された。

11 正しい。**ジェネリック医薬品**は，研究開発に要する費用が低く抑えられるため，薬価が安いことから，患者負担の軽減や医療保険財政の改善といったことが期待されている。

12 **混合診療**は，現在も原則として**禁止**されている。ただし，2016年には患者申出療養制度が創設され，患者が新しい治療や投薬などを希望する場合，一定の条件の下で混合診療が認められることとなった。

ジェネリック医薬品の利用者は全体の70%を超えているよ。ただ，欧米諸国と比較するとやや低いため，政府は「2020年9月までに使用割合を80%にする」という目標を掲げているんだ。

13

遺伝子治療は，人間が本来有している遺伝子を組みかえてしまうものであることから，日本医師会などが反対しており，現在のところわが国での実施例は1件もない。　市役所・平23

14

アメリカでは代理出産をビジネスとして行うことが広く認められているが，わが国の場合，代理出産で産んでもらった子どもを実子として戸籍に登録することはできない。　地方上級・平23

15

積極的な安楽死は，わが国では殺人にあたるものとして禁止されているが，欧米では法律で人権の一つとして認められている国が大半を占めている。

地方上級・平23

16

危険ドラッグは，治療目的で使用される麻酔薬や薬局の薬品などと異なり，健康被害をもたらすおそれのある指定薬物である。2014年の麻薬取締法の改正で販売停止となる物品が拡大された。　国家一般職・平28

17

ヒトインフルエンザは，人間だけでなく豚や鳥類にも感染するが，別の種に感染すると猛威を振るう性質がある。　市役所・平30

18

エボラ出血熱は南アメリカ大陸で流行した死者の出る感染症であり，ブラジルやアルゼンチンで多くの死者を出した。　市役所・平30

13 **遺伝子治療**とは，疾病の治療を目的として遺伝子または遺伝子を導入した細胞を人の体内に投与すること。日本医師会が反対している事実はなく，厚生労働省の**ガイドライン**に従って実施されている。

14 アメリカにおいても，有償の**代理出産**が合法とされている州は，ネバダ州やカリフォルニア州などに限定されている。なお，代理出産は，わが国では合法化されていない。

15 欧米諸国でも，回復困難な病気に苦しむ患者の権利として，積極的な**安楽死**が認められることは少ない。スイス，オランダ，ベルギー，ルクセンブルクなどで法的措置がとられているにすぎない。

16 麻薬取締法ではなく医薬品医療機器等法(旧薬事法)。**危険ドラッグ**の成分は多様であり，麻薬成分を含まないものは麻薬取締法の対象とはならないが，死亡事例も報告される大変危険なものである。

17 ヒトインフルエンザは，豚には感染するが鳥には感染しない。**鳥インフルエンザ**ウイルスや豚のインフルエンザウイルスは，ヒトインフルエンザウイルスとは本来別物である。

18 **エボラ出血熱**はアフリカで流行した感染症。名称も，最初の患者が中部アフリカを流れるエボラ川に居住していたことに由来する。2014年には，リベリアやギニアなど，西アフリカで大流行した。

7 科学・食料・教育

《科学》

▶情報通信技術

□【**超スマート社会(Society 5.0)**】…**仮想空間**(サイバー空間)と**現実空間**(フィジカル空間)を高度に融合させたシステムにより,経済発展と社会的課題の解決を両立する**人間中心の社会**のこと。

> 超スマート社会は,これまでの狩猟社会(Society 1.0),農耕社会(Society 2.0),工業社会(Society 3.0),情報社会(Society 4.0)に続く,人類史上5番目の新たな社会とされています。

□【**AI**】…記憶や学習といった人間の知的生活と同じ働きが可能なコンピュータやその技術のこと。

□【**機械学習**】…AIにおける学習のことで,特徴量(学習データにどのような特徴があるかを数値化したもの)を手動で選択し,モデルを学習させる技術・手法。

□【**ディープラーニング(深層学習)**】…機械学習の一種。大量のデータから共通するデータを探し出し,自ら学習を繰り返す技術のこと。

□【**IoT**】…あらゆるモノがインターネットに接続され,自律的に最適な状態を判断し,モノどうしが協調して動作できる仕組み。Internet of Thingsの頭文字をとったもので,**モノのインターネット**と訳される。

□【**ビッグデータ**】…コンピュータの高度化とインターネットの普及によって蓄積された膨大なデータのこと。具体的には,スマートフォンを通じた位置情報や行動履歴,インターネットやテレビでの視聴・消費行動に関する情報などが挙げられる。

□【**クラウドコンピューティング**】…情報の蓄積や分析,加工をサーバコンピュータが受けもち,各端末は必要な機能やサービスをインターネットを介して利用すること。

□【**シンギュラリティ**】…人間の知能を人工知能(AI)が超え,社会が加速度的に変化する転換点のこと。**技術的特異点**と訳される。アメリカの発明

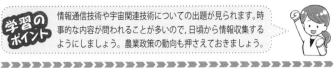
家 **レイ・カーツワイル**がその到来を2045年と予言した。

□【**第5世代移動通信システム（5G）**】…超高速だけでなく，**多数同時接続**，**超低遅延**といった特徴をもつ次世代の移動通信システム。

▶科学技術

□【**4K・8K放送**】…現行のハイビジョンを超える超高精細な画質による放送。「4K」は横に約4千個の画素，「8K」は横に約8千個の画素が並べられたテレビで，8Kの画像データはハイビジョンの**16倍**。

□【**リチウムイオン電池**】…繰り返し充電して使える**二次電池**。プラスとマイナスの電極の間をリチウムイオンが動くことで充電や放電ができる。スマートフォンやノートパソコンなどの小型電子機器や電気自動車などの動力源として，欠かせないものとなっている。

□【**量子コンピュータ**】…強力な計算能力をもつ次世代のコンピュータ。状態の「**重ね合わせ**」という原理によって多数の計算を並列化する。

□【**スーパーコンピュータ「富岳」**】…2021～2022年の共用開始に向けて，開発が進められているスーパーコンピュータ。「**京**」の後継機で，「京」と比較し，最大で100倍のアプリケーション実効性能を，約3倍程度の消費電力で実現することを目指している。

▶宇宙関連

□【**国際宇宙ステーション（ISS）**】…地上から**約400km 上空**に建設された巨大な有人実験施設。日本，アメリカ，ロシア，カナダ，欧州宇宙機関（ESA）各国の計15か国が参加。地球の周りを1周約90分というスピードで回りながら，地球や天体の観測，実験などを行っている。

□【**きぼう**】…ISS に接続されている，日本が開発した実験棟。

□【**こうのとり**】…ISS へ補給物資を運ぶ，**宇宙航空研究開発機構（JAXA）**の無人輸送機の愛称で，宇宙ステーション補給機（HTV）のこと。約6tという世界最大級の補給能力がある。

□【**はやぶさ2**】…2018年に小惑星「**リュウグウ**」に到着した JAXA の小惑星探査機。2019年2月と7月に「リュウグウ」の表面に接地（**タッチダウン**）し，サンプルを採取することに成功したとみられる。

□【**準天頂衛星**】…地球上の位置情報を取得するための人工衛星。「**日本版GPS**」ともよばれる。

《食料》

▶食料事情

□【食料自給率】…国内の食料消費が国内でどの程度賄えているかを示す指標。重量ベースで算出する**品目別食料自給率**のほか，供給熱量（カロリー）ベースと生産額ベースの2通りの方法で算出する**総合食料自給率**がある。わが国の総合食料自給率は，長期的に**低下傾向**で推移している。

□【遺伝子組換え（GM）】…生物の細胞から有用な性質をもつ遺伝子を取り出し，植物などの細胞の遺伝子に組み込んで新しい性質をもたせること。

▶食の安全・健康

□【トレーサビリティ】…食品が，いつ，どこで，どのように生産され，どのような経路で消費者に届いたのかという生産履歴・流通過程を明らかにする仕組み。

 トレーサビリティについては，日本では，2003年に国産牛についての牛肉トレーサビリティ法が，2010年には米や米加工品についての米トレーサビリティ法が施行されています。

□【機能性表示食品制度】…**消費者庁**長官に届け出た安全性や機能性に関する一定の科学的根拠に基づき，事業者の責任において食品の機能性の表示を行う仕組み。食品表示法に基づいて実施されている。

□【食品表示法】…食品衛生法，日本農林規格等に関する法律（**JAS法**），健康増進法という3つの法律の食品の表示に係る規定を一元化した法律。2015年施行。

▶日本の農業政策

□【食糧管理制度】…コメなどの主要食糧の需要と供給が安定するように，国が価格や需給の管理を行う制度。1942年に開始され，**1995年**に廃止。

□【逆ザヤ】…利益が生じず，損失を出す現象。食糧管理制度の下で，政府はコメを生産者から高く買い上げ消費者に安く売っていたことから生じた。これにより，財政は慢性的な**赤字**に陥った。

□【減反政策】…政府が農家ごとにコメの生産量を割り当て，生産調整に協力した農家に**交付金**を支払うという制度。1970年から続けられてきたが，2018年度に廃止された。

□【食料・農業・農村基本法】…**農業基本法**に代わり1999年に施行された法律。食料の安全供給の確保，農業の**多面的機能**の発揮などを目標とすることが定められた。

▶農業事情

□**【6次産業化】**…**第1次産業**としての農林水産業と，これに関連する**第2次産業**(加工)，**第3次産業**(流通)にかかわる事業を融合させる取組。地域の自然環境や特産物などの資源を活用することで，農林水産物の付加価値を高めようとするものである。

□**【農業法人】**…法人形態によって農業を営む法人の総称。そのうち，農業経営を行うために農地を取得できる法人を**農地所有適格法人**という。

□**【農地集積バンク】**…**農地中間管理機構**のこと。高齢化や後継者不足などで廃業したり，廃業を検討したりしている農家の農地を借り受け，認定農業者や集落営農組織などの担い手に貸し付ける公的機関。2014年度より，都道府県ごとに設置されている。

《教育》

▶教育関連

□**【学習指導要領】**…**文部科学大臣**が定めて告示する，教育課程を編成する際の基準となるもの。ほぼ10年ごとに全面改訂されている。

□**【教科書検定】**…民間で著作・編集された図書について，**文部科学大臣**が教科書として適切か否かを審査し，これに合格したものを，教科書として使用することを認める制度。

□**【デジタル教科書】**…**タブレット端末**などのデジタル機器で見ることができる教科書。この使用を認める改正法が2019年4月に施行。デジタルと紙の**併用**が認められ，導入は学校や教育委員会の判断となる。

□**【教科書採択制度】**…公立学校については**教育委員会**が，国・私立学校については校長が，各学校で使用する教科書を決定する制度。

□**【教育委員会】**…都道府県および市町村等に置かれる合議制の執行機関。2015年からは，教育行政の責任体制を明確化するため，従来の教育委員長と教育長を一体化し，**首長**によって任命される新「**教育長**」が責任者として教育事務を行うようになった。

□**【全国学力・学習状況調査】**…文部科学省が2007年度から，全国の**小学6年生**と**中学3年生**の児童生徒の学力状況などを把握するため，毎年4月に実施している調査。

全国学力・学習状況調査の結果について，2014年度から，結果を分析して改善策を示すことを条件に，各教育委員会の判断で公表することができるようになりました。

01
近年，ディープラーニングなどの機械学習手法の発達により，データクリーニングの効率などが飛躍的に向上したことから，ビッグデータの分析・利活用の実用化が進んでいる。

国家専門職・令1

02
第5世代移動通信システム（5G）は，超高速だけでなく，多数同時接続，超低遅延といった特徴をもつ次世代の移動通信システムである。

国家一般職・平30

03
4K・8K放送とは，現行のハイビジョンを超える超高精細な画質による放送であり，8K放送ではハイビジョンの8倍の画素数で放送される。

国家一般職・平30

04
情報銀行とは，戸籍や住民票に記載された個人情報の管理を信託された民間企業をいい，戸籍や住民票を必要とする各種手続の簡素化が目指されている。

国家専門職・令1

05
電波の周波数は，電波法に基づき総務省によって管理が行われている。これに要する費用は，テレビ放送の視聴者など，電波の利用者が納める電波利用料によって賄われている。

国家一般職・平30

 06
国際宇宙ステーション（ISS）は，地上から約5000km上空に建設された巨大な有人実験施設であり，米国，ロシア，日本の3か国による国際協力プロジェクトである。

国家専門職・平29

解 説

01 正しい。**ディープラーニング**は，コンピュータが自動的に大量のデータから共通するデータを発見する技術。**ビッグデータ**は，コンピュータの高度化とインターネットによって蓄積された膨大なデータ。

02 正しい。第5世代移動通信システム（**5G**）のデータ通信の速度は，現在の第4世代移動通信システム（**4G**）の100倍であり，「超スマート社会」の実現に欠かせない技術とされている。

03 現行のハイビジョンと比べて，4Kの画素数は4倍であるが，8Kは**16倍**の画素数で放送される。なお，2018年12月から，4K・8Kテレビ向け実用放送「**新4K8K衛星放送**」が開始された。

04 **情報銀行**（情報利用信用銀行）とは，個人とのデータ活用に関する契約等に基づき個人のデータを管理し，一定の条件の下で個人に代わり妥当性を判断し，データを他の事業者に提供する事業のこと。

05 テレビ放送の電波利用料は，**無線局免許人**から徴収し，テレビ放送の視聴者は負担しない。無線局免許人とは，携帯電話事業者，放送事業者，アマチュア無線利用者などをさす。

06 地上から約5000kmではなく，**約400km**である。また，アメリカ，ロシア，日本に，カナダ，欧州宇宙機関（ESA）各国が加わった計15か国による国際協力プロジェクトである。

社会

科学・食料・教育

277

07 わが国は，日本実験棟「きぼう」，宇宙ステーション補給機「はやぶさ2」を通じて，国際宇宙ステーション(ISS)の運用に協力している。　　国家専門職・平29

08 準天頂衛星は，静止軌道上の通信衛星や気象衛星などとの通信を中継し，高速化・大容量化するための人工衛星で，高度約350kmの準天頂軌道に打ち上げられている。　　国家一般職・平30

09 食料自給率には，重量ベースで算出する品目別食料自給率のほか，供給熱量(カロリー)ベースと生産額ベースの2通りの方法で算出する総合食料自給率がある。　　国家一般職・平29

10 日本農林規格等に関する法律(JAS法)に基づき，消費者に販売される食品にJASマークの貼付及び食品表示が義務づけられている。　　国家一般職・平29

11 2015年に機能性表示食品制度が開始され，生産段階から最終消費段階まで製品の流通経路が追跡可能になったほか，原産地等で，虚偽の表示をして販売した者に対する罰則規定が設けられた。　　国家一般職・平29

12 食品のトレーサビリティは，食品に関わる事業者が，それぞれ，食品の入荷先や出荷先の記録を残すことなどにより，食品の生産から消費までの移動を把握できるようにする仕組みである。　　国家専門職・平26

13 主食であるコメについては，ウルグアイラウンド以降，食糧管理制度を通じて政府による買入が行われてきた。コメの価格は国産より外国産の方が高い逆ザヤとよばれる状態にあった。　　国家一般職・平29

07 「はやぶさ2」ではなく「こうのとり」である。「はやぶさ2」は**小惑星**「**リュウグウ**」を目指して打ち上げられたわが国の探査機で，2019年にリュウグウへ接地してサンプルの採取に成功したとみられる。

08 準天頂衛星は「**日本版GPS**」ともよばれるように，地球上の位置情報を取得するための衛星であり，データ中継衛星ではない。高度約32,000km〜40,000kmの準天頂軌道に打ち上げられる。

09 正しい。**食料自給率**とは，国内の食料消費が国内でどの程度賄えているかを示す指標。わが国の**総合食料自給率**は，長期的に**低下傾向**で推移しており，近年はカロリーベースで**40**%以下となっている。

10 JASマークは，JAS法に基づき，**JAS規格**に適合した食品につけることができる。貼付は任意で，マークをつけていない食品もある。食品表示に関する規定は**食品表示法**に基づいて実施されている。

11 製品の流通経路を追跡可能にする仕組みは**トレーサビリティ**である。また，原産地等について虚偽の表示をして販売した者に対する罰則規定が設けられているのは，2015年改正の**食品表示法**である。

12 正しい。**トレーサビリティ**とは，食品が生産・流通・加工を経て消費者の手に渡るまでのプロセスをデータとして保存するシステム。わが国では，**牛肉**，**米穀**等のトレーサビリティが導入されている。

13 食糧管理制度は，国がコメなどの主要食糧の価格や需給の管理を行う制度で，**ウルグアイラウンド**(1986〜1994年)より前に導入された。また，**逆ザヤ**は外国産のコメの価格とは関係がない。

14 農業の6次産業化とは，第一次産業である農業と第二・第三次産業を融合させ，地域の自然環境や特産物などの資源を活用して農林水産物の付加価値を高めようとするものである。　地方上級・平27

15 経営基盤を強化し農業の競争力を高めるために企業の農業参入が推進されている。しかし，農地の買収・貸借は，農業生産を主とする法人以外の一般法人には認められていない。　地方上級・平27

16 学習指導要領は，教育課程を編成する際の基準であり，どの学校でも一定水準の教育を受けられるよう，都道府県ごとに定められている。　国家一般職・平28

17 教科書検定とは，都道府県の教育委員会が各学校で教科書として使用するか否かを審査する制度である。教科書検定は，学習指導要領の改訂に合わせて行われる。　国家一般職・平28

18 教育委員会とは，都道府県および市町村等に置かれる合議制の執行機関。2015年から教育行政の責任体制を明確化するため，教育委員長と教育長を一体化した「教育長」を置くこととされた。　国家一般職・平28

19 全国学力・学習状況調査(学力テスト)の結果については，かつては公表されていたが，教育現場での過度の競争を招かないようにするために，全国的に非公表とされた。　地方上級・平26

14 正しい。**6次産業化**を進めていくため，「地域資源を活用した農林漁業者等による新事業の創出等及び地域の農林水産物の利用促進に関する法律（**6次産業化・地産地消法**）」が2011年に施行された。

15 **農地の貸借**については，一定条件の下で農業生産を主とする法人以外の法人（一般法人）にも認められている。なお，2009年の**農地法の改正**により，法人が農業に参入しやすくなっている。

16 **学習指導要領**は，全国のどの学校でも一定水準の教育が受けられるよう，全国レベルでただ一つ制定されるもので，**文部科学大臣**が告示する。ほぼ**10**年ごとに**全面改訂**されている。

17 **教科書採択制度**に関する記述である。**教科書検定**とは，民間で著作・編集された図書について，文部科学大臣が教科書として適切か否かを審査し，これに合格したものを教科書として使用することを認める制度。

18 正しい。従来，教育委員会には，教育委員の互選で選ばれ委員会の長を務める**教育委員長**と，教育委員の一人であり事務方の長を務める**教育長**が置かれており，責任体制がややあいまいであった。

19 全国学力・学習状況調査（学力テスト）の結果については，全国平均や結果分析が**公表**されている。学校別の結果の公表については，各教育委員会の判断に委ねられている。

社会・テーマ別用語集

●人口・社会保障

育児休業	原則子どもが**満1歳**になるまでで, 例外的に1年間の延長が可能。父母がともに取得する場合, 1歳2か月までの間に1年間取得が可能。
介護休業	対象家族1人につき**通算93日**まで, **3回**を上限として分割して取得することが可能。
社会福祉	個人の生活上の問題に対して行われる支援。**福祉六法**(生活保護法, 児童福祉法, 老人福祉法, 母子及び父子並びに寡婦福祉法, 身体障害者福祉法, 知的障害者福祉法)などに基づいて運営される。
公的扶助	生活困窮者に最低限度の生活を保障する。**生活保護法**に基づき, **全額公費負担**。
相対的貧困率	貧困線に満たない世帯員の割合。数値が高いほど, **所得格差**が広がっていることを意味する。
介護保険制度	**40歳以上**のすべての国民が加入し, 介護サービスを受けた場合の自己負担割合は原則**1割**。(高額所得者は2割で, 特に高い者は3割)。

●環境・資源

パリ協定	**途上国**を含むすべての加盟国に対し, **温室効果ガス**の排出削減目標を策定・提出することを義務づけ。目標未達成でも**罰則はない**。
再生可能エネルギー	自然界で起こる現象から取り出すことができ, 何度も利用可能な, 枯渇することのないエネルギー。太陽光, 風力, 水力, 地熱など。
シェールオイル	地下深くにある頁岩(けつがん)と呼ばれる固い泥岩層から取り出される**原油**。アメリカではすでに生産が本格化している。

●労働問題,医療・健康

勤務間インターバル	働き方改革関連法に基づき, 終業時刻から次の始業時刻までの間に**一定時間以上の休息**を設ける制度。企業の**努力義務**として規定された。
高齢者雇用安定法	定年を65歳未満としている事業主に対し, 65歳までの**定年引上げ**, 定年後の65歳までの継続雇用制度の導入, **定年廃止**, のいずれかの措置の導入を義務づけ。
女性活躍推進法	従業員301人以上の大企業と国・地方公共団体に対し, 自社の女性の活躍に関する**状況把握・課題分析**(女性の管理職比率や採用比率など), 数値目標を盛り込んだ**行動計画**の策定・公表を義務づけ。
特定健康診査	**メタボリック・シンドローム**(メタボリック症候群)に着目した健診。その結果に基づいて行われる保健指導を**特定保健指導**という。
iPS細胞	患者本人の細胞から培養する**万能細胞**。分化した組織や臓器を移植した場合, **拒絶反応**が起こらないとされている。

経済執筆	池田俊明
政治・社会執筆	名越由実
編集協力	株式会社 エディット
	（古屋雅敏・榊原和雄・西沢悠希・堤理沙子）
DTP	株式会社 千里
イラスト	たかむらすずな
装丁	西垂水敦・市川さつき（krran）
装丁イラスト	よしだみさこ

●本書の内容に関するお問合せについて

　本書の内容に誤りと思われるところがありましたら，まずは小社ブックスサイト（jitsumu.hondana.jp）中の本書ページ内にある正誤表・訂正表をご確認ください。正誤表・訂正表がない場合や訂正表に該当箇所が掲載されていない場合は，書名，発行年月日，お客様の名前・連絡先，該当箇所のページ番号と具体的な誤りの内容・理由等をご記入のうえ，郵便，FAX，メールにてお問合せください。

　〒163-8671　東京都新宿区新宿1-1-12　実務教育出版　第2編集部問合せ窓口
　FAX：03-5369-2237　　E-mail：jitsumu_2hen@jitsumu.co.jp

【ご注意】
※電話でのお問合せは，一切受け付けておりません。
※内容の正誤以外のお問合せ（詳しい解説・受験指導のご要望等）には対応できません。

上・中級公務員試験
一問一答 スピード攻略 社会科学

2020年9月15日　初版第1刷発行　　　　　　　　　〈検印省略〉

編　者　資格試験研究会
発行者　小山隆之

発行所　株式会社　実務教育出版
　　　　　〒163-8671　東京都新宿区新宿1-1-12
　　　　　TEL 編集03-3355-1812　　販売03-3355-1951
　　　　　振替　00160-0-78270

印　刷　壮光舎印刷
製　本　東京美術紙工

公務員試験に出る専門科目について、初学者でもわかりやすく解説した基本書の各シリーズ。
「はじめて学ぶシリーズ」は、豊富な図解で、難解な専門科目もすっきりマスターできます。

はじめて学ぶ **政治学**
加藤秀治郎著●定価：本体1068円+税

はじめて学ぶ **国際関係** [改訂版]
高瀬淳一著●定価：本体1200円+税

はじめて学ぶ **やさしい憲法**
長尾一紘著●定価：本体1200円+税

はじめて学ぶ **ミクロ経済学** [第2版]
幸村千佳良著●定価：本体1300円+税

はじめて学ぶ **マクロ経済学** [第2版]
幸村千佳良著●定価：本体1400円+税

経済学ベーシックゼミナール
西村和雄・八木尚志共著●定価：本体2800円+税

経済学ゼミナール 上級編
西村和雄・友田康信共著●定価：本体3200円+税

新プロゼミ行政法
石川敏行著●定価：本体2700円+税

最初でつまずかない経済学 [ミクロ編]
村尾英俊著●定価：本体1800円+税

最初でつまずかない経済学 [マクロ編]
村尾英俊著●定価：本体1800円+税

最初でつまずかない民法Ⅰ [総則／物権担保物権]
鶴田秀樹著●定価：本体1700円+税

最初でつまずかない民法Ⅱ [債権総論・各論家族法]
鶴田秀樹著●定価：本体1700円+税

最初でつまずかない行政法
吉田としひろ著●定価：本体1700円+税

専門科目の基本書

★公務員試験「スピード解説」シリーズ 資格試験研究会編●定価：本体1500円+税

スピード解説 **判断推理**
資格試験研究会編 結城順平執筆

スピード解説 **数的推理**
資格試験研究会編 永野龍彦執筆

スピード解説 **図形・空間把握**
資格試験研究会編 永野龍彦執筆

スピード解説 **資料解釈**
資格試験研究会編 結城順平執筆

スピード解説 **文章理解**
資格試験研究会編 饗庭悟執筆

スピード解説 **憲法**
資格試験研究会編 鶴田秀樹執筆

スピード解説 **行政法**
資格試験研究会編 吉田としひろ執筆

スピード解説 **民法Ⅰ** [総則／物権担保物権][改訂版]
資格試験研究会編 鶴田秀樹執筆

スピード解説 **民法Ⅱ** [債権総論・各論家族法][改訂版]
資格試験研究会編 鶴田秀樹執筆

スピード解説 **政治学・行政学**
資格試験研究会編 近裕一執筆

スピード解説 **国際関係**
資格試験研究会編 高瀬淳一執筆

スピード解説 **ミクロ経済学**
資格試験研究会編 村尾英俊執筆

スピード解説 **マクロ経済学**
資格試験研究会編 村尾英俊執筆

一問一答 **スピード攻略 社会科学**
資格試験研究会編●定価：本体1300円+税

一問一答 **スピード攻略 人文科学**
資格試験研究会編●定価：本体1300円+税

1択1答 **憲法 過去問ノック**
資格試験研究会編●定価：本体1200円+税

ライトな過去問演習書

地方上級／国家総合職・一般職・専門職試験に対応した過去問演習書の決定版が、さらにパワーアップ！　最新の出題傾向に沿った問題を多数収録し、選択肢の一つひとつまで検証して正誤のポイントを解説。強化したい科目に合わせて徹底的に演習できる問題集シリーズです。

★公務員試験「新スーパー過去問ゼミ6」シリーズ

◎教養分野
資格試験研究会編●定価：本体1800円＋税

新スーパー過去問ゼミ6 **社会科学** [政治／経済／社会]	新スーパー過去問ゼミ6 **人文科学** [日本史／世界史／地理／思想／文学・芸術]
新スーパー過去問ゼミ6 **自然科学** [物理／化学／生物／地学／数学]	新スーパー過去問ゼミ6 **判断推理**
新スーパー過去問ゼミ6 **数的推理**	新スーパー過去問ゼミ6 **文章理解・資料解釈**

◎専門分野
資格試験研究会編●定価：本体1800円＋税

新スーパー過去問ゼミ6 **憲法**	新スーパー過去問ゼミ6 **行政法**
新スーパー過去問ゼミ6 **民法Ⅰ** [総則／物権／担保物権]	新スーパー過去問ゼミ6 **民法Ⅱ** [債権総論・各論／家族法]
新スーパー過去問ゼミ6 **刑法**	新スーパー過去問ゼミ6 **労働法**
新スーパー過去問ゼミ6 **政治学**	新スーパー過去問ゼミ6 **行政学**
新スーパー過去問ゼミ6 **社会学**	新スーパー過去問ゼミ6 **国際関係**
新スーパー過去問ゼミ6 **ミクロ経済学**	新スーパー過去問ゼミ6 **マクロ経済学**
新スーパー過去問ゼミ6 **財政学**	新スーパー過去問ゼミ6 **経営学**
新スーパー過去問ゼミ6 **会計学** [択一式／記述式]	新スーパー過去問ゼミ6 **教育学・心理学**

受験生の定番「新スーパー過去問ゼミ」シリーズの警察官・消防官（消防士）試験版です。大学卒業程度の警察官・消防官試験と問題のレベルが近い市役所（上級）・地方中級試験対策としても役に立ちます。

★大卒程度「警察官・消防官新スーパー過去問ゼミ」シリーズ

資格試験研究会編●定価：本体1300円＋税

警察官・消防官新スーパー過去問ゼミ **社会科学** [改訂第2版] [政治／経済／社会／時事]	警察官・消防官新スーパー過去問ゼミ **人文科学** [改訂第2版] [日本史／世界史／思想／文学・芸術／国語]
警察官・消防官新スーパー過去問ゼミ **自然科学** [改訂第2版] [数学／物理／化学／生物／地学]	警察官・消防官新スーパー過去問ゼミ **判断推理** [改訂第2版]
警察官・消防官新スーパー過去問ゼミ **数的推理** [改訂第2版]	警察官・消防官新スーパー過去問ゼミ **文章理解・資料解釈** [改訂第2版]

一般知識分野の要点整理集のシリーズです。覚えるべき項目は、付録の「暗記用赤シート」で隠すことができるので、効率よく学習できます。「新スーパー過去問ゼミ」シリーズに準拠したテーマ構成になっているので、「スー過去」との相性もバッチリです。

★上・中級公務員試験「新・光速マスター」シリーズ

資格試験研究会編●定価：本体1200円＋税

新・光速マスター **社会科学** [改訂版] [政治／経済／社会]	新・光速マスター **人文科学** [改訂版] [日本史／世界史／地理／思想／文学・芸術]
新・光速マスター **自然科学** [改訂版] [物理／化学／生物／地学／数学]